ちくま新書

英語と明治維新

——語学はいかに近代日本を創ったか

江利川春雄
Erikawa Haruo

英語と明治維新――語学はいかに近代日本を創ったか【目次】

凡例

一、明治五年一二月三日＝一八七三（明治六）年一月一日から陰暦（和暦）が陽暦（西暦）に改まるため、それ以前の年号については陰暦年を陽暦（西暦）年に置き換え、月日は陰暦のままとした。（例）慶応二年一月二一日→一八六六（慶応二）年一月二一日＝西暦では一八六六年三月七日。

一、幕末・明治期の人物は複数の名前を持つ者が多いが、本書では学校教科書に記載されている代表名で統一し、必要に応じて別名を併記した。（例）伊藤博文（俊輔）、寺島宗則（松木弘安）。

一、本書で扱う時代のイギリス（英国）は、今日のスコットランド、ウェールズ、アイルランドなどを含んでいる。

一、資料の引用にあたっては、旧漢字・旧仮名遣いを原則として現代表記に改め、句読点・濁点・半濁点を補い、難読漢字にルビを振った。

はじめに

†明治維新の陰の立役者

明治維新といえば西郷隆盛や坂本龍馬などの志士を思い浮かべる人も多いだろう。だが、彼らの華々しい活躍の舞台裏で絶大な役割を果たした陰の立役者がいた。それが「英語」だ。英語を抜きに明治維新は語れないのである。

一九世紀、江戸幕府（徳川政権）や諸藩の指導者・志士たちは、押し寄せる西洋列強から独立を守るために、西洋に学び、日本を近代的な「文明国」に引き上げる道を選んだ。いくら攘夷《じょうい》（外国人の排撃）を叫んでも、刀では西洋の大砲に勝てない。西洋の技術を移入し、国力を高め、対抗できる洋式軍隊を持つ必要があると考えたのだ。

だが、それには高い壁が立ちはだかっていた。西洋語の習得だ。西洋の文献が読めなければ鉄製大砲も蒸気船も作れず、軍制の近代化もできない。相手の言語が話せなければ、外交や通商も不利になる。西洋語の能力が国運を左右するまでになったのである。

日本人はまず蘭学《らんがく》（オランダ語）の知識をフル動員したが、やがて限界が見えてきた。すでに世界の覇権はオランダではなく、産業革命を成功させたイギリスに移っていたからだ。その圧倒的な工業力と軍事力を学び取り、通商貿易に対応するには、英語という壁を乗り越えなければならなかった。最初に国交を結んだアメリカも英語国だった。こうして一八五〇年代以降、日本人は蘭学から英学への転換を進めた。

「英学」とは、英語によって科学・技術・軍事などの西洋学術を学ぶ学問の総称で、中国語による漢学、オランダ語による蘭学に続くものだ。一方、英学は明治中期までは「英語」と同義にも使われた。

本書は、日本初のグローバル化対応となった明治維新において「英語」が果たした巨大な役割を検証し、英語の習得と運用の苦労、異文化の理解と誤解などの人間的なエピソードを交えながら、社会変革に寄与する語学の意義を考える。このことは、新たなグローバル化への対応を迫られる現在の日本人に多くの示唆を与えてくれるだろう。

「維新」とは、中国の『詩経《しきょう》』にある「天命《てんめい》維《こ》れ新《あら》たなり」に由来する。天命の維新（一新）とは革命を意味するから、明治維新は「明治革命（revolution）」という意味を含み、単なる「王政復古（restoration）」ではない。

実際に黒船《くろふね》来航を契機とする明治維新は、武士が支配する封建的な幕藩体制を崩壊させ、封建的な土地制度や身分制度を廃止し、日本を近代的な国民国家と資本主義体制に移行させるという革命的な変革をなしとげた。今日の政治・経済・文化の直接の流れは明治維新に始まるといえよう。

本書は「英語」をキーワードに明治維新を見ていく。そのため扱う時期は、幕府が英語学習を命じた一八〇〇年代初頭から、日本が一応の近代国家体制を整えた大日本帝国憲法発布と帝国議会開設（一八八九～九〇年）頃までを中心とする。

†英語の視点から明治維新を再考

なぜ英語の視点から明治維新を再考する必要があるのか。それには三つの理由がある。

第一に、西洋列強からの軍事的・外交的・経済的な圧力のもとでの明治維新の遂行には、外国との交渉と合意形成が必須条件で、それには英語などの西洋語の能力が不可欠だった。

第二に、世界の学術・技術・軍事の最先端を走っていたのは当時イギリスであり、それらの摂取には英語が欠かせなかった。

第三に、明治維新と新政府を中心的に担った人物の多くが英語を学び、あるいは留学生や使節団員として西洋文明を体験したことで視野を拡げ、封建体制の変革と近代国家の建設をめざした。

では、英語の重要度はどのくらいだったのだろうか。

開国によって、日本はイギリスを頂点とする資本主義の自由貿易体制に投げ込まれた。本書で具体的に述べるように、幕末の横浜における貿易相手の約九割が英米の英語圏だったため、交易には英語が欠かせなくなった。

幕末・維新期の海外留学生の渡航先、お雇い外国人の国籍、産業啓蒙書（原書）の発行地のどれにおいても、約六割が英語圏だった。さらに、明治初期の高等教育機関だった開成学校、工部《こうぶ》大学校、札幌農学校などでは、英米人が英語で授業を行った。

このように英語は、幕末・明治初期の段階で、海外貿易、欧米留学、技術移転、高等教育、文献翻訳のすべてにおいて最も必要とされる外国語だった。そのため幕府も諸藩も英語教育機関を設置して人材を育成し、産業や軍隊の近代化を図《はか》った。

英語は日本語をも変革した。「言文一致」という日本語の近代化を誘発し、統一的な「国語」が教科書や国民文学を通じて日本人に広く普及し、日本人の思考様式にも影響を及ぼした。英語教師でもあった夏目《なつめ》漱石《そうせき》をはじめとする文学者たちは、英語や西洋文学との格闘を通して清新な文体を練り上げ、日本語を成熟させていった。

以上を踏まえ、本書の第1章では、開国を迫る西洋列強の動向と幕府のグローバル化対応について検討する。第2章は、幕府の英語教育と関連人物を取り上げ、軍の洋式化と欧米体験の意義について考察する。第3章は、明治維新を主導した薩摩・長州・佐賀藩に着目し、英語学習、英国留学、軍近代化の歴史的役割を述べる。第4章は、明治国家建設におけるお雇い外国人、米欧使節団、西洋留学、対中朝政策に着目し、西洋化の光と影を描く。第5章は、学校近代化に果たした英語とドイツ語との対抗関係を政治的・イデオロギー的背景とともに論じる。第6章は、言文一致などの日本語近代化において英語や西洋語が果たした影響、および文学者たちの活動に光をあてる。

記述は概《おおむ》ね時代の流れに沿っている。

まともな辞書も教材もない幕末期に、サムライたちはどのように英語を学んだのだろうか。本書では伊藤博文《いとうひろぶみ》、大隈重信《おおくましげのぶ》、寺島宗則《てらしまむねのり》、福沢諭吉《ふくざわゆきち》などを例に、幕末期の英語修業の実態に迫り、彼らの思想形成に果たした英語・英学の役割を明らかにする。さらに、条約交渉での「誤訳」問題や語学教育についても再検討したい。

†諸言語の役割と英語受容の影の部分

本書は英語に重点を置きつつも、フランス語、ドイツ語、ロシア語などの受容史と歴史的役割についても言及する。

幕府は軍事面・技術面でのフランスへの依存を強め、フランス語学校も開設した。最後の将軍徳川慶喜《とくがわよしのぶ》はフランス語を学び、弟の徳川昭武《あきたけ》をフランスに留学させた。だが、フランスへの過度の依存が情勢判断を誤らせ、イギリスに急接近した薩摩・長州に敗北した。

明治一〇年代になると、政府は自由民権運動への対抗策としてドイツ学の振興へと舵《かじ》を切った。民主主義思想や立憲政党政治を呼び込む英学の根を断ち切り、議会よりも君主の権限が強いドイツの国家論や政治思想を普及させるためだった。国家がどの外国語を選択するかは政治的・思想的な重みを持ち、国の針路を左右しかねないことを明らかにしたい。

また、本書は英語がもたらした「影」の部分にも踏み込んだ。維新の指導者らは西洋本位の国際法である「万国公法《ばんこくこうほう》」を世界標準と誤認したことで、西洋キリスト教諸国を世界の最上位、日本などを中位、アジア・アフリカなどを最下位に置く文明段階説を取り込んでしまった。福沢諭吉などの知識人や政府指導者たちは「脱亜入欧《だつあにゅうおう》」思想に取り憑かれ、周辺アジア諸国への蔑視と植民地支配に向かうようになる。

英語はエリートの特権であり文明開化の象徴だった。英語への憧れによる英語偏重は、日本人に西洋・白人への劣等感を抱かせ、その反動としての国粋主義を生みだした。幕末からの日本の変革過程に最も貢献した外国語が英語だったことで、その影響は学校教育での「英語一辺倒主義」として今日まで続く。

たしかに明治維新期には日本人が英語に執着する歴史的な条件があった。しかし条件が変化し、中国の台頭をはじめ世界が多様化した現在でも、英語だけを学ばせる教育は妥当なのだろうか。歴史は現代に問いかけている。

†最新の明治維新研究を踏まえ

明治維新に関する旧来の叙述は、明治政府の中枢を占めた薩長の視点が色濃く反映されたため、開国に際しての幕府の無能ぶり、条約の不平等性、幕政改革の立ち遅れなどが過度に強調されてきた。

さらに、戦前に『日本資本主義発達史講座』(一九三二～三三)を刊行したマルクス主義者たち(講座派)は、スターリン体制下のソビエト連邦とコミンテルン(国際共産党)の影響もあり、明治維新後の政治体制を「絶対主義」とドグマ的に規定し、封建的性格の残存を極端に強調した。学問の自由が弾圧されるもとで、講座派の人々が科学的な歴史認識と社会変革を求めて命がけで奮闘したことは高く評価できるが、明治維新研究に成果の一方で歪みをもたらしたことも否定できない。その点は論争相手だった「労農派《ろうのうは》」についても言える。

近年の研究はこれらの偏向を克服し、優秀な幕府官僚(有司《ゆうし》)らによる巧みな外交戦術、外圧（国際的契機）と内政の相互作用、後進国型近代化の複合的発展、明治政府による国民国家の形成、国家主導による後発型資本主義の育成、日本語表記改革を含む文化革命、などの実相を明らかにしつつある。

また、富国強兵、殖産興業、欧米視察、西洋留学、お雇い外国人などは、明治政府の功績として教科書に書かれる場合が多かったが、実際には幕末の段階で幕府や薩摩・佐賀・長州などの諸藩が着手していた。これらは明治維新の結果ではなく前提となったのだ。

本書ではそうした最新の知見を取り入れつつ、明治維新において英語が果たした役割を包括的に明らかにすることで「もう一つの明治維新像」を描いてみたい。

明治維新を担ったサムライたちは、社会の変革と未来の創造のために英語を習得し、死を賭《と》した密航留学までして世界を認識し、自己の世界観と自国の針路を問い直した。彼らの語学への向き合い方と生き方は、外国語を何のため、誰のために学ぶのかという根本問題を私たちに問うている。

今なお続く英語一辺倒主義や、英語とともに刷り込まれた「脱亜入欧」的な差別意識の克服のためにも、源流となった明治維新にさかのぼる必要がある。

英語と明治維新との関係を再考し、語学と自己変革、語学と社会変革の可能性を考えていこう。

第1章

英語という黒船

——幕末のグローバル化に対応せよ

1　植民地化がいやなら外国語を学べ

†日本列島に押し寄せる異国船

日本に最初に開国と通商を迫ったのは、アメリカのペリー艦隊（一八五三）では、ない。一七九二（寛政四）年九月、一隻の西洋船が通商を求めて日本にやって来た。この船は通商を求める親善の証《あかし》として日本人漂流民の大黒屋光太夫《だいこくやこうだゆう》ら三人を乗せ、蝦夷地《えぞち》（北海道）の根室《ねむろ》に到着。ロシア使節のアダム・ラクスマンが乗るエカテリーナ号だった。だが、幕府（徳川政権）は光太夫らの引き取りに応じ、長崎への入港許可証（信牌《しんぱい》）を与えたものの、通商は拒否した。

しかし、ロシアはあきらめない。一八〇四（文化元）年九月、今度はニコライ・レザノフが信牌を携えて長崎に来航し、通商を求めた。対応に当たったのが遠山景晋《とおやまかげくに》で、時代劇で有名な「遠山の金さん」こと遠山景元《かげもと》の父親だ。だが幕府はロシアから武器を取り上げ、半年も待たせたあげく、またも通商を拒否。

ロシア側は腹を立て、レザノフの部下のフヴォストフらが一八〇六（文化三）年に樺太《からふと》にあった松前藩《まつまえはん》の番所を襲撃、翌年にも択捉《エトロフ》港ほか各所を襲撃した（文化露寇《ろこう》）。対する日本側は一八一一年に択捉島でロシア軍艦の艦長ゴロヴニンほか八人を捕縛監禁。対抗してロシア側は商人・高田屋嘉兵衛《たかだやかへえ》を捕らえるなど、日露間は一触即発の事態に陥った。

北方の危機に、幕府は軍事面のみならず語学面での対応を迫られた。ロシア人が蝦夷地に残した文書は、ヨーロッパの外交用語であるフランス語で書かれていた。しかし日本人は誰一人読めない。仕方なくオランダ商館長ヘンドリック・ヅーフに読んでもらい、レザノフとの交渉も彼を介してフランス語で行われた。これでは国家安全保障はおぼつかない。

そこで幕府は一八〇八（文化五）年二月に長崎の蘭通詞《らんつうじ》（世襲制のオランダ語通訳）にフランス語の学習を命じた。それまで幕府はオランダ語以外の西洋語の学習を禁じていたが、もはや言語の鎖国状態では対応できない国際情勢になっていたのだ。こうして蘭学は英学・フランス学・ドイツ学・ロシア学などを含む「洋学」へと拡充されていく。

一九世紀に入る頃から日本を取り巻く環境は一変した。北からロシア船、東からアメリカ船、南からイギリス船が現れ、幕府の「鎖国」（渡航・貿易制限）体制を脅かすようになったのだ。欧米列強は資本主義経済の膨張欲求によって、世界市場の獲得や植民地支配をめざすようになる。蒸気船の発明で高速の遠距離航海が容易になったが、それには水・食料や石炭の補給基地が欠かせない。その役割を日本にも求めるようになったのである。

ところが、武士たちは儒学の影響から西洋人を「夷狄《いてき》」〈=野蛮人〉として嫌悪し、これを追い払う「攘夷《じょうい》」の思想が水戸藩から全国へ広がった。攘夷には即時無条件に外国人を排斥する「即時攘夷〈小攘夷〉」と、開国して国力・軍事力の充実後に攘夷を実行する「未来攘夷〈大攘夷〉」があり、徐々に後者が主流になる。

夷狄の接近に強い危機感をいだき、海防〈海岸防衛〉を説く人物も現れた。例えば仙台藩の林子平《はやししへい》〈一七三八〜九三〉は長崎や江戸で学び、著名な蘭学者たちと交友する優れた知識人だった。世界の動向を学んだ林は自ら版木《はんぎ》を彫り、大著『海国兵談』〈一七九一年完結〉を自費出版した。海に囲まれた日本を外国勢力から守るには、沿岸部に大砲を設置し、近代的な軍艦の建造が必要だと警鐘《けいしょう》を鳴らしたのだ。

優れた情勢認識だった。ところが、幕府は世論を惑わし体制を揺るがす危険な書だとして『海国兵談』を発禁処分にし、版木まで没収、林に蟄居《ちっきょ》〈=謹慎〉を命じた。林はその心境を「親も無し　妻無し子無し版木無し　金も無けれど死にたくも無し」と詠み、失意のうちに死んだ。だが予言は的中。ラクスマンが日本列島東端の根室に来航したのは林が亡くなる前年だった。

それから一六年後、今度は列島西端の長崎で大事件が起こる。フェートン号事件だ。

†英語を学び西洋列強に備えよ

一八〇八（文化五）年八月、オランダ国旗を掲げた異国船が前触れもなく長崎港に入港した。二人のオランダ商館員らが近づくと、武装した水兵に拉致《らち》されてしまった。しばらくすると、人質の一人がオランダ語と英語の手紙を持って送り返されてきた。英語が異国船で来航したわけだが、日本人は誰ひとり英語が読めない。オランダ語を介して、ようやく人質交換の条件として水や食料などを要求していることがわかった。いつの間にか艦にはユニオンジャックが翻《ひるがえ》り、大砲が長崎の町を威圧している。オランダ船を偽装したイギリスの軍艦フェートン号（図1－1）だったのだ。

図1－1　フェートン号（長崎歴史文化博物館蔵）

長崎奉行は港を閉鎖し、フェートン号を焼き払う作戦を立てた。だが、なんと警備担当の佐賀藩は規定兵力の十分の一も配備していなかった。そのため反撃できず、フェートン号は水や食料を積み込み、二日後に悠々と出港した。徳川幕府の直轄領である長崎に軍艦の侵入を許したのだから、幕府の権威を失墜させる大事件となった。責任をとって長崎奉行の松平康英《まつだいらやすひで》と佐賀藩の警備責任者らが切腹した。

事件の背景にはヨーロッパ情勢の激変があった。日本の通商国であるオランダの国際的な地位は一九世紀になると著しく低下し、近代世界システムの覇権はイギリスに移った。オランダはフランス革命軍によって一七九五年に占領され、イギリスと敵対関係に入った。占領の混乱でオランダ東インド会社が一七九九年に解散し、日本との貿易も途絶えがちだった。

他方、イギリスは産業革命を成功させ、強大な経済力を背景に、世界の七つの海を支配する海軍力を持つようになった。イギリスはオランダの海外植民地を奪い、東アジアの覇権も握った。こうして一八〇八年、英国艦フェートン号がオランダ船を拿捕《だほ》すべく長崎港にまで侵入したのである。一九世紀の新たなグローバル秩序を告げる事件だったのだ。

このフェートン号事件によって、日本人は英語を学ばざるを得なくなった。幕府は国家安全保障のため、事件三カ月後の一一月に、長崎の蘭通詞《らんつうじ》に英語とロシア語、唐通事《とうつうじ》（中国語通訳）に清朝の公用語である満洲語の学習を命じた。

ロシア語に関しても、一八〇八（文化五）年三月、江戸の天文台に勤務していた蘭通詞の馬場佐十郎《ばばさじゅうろう》にロシア語文書の翻訳が命じられた。馬場はロシアに漂流し帰国した大黒屋《だいこくや》光太夫《こうだゆう》や、日本に囚われていたロシア人ゴロヴニンからロシア語を学び、『魯語《ろご》文法規範』(一八一三)などを著している。

さらに一八一一(文化八)年、幕府は江戸の天文方にオランダ書の翻訳機関である蛮書《ばんしょ》和解御用《わげごよう》を設置し、海外情報の収集能力を高めた。

このように、江戸時代の「太平の眠り」はペリー艦隊よりも半世紀も前に、ロシア艦やイギリス艦からの脅威によって目覚めさせられていた。そうした脅威に対応するために欠かせなかったのが、外国語の知識だった。

†英学事始めの苦労と使命感

上司は無理難題を押し付ける。英語もフランス語もロシア語も満洲語も学べと言うが、教師も辞書も教材もない環境で、どう学べというのか。長崎通詞たちの嘆きが聞こえてきそうだ。

幸い、英国陸軍での服務経験があるブロムホフが一八〇九(文化六)年六月にオランダ商館に赴任した。彼を先生役に蘭通詞たちは英語を学び始めた。もっぱら口頭によるオーラル・ワークが中心だった。蘭通詞代表格の本木正栄《もときまさひで》(庄左衛門《しょうざえもん》)が回想しているように、英語学習の困難さは「誠に暗夜《あんや》を独行《どっこう》するがごとく、一言一句わからない」状況だった。

苦労を重ね、最初の成果である『諳厄利亜言語和解《あんげりあげんごわげ》』が一八一〇（文化七）年末に長崎奉行に提出された。「諳厄利亜」とはイギリスのことで、初歩的な英和対訳本だったようだが、残念ながら原本は関東大震災（一九二三）で焼失してしまった。

翌年には、より本格的な『諳厄利亜興学小筌《あんげりあこうがくしょうせん》』がつくられた。「英語事始めの手引」といった意味で、本木正栄は序文で「積年学び親しんできたオランダ語の訓訳とは違い、数万里も隔たった外国語を初めて学ぶのだから、音韻・言語・風俗・事情が異なり、習得が困難」と心情を吐露している。英語の発音は複雑で例外が多く、単語の語尾変化も少ないから、規則性の強いオランダ語よりも理解しにくかったのだろう。

それでも英語の習得は「不虞《ふぐ》（＝非常事態）に備《そな》る一大の要務」なので、本木は老骨に鞭打って修業に励んだと書いている。幕命とはいえ、西洋列強の脅威から日本を守りたいという一種のナショナリズムが英語研究の苦労を下支えした。このことは、のちの西洋語学者たちにも共通する。

一八一四（文化一一）年には、日本初の英和辞典の草稿『諳厄利亜語林大成《あんげりあごりんたいせい》』（図1－2）を幕府に献上したが、「鎖国」体制下では出版は許されなかった。「語林」とは辞書のことで、約六〇〇〇語をアルファベット順に収録している。幸い、現在では『興学小筌』とともに復刻版で読むことができる。

英語の研究は進んだが、日本にはない事物や概念を翻訳するのは大変で、発音もオランダ訛《なま》りがキツかった。英語母語話者の発音など聞いたこともないのだから仕方がない。例えば、bank（銀行）は「ベンク　兌銀舗《だぎんほ》　リヤウガヘザ（両替座）」、bible（聖書）は「ビブル（法教書）」、grammar（文法）は「ゲレンムル（語学の書）」となっている。

字義だけではわかりにくい言葉は横に語釈を付けている。例えば、parliament（国会）は「パルリメント　官人会館（ヤクニンノクワイショ（＝役人の会所））」。議会は国民の代表によって構成されることなど想像もできなかったから、統治者である役人が集まる場所だとみなしたわけだ。yacht（ヨット）は「帆颿遊船（ホカケテハシルアソビブネ（＝帆かけて走る遊び船））」と、ヨットの特徴をうまくとらえている。

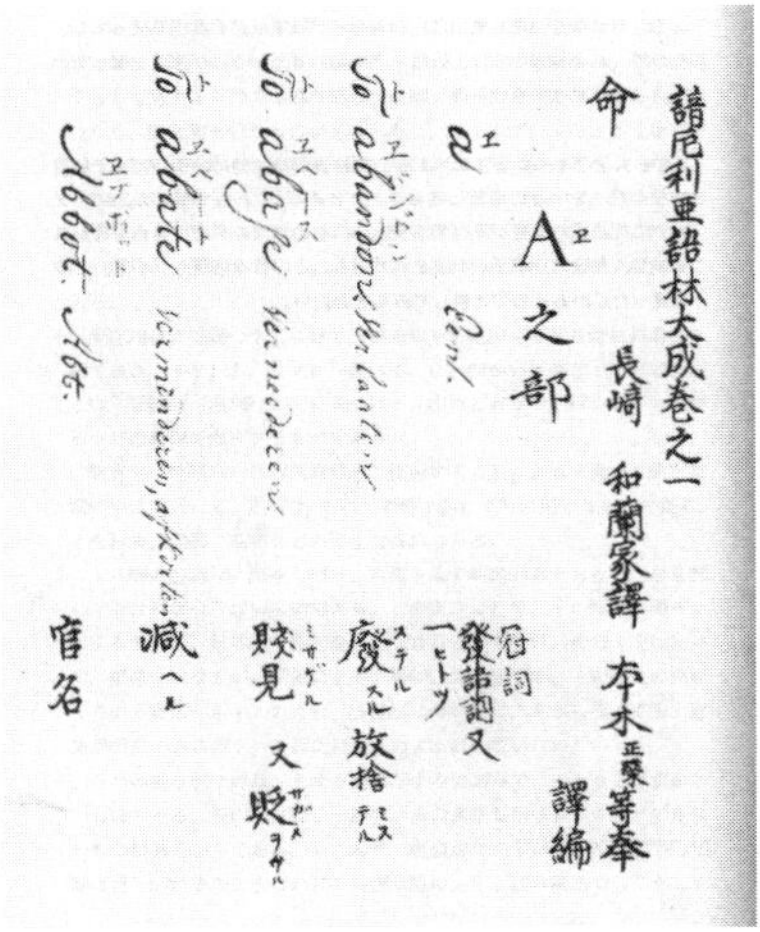
諳厄利亜語林大成巻之一
長崎　和蘭家譯　本木正榮等奉
命　譯編
A之部
a　冠詞　發語詞又一ツ
To abandon　廢スル　放捨テル
To abase　賤見　又賤ヲサル
To abate　減ヘル
Abbot.　官名

図1-2　『諳厄利亜語林大成』（大修館書店復刻版）

続く英語研究の注目すべき成果は、

一八四一（天保一二）年に完成した日本初の英文法書『英文鑑《えいぶんかがみ》』。江戸幕府の天文方見習だった渋川敬直《しぶかわひろなお》が英文法書のオランダ語版から訳述したもの。渋川は巻頭で、イギリス船が近ごろ日本近海に出没するようになったにもかかわらず、英語の文法を解説した本がないので「国家不虞の用」（＝国家の非常事態）に備え、英文翻訳の助けとなるよう同書を訳述したと述べている。やはり国家防衛が英語研究の動機だった。

一八五〇（嘉永三）年には幕府の命令で本格的な『エゲレス語辞書和解《わげ》』の編纂が始まった。その序文には「近年異船の来ること屢《しばしば》にして、漂泊の異民類《しきり》に多し。是《これ》に語の通る暎咭唎《いぎりす》のみなり」とあり、外国船の頻繁な来訪によって英語の必要性が高まってきた切迫感が伝わってくる。だが、この辞書は一八五四（嘉永七）年までにA〜Bの項目（計七冊）が提出されただけで打ち切られた。前年にペリー艦隊が来航したためだ。森山栄之助《もりやまえいのすけ》や堀《ほり》達之助《たつのすけ》などの優秀な蘭通詞たちは、江戸や浦賀に出向いて外交交渉の通訳や翻訳を命じられ、多忙を極めた。こうして日本はまともな英和辞典もないまま、外交交渉の場に立たされたのである。

†フランス語事始め

フランス語への対応はどうだったのだろうか。蘭通詞の本木正栄たちは『諳厄利亜語林大成』（一八一四）のわずか二〜三年後に、仏和辞典『払郎察辞範《フランスじはん》』と文法・単語・会話を集めた『和仏蘭対訳語林』を完成させている。「アデュー（adieu〔さよなら〕）」を「起居安《よくくらせ》」、「マドモアゼル（mademoiselle〔未婚女性〕）」を「嬢君《あねぎみ》」と訳すなど、苦労が偲《しの》ばれる。

幕末のフランス語研究では村上英俊《むらかみひでとし》（一八一一〜九〇）の功績が大きい。彼は十代で蘭学者の宇田川榕菴《うだがわようあん》に学んだのち医師となった。一八四八（嘉永元）年、師である佐久間象山《さくましょうざん》から「フランスはヨーロッパ文明第一の国、フランス語学習は国家の緊要事」としてフランス語修業を勧められた。村上は独学でフランス語を学び始め、フランス語・英語・オランダ語の対照辞書『三語便覧《さんごびんらん》』（一八五四、図1－3）や、日本初の本格的な仏和辞典『仏語明要《ふつごめいよう》』（一八六四）などを刊行。幕府の蕃書調所《ばんしょしらべしょ》（後述）でフランス語を教授するなど「仏学始祖《ふつがくしそ》」と呼ばれるまでになった。

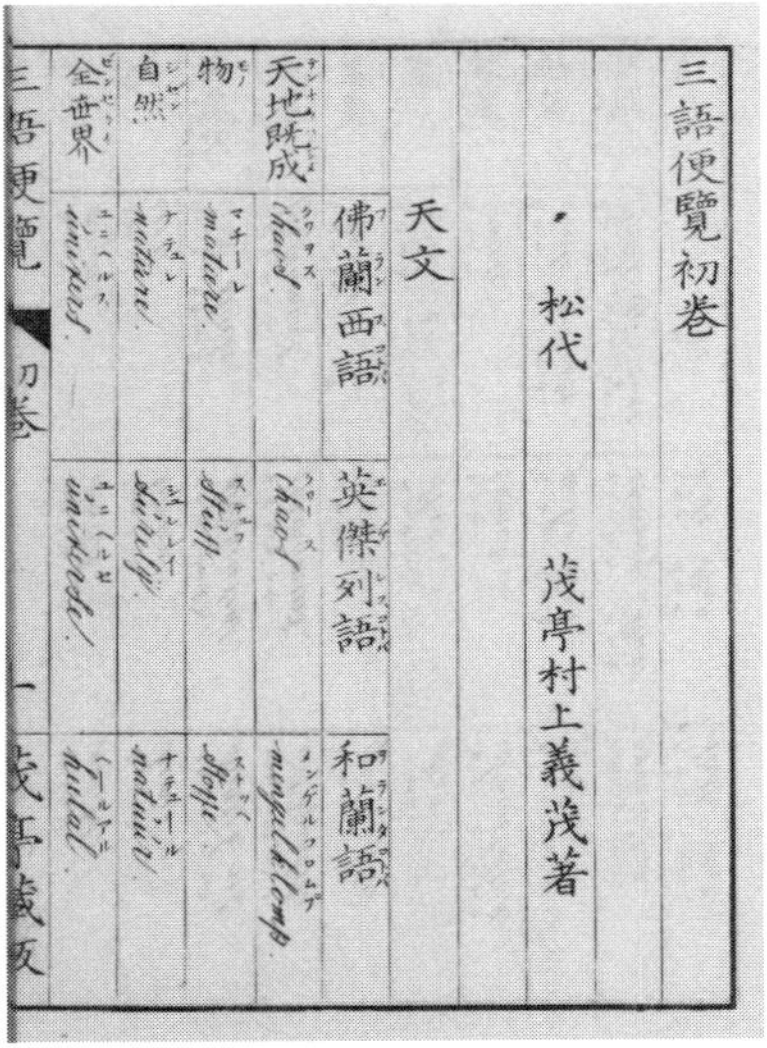

図1－3　『三語便覧』（国立国語研究所蔵）

『三語便覧』の巻頭には、中国は西

洋語を知らなかったためにアヘン戦争で敗北したが、敵を知るために英語・フランス語・オランダ語を学ぶことは、国境を守る重要な任務だと書かれている。時代の緊張感が伝わってくる。

村上は一八六八（明治元）年に仏学塾「達理堂《たつりどう》」を開いて後進を育成した。民権運動家となる中江兆民《なかえちようみん》はこの塾に入門したが、素行不良で破門されている。村上は日仏文化交流に尽くした功績により、一八八五（明治一八）年にフランス政府からレジオンドヌール勲章を贈られた。

†軍の近代化は語学力から

日本近海での西洋列強の活動に対して、海軍を持たない日本は無防備だった。陸から応戦するにも、日本の青銅砲は飛距離が短く、高性能砲を備えた外国船に対抗できなかった。西洋式の鉄製大砲や蒸気機関を備えた軍艦の製造に必要な製鉄用の高温溶融炉（反射炉）もなかった。

急いで整備する必要がある。幕府は諸藩の協力を得ながら海防の強化と軍備の近代化を図ろうとした。そのためには欠かせないものが二つある。一つがハードウェアとしての西洋式軍備。もう一つがソフトウェアとしての外国語だ。大砲に関しては、長崎の高島秋《たかしましゆう》帆《はん》（一七九八～一八六六）がオランダ書を通じて西洋式砲術を会得した。アヘン戦争でのイギリス軍の威力を知った秋帆は、幕府に火砲の近代化を訴え、一八四一（天保一二）年五月に西洋砲術と洋式銃陣の公開演習を成功させた。これによって高島流砲術は全国に広がった。

列強と対峙せざるを得ない時代となり、西洋語の能力が日本の国運を左右するようになる。初期の段階では蘭学者たちにオランダの軍事学に関する書籍を翻訳させ、技術開発に取り組んだ。長らく医学や自然科学が中心だった蘭学は、幕末期には兵学や軍事技術の研究に重点が置かれる。武士階級が西洋の語学と学術を学び始めたのである。

一八五六（安政三）年には蘭学者の高野長英《たかのちょうえい》がオランダの兵学書を『三兵答古知幾《さんぺいタクチーキ》』として翻訳・刊行し、歩兵・騎兵・砲兵の三兵を運用する戦術（オランダ語でTaktiek）を紹介した。こうして造兵・用兵・軍制などに関する総合的な西洋軍事技術の研究が本格化していった。西洋列強の実力を知るにつれ、日本が世界の頂点に立つ「皇国」「神国」だとする日本型華夷《かい》思想が動揺していった。

蘭学修業には大変な苦労を伴った。まず辞書も教材もほとんど手に入らない。日本初の蘭和辞書である『波留麻和解《はるまわげ》』（江戸ハルマ）は、フランソワ・ハルマの蘭仏辞典をもとにして一七九六（寛政八）年に編纂を終えたが、オランダ文字は木版、訳語は手書きで三〇部あまり刊行されただけだった。幕府が西洋情報の一般への流布を許可しなかったからだ。そのため、入手できなかった人たちは約五万語・四四〇〇頁もの辞書を書き写すしかなかった。

その後も『波留麻和解』の約一・五倍の一一万行に及ぶ蘭和辞典『ヅーフ・ハルマ』(長崎ハルマ)が、オランダ商館長だったヅーフと蘭通詞らによって編纂された。二一年の歳月をかけて一八三三(天保四)年に精撰本が完成し、幕府に献上されたが、出版は許されなかった。

ペリー来航前の嘉永二年(一八四九)、蘭学者の佐久間象山《さくましょうざん》は『ヅーフ・ハルマ』の改訂増補版の出版を幕府に願い出た。彼は、西洋列強に対抗するには外国の実情(夷情)を熟知することが大切で、そのためには外国語(夷語)の修得が不可欠だと考えたのである(『省諐録《せいけんろく》』)。だが幕府は象山の出版願を却下した。当時の外国語政策がいかに閉ざされたものだったかがわかる。

かくして『ヅーフ・ハルマ』は書き写され、各地に広がったものの、その数は極端に少ない。福沢諭吉が学んだ緒方洪庵《おがたこうあん》の適塾《てきじゆく》ですら一部しかなく、「ズーフ部屋」と呼ばれた特別な部屋でしか閲覧できなかった。そのレアさゆえに、福沢ら塾生たちはせっせと写本を作って販売し、アルバイト収入を得ていた。

幕府海軍の立役者となる幕臣の勝海舟《かつかいしゅう》（麟太郎《りんたろう》・安芳《やすよし》、一八二三〜九九）は『ヅーフ・ハルマ』を年一〇両で借り受け、一年がかりで写本二部を作成、うち一部を三〇両で売って借り賃と生活費に充てた。また、満一三歳の寺島宗則《てらしまむねのり》（松木弘安《まつきこうあん》、一八三二〜九三）は、一八四六（弘化三）年から江戸で蘭学と医学を学び始め、『ヅーフ・ハルマ』の写本を二〜三年かけて筆写。のちに「昔の洋学は写本の労がもっとも多かった」と回想している。

勝海舟からメドハーストの『英漢字典』（*English and Chinese Dictionary.* 一八四七〜四八）を借り、すべて筆写した人物がいる。中村正直《なかむらまさなお》（敬宇《けいう》）だ。漢学者・儒学者だったから、英漢字典のほうが英語を学びやすかった。彼は安政年間にもモリソンの英漢蘭辞書を筆写した体験があり、漢学・蘭学・英学に通じた代表的な知識人。漢学は武士の一般教養だったから、初期の英学は蘭学経由とともに漢学経由でも学ばれた。また、西洋の学術書は中国で漢訳されて日本に渡来したから、そうした漢訳書が蘭学・英学の発展を補強した点も忘れてはならない。

中村の辞書筆写は壮絶の一語に尽きる。一八六五（慶応元）年、彼は辞書の筆写を決めると厳格な計画を立てて実行し、当時最大の英漢辞書全二巻・計一四三九頁を九四日で筆写し終えた。歯の痛みに襲われたときには口に水を含んで筆写。途中で目がかすみ、眼球が痛みだしたが、常に冷水を座右におき、洗眼と筆写を繰り返した。手首が硬直して筆を握れなくなると、筆を手に縛りつけて完成を急いだ（石井民司〔研堂〕『自助的人物典型　中村正直伝』）。

彼がサミュエル・スマイルズの英書から訳した『西国立志編《さいごくりつしへん》』（一八七一）は、西洋近代人の生き方を紹介した啓蒙書として、福沢諭吉の『学問のすゝめ』や内田正雄の『輿地誌略《よちしりやく》』とともに「明治の三書」と呼ばれる大ベストセラーとなった。

こうした先駆者の苦労を経て、幕府や諸藩は蘭学や英学による西洋知識をもとに、銃砲の製造、大型船の建造、西洋式軍隊の編制など軍事力の近代化に取り組み始めた。

ところが、国際情勢は予想を超える速さで展開する。

2　幕府のグローバル化対応

†アヘン戦争の衝撃

幕府の外交方針を揺るがす大事件が起こった。アヘン戦争（一八四〇～四二）で中国がイギリスに敗北したのだ。幕府や知識人は衝撃を受けた。武士の教養を支えていたのは中国古典であり、中華帝国は格上の文明国だと思ってきた。その中国がイギリスの軍事力によって屈服させられ、領事裁判権や関税自主権剝奪などの不平等条約、巨額の賠償金、上海《シャンハイ》など五港の開港、香港《ホンコン》の割譲（植民地化）を余儀なくされたのである。

さらにイギリスは一八五六年の広州《こうしゅう》でのアロー号事件を口実に、フランスと組んで第二次アヘン戦争を起こし、一八六〇年には北京を占領して清朝政府を敗北させた。中国は開《かい》港場《こうじょう》の拡大や北京への外国領事の常駐など、イギリス主導の自由貿易体制に組み込まれ、西洋列強によって半ば植民地にされてしまった。

それは、西洋資本主義諸国が覇権を握る近代世界システムに東アジアが包摂されるという、世界秩序の再編を象徴した。産業革命によって巨大な生産力を手に入れた欧米列強は、製品を売りさばく市場と原料供給地を世界に求め、必要とあらば武力による植民地化・半植民地化を進めたのである。その強力な軍事力を支えたものこそ、機械制大工業の成果である蒸気船と鉄製大砲だった。その両方を備えた「黒船」が東アジアに迫ってきたのだ。

大国の中国ですら敗北したとなると、小国の日本はどうなるか。戦慄が走った。すでに薩摩藩が実効支配する琉球には、一八一〇年から四〇年までに一〇隻ものイギリス艦船が来航していた。対応を誤ればイギリスとの戦争か、最悪の場合には植民地にされかねない。

思案の結果、幕府は「異国船打払《うちはらい》令」（一八二五）を放棄し、遭難した外国船に対して食料と補給物資を提供する「薪水《しんすい》給与令」（一八四二）を発した。列強との武力対立を避け、国際協調へと一歩踏み出したのだ。もしこの政策転換がなかったら、一一年後に来航したペリー艦隊と戦火を交えていたかもしれない。

一八四四（天保一五）年、幕府はオランダ国王ウィレム二世から開国を勧告する親書を受け取った。それは、アヘン戦争に勝利したイギリスが大軍を率いて日本に開国を迫る情勢だから、武力で開国を強いられるより自主的に開国した方がよいとする提案だった。

それでも幕府は鎖国政策を捨てなかった。だが、固く閉ざした門をこじ開ける外圧が襲う。アメリカの黒船艦隊がついにやって来たのだ。

†黒船の外圧

「黒船を率いて東京湾入口の浦賀に初めて来航したアメリカ艦隊は？」と問えば、「ペリー艦隊」と答える人が多い。だがペリー来航七年前の一八四六（弘化三）年五月、ジェームス・ビッドルを司令長官とするアメリカ東インド艦隊の軍艦二隻が浦賀に来航し、公式に開国と通商を求めていた。新興国アメリカは、日本を遭難船員の保護地、捕鯨船の補給地、そしてカリフォルニアと中国の中継地として位置づけ、アメリカ船の寄港を認めさせようとしたのだ。

幕府は蘭通詞の堀達之助を通訳として開国拒否を回答したが、両者とも穏便な対応で、最初の黒船は一〇日後に退去した。この事実は教科書にはほとんど書かれていない。

ただし、アメリカ船の日本初来航が公式に記録されているのは一七九一(寛政三)年で、商船レディ・ワシントン号とグレイス号が黒潮洗う紀州串本《くしもと》沖の大島(現・和歌山県串本町)に寄港し、地元民と交流した。ペリー来航による開国の六二年前だ。これを記念して、地元には日米修好記念館が建てられている。

ビッドルの失敗から学び、高圧的な砲艦外交に転じたのが、後任の司令長官マシュー・ペリー(一七九四~一八五八)だ。一八五三(嘉永六)年六月三日、ペリーは艦隊を率いて浦賀に現れ、大統領の親書を携えて開国を迫った。計七三門もの大砲がにらみをきかせる四隻の巨大な軍艦。旗艦サスケハナ号は二四五〇トン。当時の日本では最大の千石船《せんごくぶね》ですら約一五〇トンだから、実に一六倍の巨艦だ。ペリーは大砲(空砲)の試射を命じ、轟音が江戸湾に響き渡る。

度肝を抜かれた人々は「黒船」と呼んだ。黒は喪服の色で、死、孤独、恐怖を連想させる。黒はまた礼服の色でもあり、礼儀、高級、重厚を連想させる。「黒船」には両者のイメージが重なった。日本人は恐怖を感じつつも、最新鋭の蒸気船に畏敬の念もいだいた。

ペリー来航時に幕政の実権を握っていたのは老中首座(首相相当)の阿部《あべ》正弘《まさひろ》(一八一九~五七)。英明な人物で、オランダからの別段風説書《べつだんふうせつがき》を通じてペリー来航を事前に察知し、西洋列強の力を把握していた。だが財政難もあり、海防体制は不十分すぎた。そこで阿部は黒船退去後、佐賀藩に鉄製大砲二〇〇門の納入が可能かを打診した。当時、列強に対抗できる鉄製大砲を製造できるのは佐賀藩だけだったからだ（第3章）。征夷大将軍である徳川家が外様《とざま》の佐賀藩に軍事援助を求めるなど前代未聞で、幕府の力量不足を露呈させてしまった。

幕府はまた、一八五三（嘉永六）年一〇月に全国の諸大名に対して西洋流砲術に習熟するよう命じている。槍や刀による旧式の武士では西洋の軍事力に対抗できないと悟ったのだ。阿部はまた勝海舟《かつかいしゅう》、岩瀬忠震《いわせただなり》、川路聖謨《かわじとしあきら》、中浜万次郎《なかはままんじろう》（ジョン万次郎）、高島秋帆《たかしましゅうはん》などの有為な人材を登用し、一八五五（安政二）年には講武場（のちに講武所）、海軍伝習所、洋学所（のちに蕃書調所）などを創設することで、欧米列強に備える態勢を整えた。

阿部は開国の是非をめぐって大胆な行動に出た。それまで国政は将軍と譜代大名出身の幕閣による専権事項だった。ところが、開国問題では京都の朝廷、全国の大名、幕臣、一般庶民にまで広く意見を求めたのだ。強大な外国と対峙するには、幕府や藩の枠を超え「オールジャパン」で一丸となって対応する必要がある。危機感から来るナショナリズムの目覚めといえる。

だが国政について各層から意見を求める「公議《こうぎ》」の場を設けたことは、朝廷（天皇）や諸侯の政治的発言力を強め、幕府からの自立を促すことにつながった。こうして幕府崩壊への動きが始まる。

黒船による威圧のもと、翌一八五四（嘉永七）年三月三日にペリーは幕府との間に「日米和親条約」（神奈川条約）を締結した。その後の日本の命運を大きく変えた条約だ。これにより、遭難船員の救助、水・食料・燃料の補給、下田と箱館（函館）の開港、領事の駐在が決まった。しかし国書にあった通商貿易は拒絶したから、完全な開国はまぬがれた。幕府側もがんばったのだ。

一八五五（安政二）年一〇月、激務続きの阿部正弘は、老中首座のバトンを堀田正睦《ほったまさよし》に手渡した。堀田は佐倉藩主時代に蘭学を奨励するなど、蘭癖《らんぺき》（オランダ・マニア）と言われるほどの開明派。英学の第一人者と言われた手塚律蔵《てづかりつぞう》を藩に招いて英学研究を進め、西周《にしあまね》、神田孝平《かんだたかひら》、津田仙《つだせん》、内田正雄などの明治政府で活躍する人物を輩出した。

和親条約においてペリーが最大の成果だと誇ったのは「片務的最恵国待遇」を盛り込んだことだ。これは、日本が他国との条約で認めた最も良い待遇をアメリカにも自動的に与えるというもの。「片務的」とは、アメリカが他国との条約で認めた最恵国待遇は日本には与える義務がないことだった。日本の国際的地位がアメリカよりも下であることを明白にした条項だったのである。

ここで一つ気になることがある。国際条約は最高度の厳密さが求められる文書。それを、英語が使えない日本人と、日本語が使えないアメリカ人とが、どうやって作成したのだろうか。外交や異文化交流で最初にぶつかるのは言語の問題だ。言語能力が不十分だと理解が誤解になり、平和が戦争になりかねない。はたして、幕末のサムライや通訳たちの英語力はどのくらいだったのだろうか。

†通訳の重圧

日米和親条約交渉の舞台裏は大変だった。アメリカ側は中国語担当で首席通訳のウィリアムズ、オランダ語通訳で日本語が少しできたポートマン、漢訳担当の羅森《ルオセン》(中国人)を連れてきたが、日本語通訳はいなかった。日本側は長崎の蘭通詞《らんつうじ》たちをオランダ語通訳とした。堀達之助がペリー艦隊に向かって"I can speak Dutch!"(私はオランダ語を話せる)と叫んだエピソードからわかるように、彼らの一部は英語を少し学んでいた。

森山栄之助のように、一八四八年一〇月から約五カ月間、アメリカ人のラナルド・マクドナルドから英語の特訓を受けた者もいた。この指導はありがたかった。ウィリアムズによれば、森山は「ほかの通訳がいらなくなるほど英語が達者で、おかげで我々の交渉は大助かりだ」と評価されている(『ペリー日本遠征随行記』)。とはいえ、外交交渉が円滑にできるほどの英語力ではなかった。

当初は、漂流後にアメリカで教育を受けた中浜万次郎を通訳に起用する予定だったが、元水戸藩主の徳川斉昭《なりあき》からの「アメリカ側のスパイになる恐れがある」との横やりで断念した。愚かな判断だ。

最初の日米交渉の頃には、まだ英語の辞書が刊行されていなかった。日米和親条約の約七カ月後に、ようやく村上英俊が『三語便覧《さんごびんらん》』を刊行した。ただし、わずか三三七五語をフランス語・英語・オランダ語で併記したものだから、英語については英検準二級（高校中級）レベルの単語数だ。天文・地理・身体などの二五部門に分類し、カタカナ発音を付けている。村上は最初に蘭学を学んだため発音はオランダ語訛りが強い。英単語の発音を見ると、earth（地球）は「エールテ」、rice（米）は「リセ」、pole star（極星）は「ポレ スタル」といった具合だから、おそらく通じないだろう。

日米交渉は二重の通訳を介して英語―オランダ語―日本語の往復で行われた。蘭通詞たちは外交交渉などやったこともないから、相当な重圧がかかった。彼らの能力に関して、初代アメリカ駐日総領事のタウンゼント・ハリスは「船長や商人が二百五十年も昔に使用したような古いオランダ語」を使い「条約や協約などに用いられるあらゆる言葉を全く知らない」と酷評している（『ハリス日本滞在記』）。オランダ語は古臭い、英語は使えない、近代的な国際政治・経済・国際法の知識もない。そんな状況での外交交渉は想像を絶する困難を伴った。

†条約「誤訳」事件

条約文の作成過程については諸説あるが、ウィリアムズの『ペリー日本遠征随行記』によれば、条約調印の前夜に日本側が日本語から中国語に訳した条約文を持参し、一部訂正の上、「全文を双方で確認し終った」。一方、ウィリアムズと羅森が英語版から不正確な漢文版を作成したという説もある（町田俊昭『開国蟹文字文書論考』）。

翌日の条約調印式の場では、双方のオランダ語版が同一であることを確認した上で署名し交換された。次に漢文版が対照され、文面から一字を削除した上で署名し交換された。漢文版がギリギリまで修正されていたことがわかる。

最終的に交換された条約文は、①オランダ語版、②漢文版、③英語版（オランダ語から忠実に翻訳）、④日本語版（漢文版と同じ内容）の四種類となったが、どれを正文にするかの規定はなかった。しかも調印式では、日本側が署名済みの日本語版を持参したため、アメリカ側は英語版に署名した。そのため、日米双方の全権代表が名を連ねた条約文が存在しないという不思議な条約となった。これが大問題を引き起こすことになる。

恐れていたことが起きた。日米和親条約の日本語版と英語版に重大な食い違いがあるという「誤訳」問題が発覚したのだ。オランダ語版と漢文版の間の大きな相違が放置されていた。それが英語版と日本語版の相違となり、相互確認していない日本版と英語版を日米それぞれが正式の条約内容だと主張し合ったために対立が生じたのである。

特に第十一条の「領事の任命条件」に深刻な違いがあった。英語版では「二つの政府のどちらか一方が（either of the two Governments）」必要と認めた場合には領事を任命できると書かれていた。これだとアメリカ側の意思だけで領事が駐在できる。ところが日本語版では「両国政府に於《お》いて拠《よんどころ》無き儀これ有り候《そうろう》模様により」（『幕末外国関係文書之五』）とあり、両国政府が合意しない限り領事は駐在できず、アメリカは領事裁判権を持てなくなる（漢文版も同じ）。

重大な違いはもう一つあった。第十二条の英語版では、批准は「十八カ月以内に（within eighteen months）」と書かれていたが、日本語版は「今より後一八ケ月を過ぎ」と書かれていた。これだと「一八カ月以後に」の意味になる

どこでズレたのか。オランダ語版は英語版と一致していた。そのためアメリカ側の公式記録『ペリー艦隊日本遠征記』では、第十二条の「差異は日本の翻訳者の無知から生じたものであることを日本側は了解した。また、ここに使われている「以内（within）」という

英語の意味をよく説明すると、彼らは非常に穏やかにこの点の異議を撤回した」と書かれている。だが、あくまでアメリカ側の言い分だ。

竹村覚《たけむらさとる》も『日本英学発達史』（一九三三）で、誤訳の原因は日本側が英文の和訳を誤ったためだとし、「条約文を和訳した森山栄之助、堀達之助、名村五八郎《なむらごはちろう》等の通詞は、その責任を免れることは出来ない」と断罪している。これらが定説となり、誤訳の原因は日本の通訳者（蘭通詞）たちの語学力の低さにあったとされてきた。

だが、私にはどうもひっかかる。というのは、第五条の〝within the limits of seven Japanese miles〟という表現は「七里の内」と正しく訳されており、日本側が〝within〟の意味を知っていたと思われるからだ。さらに、森山栄之助がオランダ語版から訳した日本語版の別バージョンでは、「十八箇月を出ずして」と〝within〟の意味が正しく訳されていた（『幕末外国関係文書之五』）。では、首席通詞だった森山の訳文を日本側はなぜ採用しなかったのか？　また、オランダ語版と漢文版の違いに気付かなかったのだろうか？

私が考える可能性は二つ。一つは、オランダ語版を和訳した蘭通詞たちの身分が低く、漢文版を担当した身分の高い幕府の儒者（漢学者）たちとは意思疎通が充分にできなかった。

より高い可能性は、日本側が違いを知っていながら、日本側に有利な漢文版をもとに日本語版を作成した。漢文版は「此事応以今後十八個月（＝今後十八個月をもって）」とあり、日本版も同じ内容だった。日本側はオランダ語版に忠実な森山訳を意図的に封じておいて、あえて日本側に有利な日本語版（漢文版も同じ）を正文とした可能性が高い。批准を少しでも遅らせたい日本側にとって「十八カ月以後に」という訳は好都合だったからだ。

領事の任命条件に関する第十一条でも、英語版の「二つの政府のどちらか一方が」ではなく、日本語版・漢文版の「両国の合意」を楯に領事の駐在を拒否することで、条約が従来の「鎖国」政策を大きく変えるものではないことを開国反対派に示せる。

以上の経緯から、いわゆる「誤訳」問題は、幕府側の高度な外交戦術だった可能性が浮上してくる。幕府は、大統領親書への将軍の返書も出さず、条約の正文も規定せず、老中も条約に署名せず、日米の連署すら拒否し、何より通商貿易を拒絶した。幕府は強大な軍事力を背景にしたペリーの砲艦外交に立ち向かうために、「開国」に見せかけて祖法である「鎖国」政策を継続するという外交戦術をとったと考えるのが妥当だ。この条約でのアメリカの外交上の位置づけは、日本が「通信」（国交）を結んでいた朝鮮・琉球や、「通商」関係にあった中国・オランダより下位の「和親」関係にすぎなかったのである。

薩長中心の明治政府は、明治維新を正当化するため、不平等条約を結んだ「幕府の無能ぶり」を意図的に煽るようになる。また日本外務省も、第十二条を英語版に合わせて「今より後十八箇月を過ぎずして」と改竄《かいざん》する（外務省編『日本外交年表 竝《ならびに》 主要文書』）。だが幕末の困難な状況下での外交交渉と、四言語による条約文を冷静に考察する限り、その後の「英語が使える」政治家・外交官とは違い、英語が使えなくてもアメリカの言いなりにならなかった幕府の外交担当者と翻訳・通訳者たちの意志と力量に驚かされる。

アンブローズ・ビアスの『悪魔の辞典』によれば「外交とは祖国のために偽りを言う愛国的な技術」であり、キツネとタヌキの化かし合いだ。相手の言語を知らないふりをして「誤訳」することで、自国に有利な解釈を引き出すこともする。外国語は外交戦の武器であり、その使い方しだいでは国益にもなり、戦争にもなる。まずは相手の言語を正確に理解できることが必須条件だ。近年では文部科学省の「コミュニケーション重視」策によって、英語はおおまかな意味がわかればよいとする風潮が強いが、言語はそれほど甘くない。

†対日交渉でハリス激痩せ

条約批准の時期をめぐる第一二条の「誤訳」問題は紛争を招いた。ペリーの部下のアダムス中佐は一八五五（安政元）年一二月、条約の英語版だけを持参して批准書の交換を申し入れた。ところが日本側は批准は締結から十八カ月以降だと理解しており、七カ月半も早いとして拒絶。激しい応酬が続いたが、お互いの妥協によって署名にこぎ着けた。

一八五六（安政三）年七月二一日、ハリスが日米修好通商条約を締結するために来日した。東アジア貿易に携わる商人のハリスを通商交渉に送り込むあたりが、いかにもアメリカらしい。

だが、当初ハリスは下田への入港を拒否された。理由は前述の通り、日本側が和親条約の第十一条を「両国政府が」合意しなければ領事は置けないと解釈していたためだ。翻訳の食い違いがまたも紛争の火種になった。

日本側が妥協してハリスの下田滞在は許されたものの、通商条約交渉は困難を極めた。幕府側の役人では海防掛《かいぼうがかり》（のちの外国奉行）の岩瀬《いわせ》忠震《ただなり》が特に優れた能力を発揮した。交渉相手のハリスでさえ「岩瀬の弁舌は素晴らしく、自分は論破されて条約の文言を改めた部分もあった」と認めるほどだった（『日本滞在記』）。

長く厳しい交渉でハリスは一八キロも激痩せし、吐血するほど体調を崩した。そこで幕府側に看護婦の派遣を頼んだところ、なんと芸妓《げいこ》の「きち」が妾《めかけ》として送りこまれた。独身のハリスを懐柔する「ハニートラップ」だったのだろうか。だが彼女はハリスから三日後に返され、周囲の白眼視と貧困から、最後は海に身を投げた。この悲劇は十一谷《じゅういちや》義三郎《ぎさぶろう》の小説「唐人《とうじん》お吉《きち》」（一九二八）に描かれ、溝口健二監督によって映画化されている。

「誤訳」による紛争経験から、その後の日本の公式文書には漢文（中国語）を使わないことにした。長らく東アジアの公用語だった中国語が、日本ではその地位を失ったのだ。それは幕府の対外関係に関わってきた儒者（漢学者）たちの地位低下と、英語および西洋語の使い手たちの地位上昇を意味した。

一八五四（安政元）年閏《うるう》七月、四隻のイギリス艦隊が長崎に入港し、交戦国ロシアの軍艦と英国軍艦の入港に関して日本政府の方針を求めた。スターリング司令官は外交交渉を行う英国政府の委任状も指示も得ていなかったが、日本側は通訳の「誤訳」もあって英国側の真意を誤解し、同年八月に下田・箱館の開港などを含む日英和親条約（日英約定《やくじょう》）を結んでしまった。

一八五五（安政二）年以降の外交文書では、イギリス、フランスも含めて、互いの言語およびオランダ語の文書を交換し、それを蘭通詞が日本語に翻訳する方式になった。

このオランダ語を仲介とする方式もやがて消えた。一八五五（安政二）年九月の「日英和親約定副章」をめぐる交渉で、イギリス側は通用範囲が狭いオランダ語ではなく、「世界中に通用する」英語を外交言語にしたいと「英語帝国主義」的な要求をしてきた。その結果、妥協案として「日本人英語熟達の上は、英吉利《イギリス》語にて」外交を行うことになった。

一八五六（安政三）年に英国軍艦が長崎に来航したが、通詞たちは英語での対応ができなかった。そのため同年九月、長崎奉行は幕府の川路聖謨《かわじとしあきら》らに対して英学奨励方の願い書を提出している。

一八五八（安政五）年七月の「日英修好通商条約」では、外交文書にオランダ語が使えるのは締結後五年間だけで、一八六四年までには英国側の文書を英語のみにすることが明記された。さらに一八六〇（万延元）年七月にポルトガルとの間に結ばれた修好通商条約では、外交文書を英語にするまでの猶予期間が三年に短縮された。こうして日本におけるオランダ語から英語への転換が加速した。さらに英米以外の条約締結国の諸言語も習得が必要になり、幕府も諸藩も英語をはじめとする外国語学習に力を入れざるを得なくなる（後述）。

国際法を知らずに条約締結

一八五八（安政五）年六月一九日に日米修好通商条約が締結され、箱館・神奈川（実際は横浜村）・長崎・新潟・兵庫の五港の開港が決定した。前年五月の日米約定《やくじょう》（下田《しもだ》議定書《ぎていしょ》）で決まった片務的領事裁判権も盛り込まれ、外国人を日本の法律で裁けなくなった。この点は、関税を自国で決定できない「協定関税率」の問題と合わせて、不平等条項として明治になってから問題になるが、当時は国際的な常識だったといえよう。

その後、オランダ、ロシア、イギリス、フランスとも通商条約（安政五カ国条約）を締結

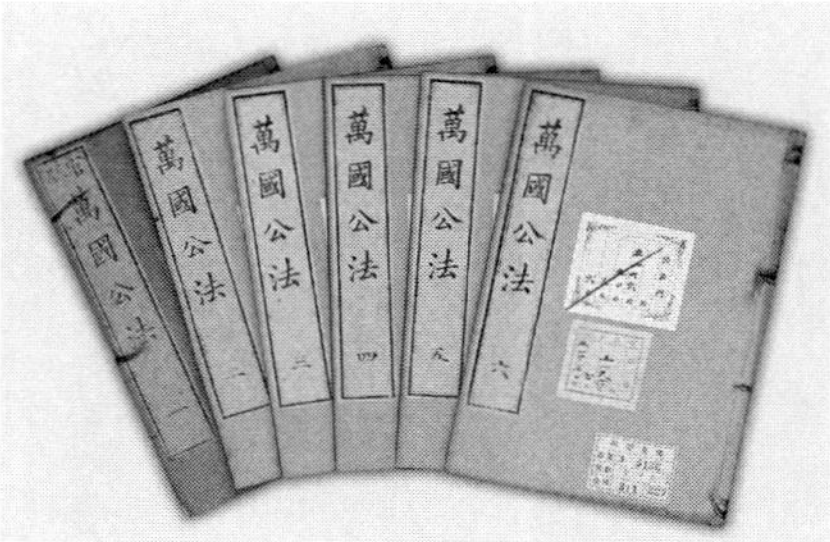
図１－４　『万国公法』（国立公文書館蔵）

した。こうして日本はグローバルな自由貿易体制に組み込まれた。この「自由」とは西洋の資本主義列強が市場を拡大し巨利を得る自由であり、後進の日本にとっては物価騰貴や在来産業の衰退などの「不自由」を伴う貿易体制だった。今日の「新自由主義」は独占禁止法などの規制を緩和することによって巨大資本にぼろ儲けを保障するが、それと同じ意味での弱肉強食の「自由」である。

外国との条約交渉のルールとなる国際法を、当時は「万《ばん》国公法《こくこうほう》」と呼んだ。ところが幕府の外交交渉は万国公法の知識がないまま行われた。のちに外務大臣となる寺島宗則は、福沢諭吉とともに幕府外国奉行の翻訳方に勤めていた一八五九（安政六）年当時の状況を次のように語っている。

「我が輩洋学者中、万国公法を読みし者一人もなし。いわんやその他の諸官をや。諸条約および交際の式、みな彼〔＝相手国〕の云うがままに任ずるのほかなし。今よりこれを回顧すれば汗背《かんぱい》に堪えず」（「寺島宗則自叙伝」）。国際法も知らずに外交交渉を行ったことは、背に冷や汗が流れるほど恥ずかしいというわけだ。ただし、自伝は明治に書かれたものなので、幕府外交の稚拙さを批判する意図があるかもしれない。

幕府の開成所は、中国で英語版から翻訳出版された『万国公法』（一八六四）に返り点や読み仮名を補い、一八六五（慶応元）年に刊行し、坂本龍馬をはじめ広く読まれた（図1-4）。さらに開成所の西周は、一八六二（文久二）年にオランダ留学時のシモン・フィッセリング教授の国際法講義ノートをもとに『畢洒林氏《フヒスリンクし》万国公法』を一八六八（慶応四）年に刊行した。同年には津田真道訳の『泰西《たいせい》国法論』も開成所から出版されており、西洋法政学の最初の体系的理論書として明治新政府にも大きな影響を与えた。

新政府は一八六八（慶応四）年三月、「万国公法を以て条約御履行」と外国人殺傷の厳禁を内外に宣言し（五榜《ごぼう》の掲示）、欧米諸国に政権交代を知らせ、外交関係を樹立する。

3　西洋の覇権と自由貿易の罠

†日本を「半未開国」とする万国公法

万国公法は西洋列強の利害に貫かれており、実態は「西洋標準」にすぎなかった。それを「国際標準（グローバル・スタンダード）」だとして世界に押し付けることで、西洋諸国は植民地支配や不平等条約を正当化してきた。西洋文化を至上とし、東洋を偏見の眼で見るオリエンタリズムにもとづいていたのだ。

特に問題なのは、西洋を頂点とする差別的な文明段階説に立っていたことだ。万国国際法学会の発起人であるエジンバラ大学のジェームズ・ロリマー（一八一八～九〇）は、『国際法綱要』の中で「人類は現時点において、三つの同心円的世界に分かれる。すなわち、文明化された（civilized）人類、野蛮な（barbarous）人類、未開の（savage）人類である」と述べている。これが当時の西洋人たちの常識だった。

このうちヨーロッパのすべての国家は「完全な政治的承認」を受けるが、日本人はトルコ・ペルシャ・中国などと同様に「野蛮な人類」に分類され「部分的な政治的承認」の対象とされた（山内進「明治国家における「文明」と国際法」）。実際、英国駐日公使のラザフォード・オールコックも米国駐日領事のハリスも日本を「半未開」と見ていた。

そのため日本は不平等条約を強いられて当然の国だとみなされた。西洋の論理では、相手が不平等条約を拒否したり、結んだ不平等条約を守らない場合には武力行使が認められた。幕府は攘夷派に押されて、条約で開港した横浜港を封鎖（横浜鎖港）しようとしたが、これは戦争に発展しかねない大問題だった。

万国公法のもとでは西洋人は日本の国内法に従う義務がなく、現地に駐在する領事に裁判権を委ねるため、犯罪を犯しても国外に逃亡できた。昔の日本はこんな不平等な差別を受けていたのだ。

と書いたところで「決して昔のことではない」と書き添える必要を感じた。現在でも日米地位協定という「不平等条約」が存在する。例えば沖縄では、米兵が凶悪犯罪を起こしても、公務中と称して基地内に逃げ込めば日本の警察権や裁判権が及びにくいため、犯人が本国に逃げ帰ることもできる。現在の日本政府はこんな不平等を放置し、基地や軍事費の問題でもアメリカ政府の顔色ばかりうかがっている。不平等条約撤廃のために全力で取り組んだ明治の政治家たちは、今の政府関係者をどう見るだろう。

話を幕末に戻そう。西洋人は日本人を野蛮な「半文明人」と見ていた一方で、日本の武士たちも西洋人を野蛮な「夷狄《いてき》」と見ていた。お互いに相手を見下していたわけだから、交渉がスムーズに行くわけがない。

「万国公法」はアフリカなどを最下位の「未開」に分類し、国家を持たない「無主の地」とみなして、最初に到着した西洋諸国が植民地にすることを正当化した。今なお続く紛争の多くは、この勝手きわまりない西洋中心の万国公法と帝国主義に由来する。

皮肉なことに、西洋標準にすぎなかった万国公法を日本が承認したことで、それは世界標準に近づいてしまった。そして明治政府もまた、差別的な万国公法の論理で周辺アジア諸国を蔑視し、植民地化するようになる（第4章）。

†「脱亜入欧」の登場

世界を文明と未開に分ける構図はすでに新井白石の『采覧異言《さいらんいげん》』（一七一三成稿）に見られるが、西洋中心の文明段階説が日本に浸透し始めるのは幕末からだった。福沢諭吉は『文明論之概略』（一八七五）で「ヨーロッパ諸国ならびにアメリカの合衆国をもって最上の文明国となし、トルコ、支那、日本等、アジアの諸国をもって半開と称し、アフリカ及びオーストラリア等を目して野蛮の国といい、この名称をもって世界の通論となし」と文明段階説を展開している。その上で「ヨーロッパの文明を目的」とすべきことを訴え「日本人を文明に進《すすむ》るはこの国の独立を保たんがため」と主張した。

文明段階説を浸透させたもう一つの媒体がある。英語教科書だ。明治初期には地理や歴史なども欧米の教科書で学んでいたから、そこに書かれた西洋中心の文明観が英語学習を通じて日本人に刷り込まれていった。

例えば、明治中期まで定番の英語教科書だったアメリカ舶来の『パーレー万国史』（一八五九年版）を見てみよう。牧山耕平が翻訳し、文部省が一八七六（明治九）年に刊行した『巴来《パーレー》万国史』では「人種を分《わか》ちて野蛮、未開、開化、最上開化〔＝文明開化〕の四類となす」として、それぞれの特徴を次のように書いている。

「野蛮（savages）」の人種は「泥と杭《くい》とをもって家を造り、弓矢をもって猟をなし」「アメリカのインディアン、アフリカの黒奴中の某の人種、アジアの人民中の某の人種、およびオセアニアの人種のごとき多くは皆これなり」。

「未開（barbarians）」の国では「人民わずかに石と泥とをもって築造せる屋宇《おくう》〔＝家〕に住居す。寺院及び議事院の設《もうけ》なく、書籍もまた少なく、かつ偶像を拝礼す。これらの人民はすなわちアフリカの黒奴およびアジアの人種中に多し」「その風習多くは残忍にして蒙昧《もうまい》なり」。

「開化（a civilized state）」の国の「富者は華麗の屋宇を造りてこれに住す。また諸術に巧《たくみ》なり。しかれども学校の設多からず、読書作文の数したがいて備わらず。支那、ヒンドスタン、トルコ、ならびにアジア、アフリカおよびヨーロッパの一の人種等の状態これなり」。

「最上開化（the highest state of civilization）」の「ヨーロッパおよび合衆国の各部の人民多くは宏壮《こうそう》なる屋宇に住し、家什《かじゅう》もまた精良なり。はなはだ書籍に富み、寺院〔＝教会〕、議事院、学校の設あり。汽船、鉄道、電信線また一として備わらざるなし」。

なんとも勝手な欧米中心の世界観だが、二〇世紀になっても文明段階説の刷り込みは除去できなかった。一九三七年の東京帝大法学部の国際法の講義では、横田《よこた》喜《き》三郎《さぶろう》教授（戦後は最高裁長官）が、日本は英米仏のような「文明国」ではなく、段階が劣る「ブラジルの文化に比すべきものである」と「侮蔑的嘲笑を含めた口調で述べた」。これを聴いた学生の小田《おだ》村寅二《むらとらじ》郎《ろう》は「ブラジルとは文化階次の最も低級な植民地に過ぎぬ」。これと日本とが同等とは何ごとだ、と憤慨している。（小田村寅二郎「東大法学部に於ける講義と学生思想生活」）。このように、教授も学生も文明段階説に立っていたのである。

万国公法に従うと公言した明治政府は「文明開化」を訴え、西洋人から日本が「文明国」であると認めてもらうことで、不平等条約を改正しようとした。日本が首尾よく文明国へと昇格すれば「遅れたアジア」から抜け出し、「西洋の文明国と進退を共に」できる。こうして登場するのがアジア蔑視の「脱亜入欧」という考え方だ（福沢諭吉「脱亜論」）。

その意味で、日本のアジア侵略と植民地化のイデオロギー的なルーツは万国公法にまでさかのぼるといえよう。白人へのコンプレックスも、アジアやアフリカの人々への上から目線も、起源はここにある。刷り込まれた思想を解毒するのは今なお容易ではない。

†グローバル資本主義に組み込まれた日本

産業革命によって巨大な生産力を手にした資本主義諸国は、製品の市場を求めて全世界に進出し、一八四〇年代には中国、五〇年代には日本までも世界市場に組み込んでしまった。その圧倒的な覇者は「世界の工場」と呼ばれたイギリスだった。

イギリスの初代駐日公使オールコックは、自らの使命を述べている。「我々は、我々の絶えず増大する欲求や生産力に応じるため、絶えず拡大する新しい市場を探す。そしてこの市場は、主として極東に横たわっているように見える。（中略）我々の第一歩は、条約によって彼らの提供する市場に接近することである」（『大君の都』）。

イギリスのような高い競争力を持つ国にとっては、低い関税による自由貿易が好都合だ。それは「経済侵略」の武器であって、軍事侵略よりも安くついた。

日本が組み込まれることになったグローバル資本主義経済とは、いったいどんな世界だったのか。一九世紀の世界市場は、自由貿易というフラットなイメージとは真逆の弱肉強食の世界だった。イギリスは一八世紀半ばから産業革命を推進し、巨大な生産力を有する世界市場の覇者としてピラミッドの頂点に君臨していた。

その周囲では、イギリス資本主義の背中を追うフランス、豊富な資源と移民によって急成長するアメリカ、国家主導と優秀な学問研究で台頭著しいドイツ、広大な国土と強大な軍事力をもつロシアなどが覇を競っていた。

一八五〇年時点での主要諸国の工業生産を百分率で見ると、イギリス三九％、アメリカとドイツ各一五％、フランス一〇％だという（河野健二ほか編『世界資本主義の歴史構造』）。圧倒的な力を持っていたのは英米であり、その言語である英語を学ぶ必然性があったことがわかる。

アジア、アフリカ、中南米などは欧米列強の植民地ないし従属国として、国際分業と経済支配の構造に組み込まれていた。一つの典型が、アジアにおけるイギリスの三角貿易だ。一九世紀初めからイギリスは大量生産した綿織物を植民地インドに輸出し、インドは麻薬のアヘンを中国（清）に輸出、中国は茶などをイギリスに輸出する。アヘンは中毒性があるため吸引が拡大し、中国は茶の輸出では足りない分を大量の銀で支払ったため経済が疲弊、イギリスに富が集中した。

たまらず中国はアヘン貿易を禁止。それに反発したイギリスはアヘン戦争（一八四〇〜四二）をしかけ、勝利した。イギリス派遣軍の約八割はインド軍であり、アジア人同士を戦わせたのである。一八四二年の南京条約によって、中国は自由貿易体制への従属的な編入を余儀なくされた。

そんな超大国イギリスではなく、新興国アメリカと最初に条約を結んだことは、日本にとって幸いだった。日米修好通商条約は、①アヘンの輸入禁止、②ほぼ二〇％という比較的高い輸入関税（中国などは五％）、③居留地外での通商禁止など、イギリスが他のアジア諸国と締結した条約には見られない、日本に有利な条項を含んでいたからだ。その意味では、幕府の努力も正当に評価すべきだろう。

†イギリスの自由貿易帝国主義

日本が大英帝国の植民地的支配を免れた背景には、イギリスの支配に対抗する一八五七〜五九年のインド独立戦争（いわゆるセポイの乱）、一八五〇〜六四年の中国での太平天国の戦いなどの民族闘争があった。

これらの鎮圧に手を焼いたイギリスは、植民地化や軍事的支配には莫大なコストがかかるため、自由貿易圏を世界に押し拡げることで巨万の富を得ようとし、自由貿易に応じない国や「無主の地」は軍事力によって従属国や植民地にした。これが、自由貿易帝国主義と呼ばれる戦略だった（毛利健三『自由貿易帝国主義』）。

イギリスの対日政策も自由貿易帝国主義だった。日本に不利な関税を設定し、日本市場から巨利を得るという戦略である。このほうが、無理に植民地化し、支配統治のために膨大な軍事費を支出するよりも儲かる。そのことを英国の政府と資本家はインドや中国などでの経験から学んでいたのである。

だから英国駐日公使のオールコックは「我々の条約の公然たる唯一の目的は、高価な武力に訴えることなしに通商を拡張し、自由に発展させることだ」と述べている（『大君の都』）。

もちろんイギリスは、薩英戦争や下関戦争（一八六三〜六四）のように、いつでも「高価な武力に訴える」態勢を保っていた。貿易商人の背広の下には鉄の鎧《よろい》が隠されていたのである。横浜にはイギリス軍とフランス軍の部隊が一八六四（元治元）年から駐屯していた。さらにイギリス陸軍省と海軍省は、日本と全面戦争になった場合の詳細な想定計画まで作成していた（保谷徹『幕末日本と対外戦争の危機』）。ただし、政治的には内政不干渉と中立主義を原則とした。

イギリスのパーマストン首相は「軍事力の誇示が成功して、安定的な通商関係が築かれることを願う。イギリスと日本との関係は、強力な文明国と弱小の非文明国との避けられない段階にある」と記している（NHKスペシャル取材班『新・幕末史』）。

産業競争力の強いイギリスは対日貿易でも圧倒的に優位だった。一八六二（文久二）年からの五年間に、長崎に出入港した外国商船一一三六隻のうち、イギリス船は一位の六四九隻（五七％）で、二位アメリカ一八七隻（一六％）、三位オランダ一三四隻（一二％）を大きく引き離していた（長崎市史編さん委員会編『新長崎市史』）。

江戸時代を通じて長崎での西洋交易はオランダが独占してきたが、幕末には約六割の外国船にユニオンジャックが翻り、四隻に三隻は英語圏の船となった。このことが蘭学から英学へと転換した一つの社会経済的な基盤だった。

一八六六（慶応二）年五月、兵庫港沖に集結した英・米・仏・蘭四カ国の軍艦の威圧のもとに、パークス英国公使を代表とする四カ国は「改税約書」（江戸協約）の締結に成功した。これは、財政難に苦しむ幕府に対して下関戦争での賠償金の三分の二を減免する代わりに、従来は従価税二〇％程度だった輸入関税を一律に従量税五％（アヘン戦争敗北後の中国並み）に引き下げるもので、英国を中心とする資本主義列強にとって極めて有利な自由貿易協定となった。

この協約によって外国交際と自由貿易に対する制限が撤廃され、日本は資本主義世界市場に一段と深く組み込まれた。それはまた日本人の対外的な関心を高め、英語などの外国語の必要性を急増させた。

†開港が幕府崩壊を早める

経済的に優位に立つ西洋列強との通商条約は、幕府の寿命を縮め、明治維新という革命的な社会変革を引き起こすことになる。幕府の長崎での貿易独占は国内市場支配の要であり重要財源だったが、この体制が通商条約によって崩壊し、幕府の財政基盤が弱体化した。

逆に、諸大名や有力商人は外国貿易に自由参入できるようになったことで経済的に有利になり、幕府との「離婚」による自立が可能になった。

日本には関税の自主権がないため、強大な欧米資本との不利な競争を迫られた。イギリス製の安価な綿布などが一気に流入し、綿業などの在来産業の一部が壊滅的な打撃を受けた。マルクスが指摘するように「自由貿易制度は破壊的で」「社会革命を促進する」のである(「自由貿易問題についての演説」)。

開港は国内政局を一気に流動化させた。大老の井伊直弼《いいなおすけ》は日米修好通商条約を、鎖国攘夷の立場の孝明天皇からの勅許を得ないまま調印した。これは天皇こそが日本国の君主だと考える尊皇派《そんのうは》にとっては許しがたい行為だった。いまや開国和親を進める幕府と、鎖国攘夷を主張する朝廷との間で国論が二分され、激しい政治闘争が展開されるようになった。

それに加えて、病弱だった一三代将軍徳川家定《いえさだ》(一八二四〜五八)の後継者をめぐる幕府内での対立が同時並行で進んだ。政局は混迷を深め、もはや徳川政権では欧米列強に対抗できないとの意識が広がった。幕府に代わり、天皇を頂点とする統一国家体制をつくることによって西洋列強と対峙するという「尊皇攘夷」の運動が激化し、やがて倒幕運動が加速する。

その倒幕勢力の資金源になったのも開港による貿易だった。例えば薩摩藩は横浜で生糸を密売買し、さらに国産綿花を横浜と長崎で売買して大もうけした。これらは、中国物産の密輸入、蝦夷地の海産物の密輸出、奄美の砂糖の専売、貨幣の密造などと合わせて、薩摩藩の軍事力近代化や倒幕運動を下支えしたのである。

ただし、幕府が結んだ通商条約にもメリットはあった。特に重要なのは、外国人が旅行できる範囲を居留地から四〇キロ以内に制限し、内地通商権を認めなかったことだ。これによって国内市場への外国商人の侵入を防ぐことができた。貿易の拡大で急増する国内流通を担ったのは日本人商人たちで、彼らは莫大な資金を蓄積していった。この資金がやがて産業投資にまわされ、外国資本に依存することなく、短期間で近代的な工業化と産業革命を実現する一つの基礎となったのである。

幕府の役人たちは国内市場を必死で守ろうとした。逆に、平成・令和の日本政府はアメリカが要求する「市場開放」と「規制緩和」に屈し、国内市場が食い物にされている（堤未果『日本が売られる』）。いったい、どちらが賢いだろうか。

では、庶民の生活はどうなったのだろうか。生糸や茶をはじめとする様々な商品が輸出にまわされたため、供給不足となり価格が上昇した。当初は金銀の交換比率が外国に有利だったため、大量の金が海外に流出した。対策として幕府が金含有量の少ない万延小判などの貨幣改鋳を行うと、貨幣価値が一挙に三分の一になり、激しいインフレを引き起こした。

米の値段を見ると、江戸では一八五九（安政六）年から九年間で三・七倍、京都では一八六四（元治元）年から三年間で八倍にも跳ね上がった。商品貨幣経済が相当な発達をみせていた当時、こうした傾向は全国に波及し、各地の物価が騰貴した（開国百年記念文化事業会編『明治文化史一一　社会経済』）。

庶民や下級武士の生活は直撃を受け、開港を断行した幕府や外国人への反発が爆発的に広がった。外国人、洋学者、外国貿易に従事する商人らへのテロの嵐が吹き荒れた。農民の一揆や都市での打ちこわしも頻発し、日本社会全体が変革の空気に包まれ始めた。

幕府は生き残りを賭けて幕政改革に取りかかった。本書の関連では以下の五点が注目される。

①蘭学や英学の知識を応用し、諸藩の協力を得ながら軍事・工業技術の近代化に取りかかった。
②オランダ、イギリス、フランスなどの外国人教師を雇い入れて軍事・科学技術・語学などの伝習にあたらせた。
③英語などの外国語伝習のための直轄校を江戸、長崎、横浜、箱館に開設した。

④欧米への使節や留学生を派遣し、西洋事情の把握と学術の摂取に努めた。
⑤財政再建の一環として中国に使節団を四回送り、視察と通商貿易の試行を行った。

これらの先進的な改革を見ると、あたかも明治政府の政策ではないかと錯覚してしまうが、実は幕府が先行実施していたのである。特に幕府の英語教育と西洋体験は新時代への対応策として重要なので、次章で詳しく検討してみよう。

第2章

幕府の英語教育と西洋体験

——近代化で幕府を延命せよ

1　英語教育を本格化せよ

†蘭学から英学へ

幕末の「開国」には外国語の専門家集団が不可欠だったが、この点を論じるにあたっては「鎖国」についての誤解を解いておく必要がある。いわゆる「鎖国」体制は、幕府による対外貿易の独占と統制、キリスト教流入の阻止、日本人海外渡航の禁止を制度化したものだが、完全に国を閉ざしていたわけではない。

異国・異域への窓口としては「四つの口」が開かれており、①松前で蝦夷（アイヌ）と、②対馬《つしま》で朝鮮と、③薩摩で琉球と、④長崎で清・オランダと通商関係を結び、貿易と交流があった。当然、四つの口には通訳集団がいた。対馬には一七二七（享保一二）年から常設の「朝鮮詞稽古所」が開設されており、明治初期まで朝鮮語の学習と通訳養成を行っていた。

長崎には蘭通詞・唐通事といった外国語の専門家集団がいたが、幕末開港後に外交・貿易が急増すると英語などの通訳養成が追いつかなくなったため、外国語教育を刷新する必要に迫られた。

幕府は外交と洋学研究機関の準備を担当する「異国応接掛」を新設し、一八五五(安政二)年一月に勝海舟や蘭通詞の森山栄之助らを蘭書翻訳御用に任命した。同年八月には、それまで天文方に附設されていた蛮書和解御用《ばんしよわげごよう》を「洋学所」として独立させ、オランダ書の翻訳および蘭学の講習を本格化させようとしたが、直後の安政の大地震で焼失してしまった。幕府のその後を暗示するかのようだ。

欧米の実情を現地で体験した人々は、もはやオランダ語では世界の大勢について行けず、英語が不可欠であることを実感して帰国した。一八六一(文久元)年の幕府遣欧使節団に通訳兼医師として参加した薩摩藩の寺島宗則(松木弘安)は、得意としたオランダ語がヨーロッパでは通用しないことに衝撃を受け、英語の必要性を痛感した。手紙には「オランダの諸事を英仏独に比すれば百分の一より下るべし」と書き、帰国してもオランダ語学習やオランダ留学を勧めないと述べている(『夷匪入港録《いひにゆうこうろく》一』)。苦労して蘭学を修得しただけに、悔しさは人一倍だったのだろう。

この文久遣欧使節団で通訳を務めた福沢諭吉の場合、蘭学から英学への移行はもっと早い。彼は欧州訪問前の一八五九(安政六)年頃に横浜見物に出かけたが、自慢のオランダ語がまったく通じず、商店の横文字が読めないことにショックを受けた。「洋学者として英語を知らなければ、とても何にも通ずることができない。この後《ご》は英語を読むよりほかに仕方がない」と「新たに志《こころざし》を発して、それから以後は一切万事英語と覚悟をきめて」涙ぐましい英語修業に励むのである（『福翁自伝』）。

福沢は英書を一緒に読もうと友人の蘭学者・大村益次郎《おおむらますじろう》（村田蔵六）に声をかけた。だが大村は「僕は一切読まぬ。やるなら君たちはやりたまえ。僕は必要があれば蘭人の翻訳したのを読むからかまわぬ」と拒否したと福沢は回想している。

だが、実際には大村は一八六二（文久二）年から横浜のアメリカ人宣教師ジェームス・カーチス・ヘボンのもとで英語を学んでおり、ヘボンから英作文の添削を受けた資料も残っている（内田伸編『大村益次郎文書』）。大村は「寒暑をいとわず二ヶ年の間、往復五十キロを騎馬で江戸から神奈川まで通い」「英語は、めきめきと上達して、ついに読書・会話等は容易にできるようになった」という（大村益次郎先生伝記刊行会編『大村益次郎』）。これらは、幕末期の少なからぬ蘭学者が英学に転じたことを示す事例として確認しておきたい。

大村は長州藩に招かれて軍の近代化を指導し、倒幕に大きく貢献、明治政府でも兵部大輔《ひょうぶたいふ》（事務次官級）として近代的軍隊の創設に尽力する。それらを可能にした西洋軍事学の知識は、蘭学だけではなく英学の力によるものでもあった。

福沢の師で蘭学の大家だった緒方洪庵《おがたこうあん》も蘭学から英学への時代の変化を察知し、自ら英学を学び始めていた。一八六〇（万延元）年には門下生の箕作秋坪《みつくりしゅうへい》を通じて『ボムホフ英蘭対訳辞書』とピカードの『ポケット英蘭辞典』を購入している。さらに同年冬、友人への手紙で「現在は、これまでの蘭学だけでは少々不足です。これから開けるべき英学方面にもおいおい優れた学者も出てくる折柄、その機を失ってはならないと思います」と書いている（『緒方洪庵のてがみ』その四）。

幕府は同年には通訳育成のためにフランスとイギリスの各公使館に幕臣の子弟を送り、館員から生きた外国語を学ばせた。一八六二（文久二）年からはアメリカ公使館での英語講習も始まった。また幕府は自前の外国語教育機関として、江戸に蕃書調所《ばんしょしらべしょ》（一八五六）、長崎に英語伝習所（一八五八）、横浜に英学所（一八六一）と仏蘭西《フランス》語学伝習所（一八六五）、箱館に英語稽古所（一八六一）を開設し、本格的な外国語教育を開始した。それらを具体的に見ていこう。

†江戸の蕃書調所も英学導入

幕府は一八五五（安政二）年創設の洋学所を改組し、翌年二月一一日に本格的な洋学研究・統制・教育機関である蕃書調所を江戸に設立した。「蕃書」とは野蛮人（＝西洋人）の書物という意味で、幕府の漢学者たちが漢学と並ぶ「洋学」とはけしからんと文句をつけた結果だった。当時の力関係がわかる。

蕃書調所を設立した背景には「学術軍事においては多く西洋流を採用する」とした開明派の老中阿部正弘と、そのブレーンだった勝海舟《かつかいしゅう》らの意向があった。西洋式軍制を取り入れるには語学力が欠かせない。蕃書調所の開設は、長崎海軍伝習所、講武所（のちの陸軍所）の設置とともに、幕府の軍事力近代化の一環であり、歴史的には幕府の延命に寄与するはずだった。

蕃書調所の頭取には古賀謹一郎《こがきんいちろう》、教授には箕作阮甫《みつくりげんぽ》、杉田成卿《すぎたせいけい》、教授手伝《てつだい》（助教授級）には高畠五郎《たかばたけごろう》、寺島宗則《てらしまむねのり》、東條英庵《とうじようえいあん》、原田敬策、手塚律蔵、川本幸民《かわもとこうみん》、田嶋順輔《たじまじゆんすけ》の七名からスタートし、幕臣一九一人を一期生として一八五七（安政四）年一月一八日に開講した。翌年からは大名の家来である陪臣《ばいしん》にも入学を許した。のちに教授陣には大村益次郎、西《にし》周《あまね》（周助《しゆうすけ》）などの洋学の大家たちも加わった。西周は手塚律蔵の弟子で、一八五六（安政三）年に中浜万次郎から英語の指導を受けている。

教授陣の大半は諸藩の陪臣だったため、幕府の機関である蕃書調所の教官職を兼務（出役《しゆつやく》）した。洋学研究は諸藩の方が幕府よりも進んでいたのである。その後、教官の多くは幕府直属の直参《じきさん》に引き上げられた。

開設時の蕃書調所は「西洋学を専修し翻訳書の誤謬を正す所」とされた。当初の語学教育はオランダ語一辺倒だったが、しだいに英学を希望する声が強くなり、一八六〇（万延元）年八月から英学（英語）が正式教科となった。なお、フランス語教育の開始は一八六一年、ドイツ語は一八六二年である。

英語の担当は竹原勇四郎《たけはらゆうしろう》と千村五郎《ちむらごろう》で、同年一一月には長崎の蘭通詞だった堀達之助が教授手伝として加わった。堀は文法入門書であるファン・デル・ペイル著『ファミリアル・メソッド（*Familiar Method*）』の翻刻に尽力している。堀は同書の序文（英文）で、「英語はきわめて広く普及しており、ほぼすべての国民が英語を話している」との認識を示している。

一八六二（文久二）年五月には「洋書調所」と改称され、同年一二月には堀達之助が中心となって本格的な英和辞典である『英和対訳袖珍《しゅうちん》辞書』（図2-1）を日本で初めて印刷・刊行した。日本人の英語学習のレベルを飛躍的に高めた辞書だ。見出し語は約三万五〇〇〇語、発行部数二〇〇部、定価二両ほどだったが、またたく間に売り切れ、二〇両もの高値で取引されたという。

訳語を見ると、Democracy は「共和政治」とある。ただし、二〇〇七年に奇跡的に発見されたこの辞書の原稿と校正刷によれば、Democracy は最初の原稿では「民俗ノ支配」だったが「国民ノ互ニ支配スル政治」に修正され、刊行本で「共和政治」となった。辞書

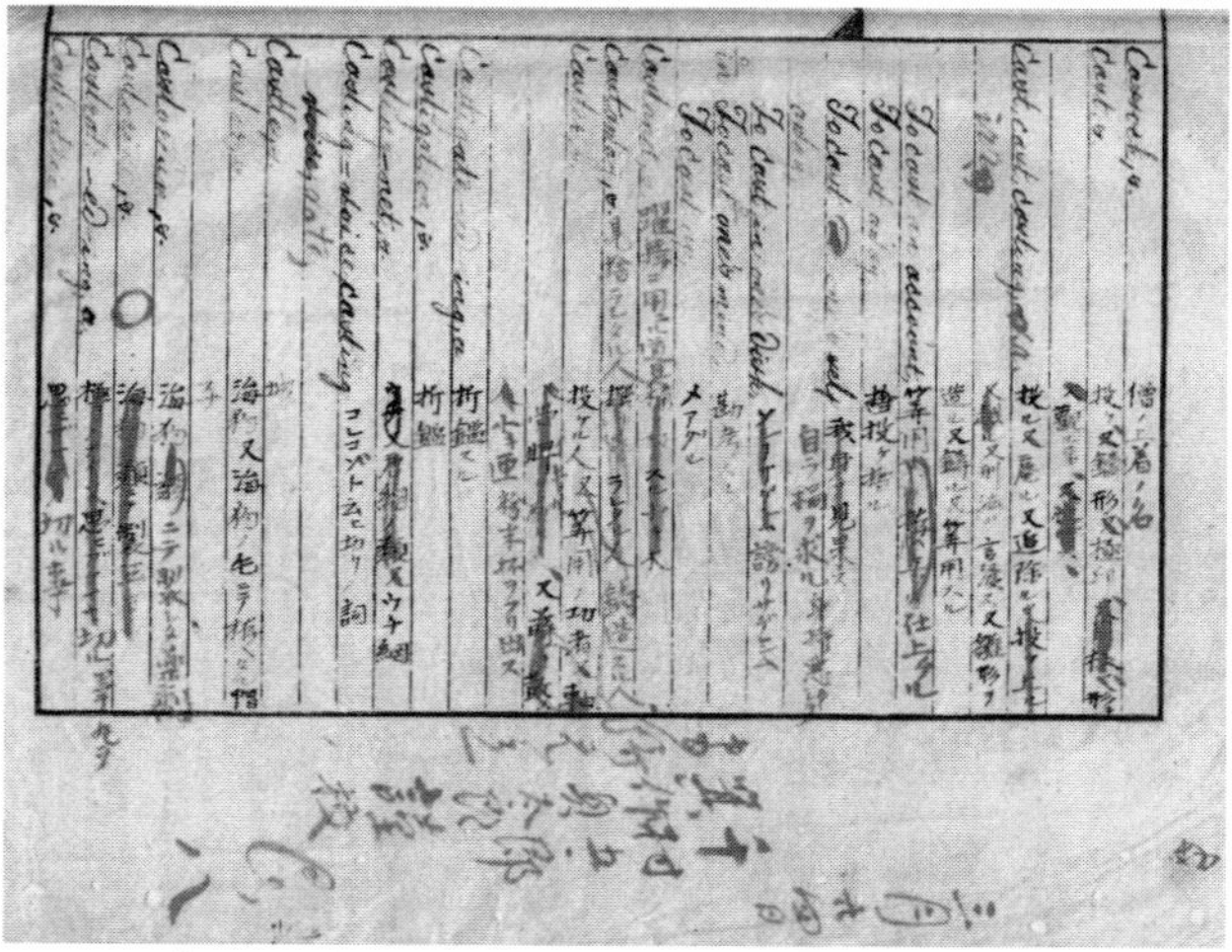

図2-1　『英和対訳袖珍辞書』の校閲原稿（『英和対訳袖珍辞書原稿影印』）

の編纂者たちが近代ヨーロッパの政治概念を徐々に理解していった様子がわかる。辞書の中では一足先に近代社会が息づいていたのだ。ちなみにRepublic の訳も「共和政治」だが、Constitution は「政事 国法」とあり「憲法」はまだ登場していない。

なお、蕃書調所の頭取を務めた大久保一翁《いちおう》（忠寛《ただひろ》）は、のちに幕府が政権を朝廷に返上する大政奉還論をとなえ、議会を開いて国政にあたる構想を抱いていた。この構想には、同所の洋学者だった西周・津田真道・加藤弘之らから西洋の議会制度や立憲政体について学んでいたことが影響したようだ。徳川政権側がすでに近代的な政治形態について構想していた事実に注目したい。

洋書調所は外国語の教育研究だけでなく西洋の学術研究や外交折衝まで担当するようになったため、一八六三（文久三）年八月に規模を拡大して「開成所」に改称された。

翌年の開講科目のうち語学は、幕府の国際関係の広がりを反映し、オランダ語・英語・フランス語・ドイツ語・ロシア語の五カ国語に拡大している。また欧米の学校に倣って、天文・地理・窮理（物理）・数学・精錬・化学・器械・画学・活字術の九学科を教授した。

一八六五（慶応元）年になると、理化学の教師としてオランダ人のガラタマを招き、翌年には星学と兵学を加えた。一八六七（慶応三）年には生徒の箕作奎吾《みつくりけいご》と菊池大麓《きくちだいろく》（箕作大六）を初めてイギリスに留学させている。このように、開成所は西洋式の「幕府立大学」のような学術センターに発展した。

語学関係の出版物としては、一八六二（文久二）年に『仏朗西《フランス》単語篇』のみならず『官版独逸《ドイツ》単語篇』、翌年に『官版独逸文典』を刊行するなど、ドイツ語研究も本格化した。プロイセンの使節団は一八六〇年に来日し、翌年一月には修好通商条約を結んでいた。

英語関係では一八六一（文久元）年以降、『英吉利《イギリス》単語篇』、『英語階梯《かいてい》』（スペリングブック）、『英吉利文典』（薄いので「木の葉文典」と呼ばれた文法書・図2-2）などを西洋式印刷機で印刷・刊行し、全国の英語教育に多大な影響を与えた。

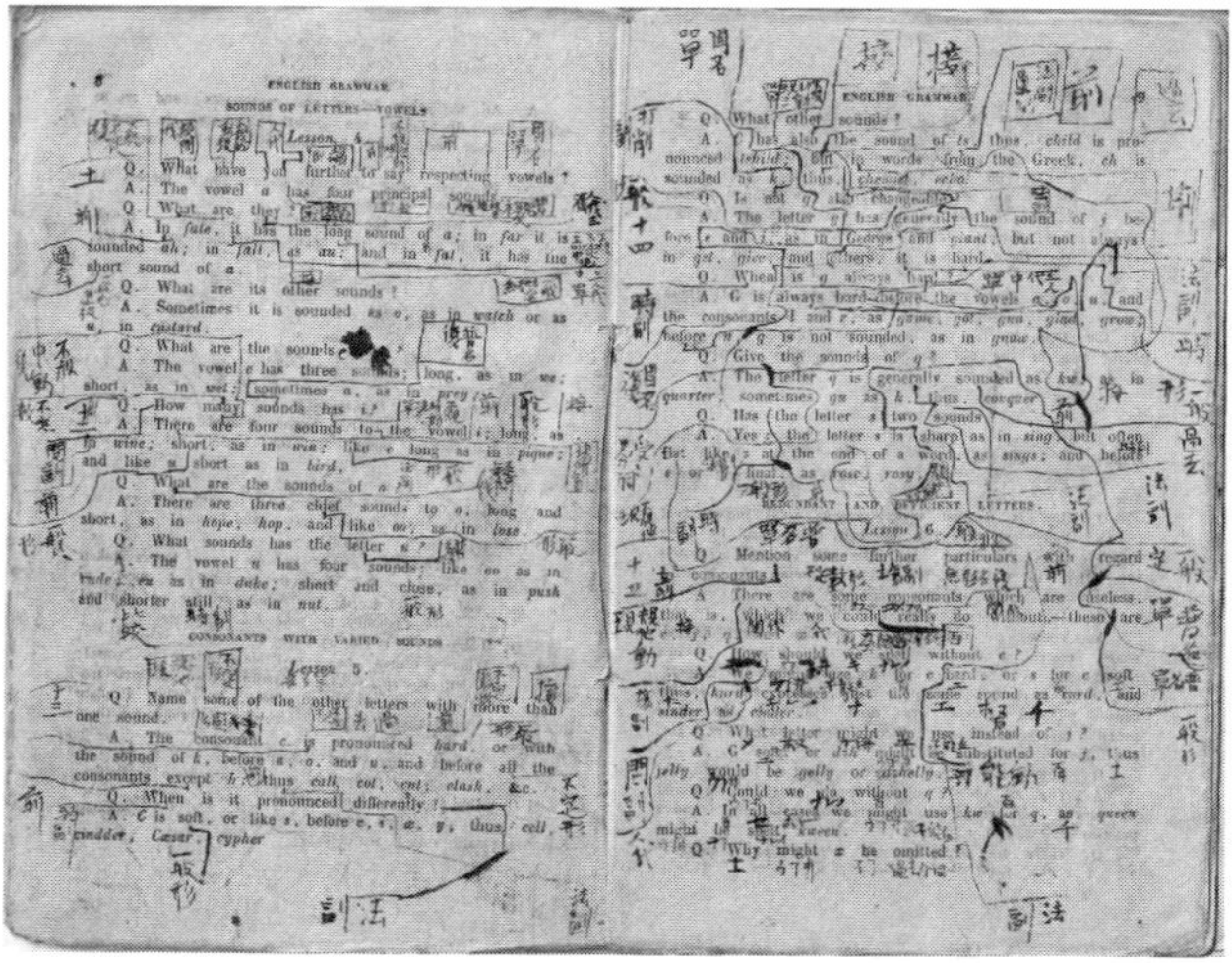

図2-2　開成所『英吉利文典』（筆者蔵）。書き込みから猛勉強の様子がわかる。

生徒数は一八六二年の末には一〇〇名程度だったが、一八六六年末には英学が約三〇〇名、仏学が約一〇〇名にまで急増し、逆に蘭学を学ぶ者はほとんどいなくなった。

生徒増のため教員を増やす必要に迫られ、幕府直属の直参《じきさん》だけに許されていた教官資格を、各藩の陪臣《ばいしん》にも拡大することで優秀な人材を確保した。また、英学と仏学については身分に関係なく能力によって教官を一等・二等・三等の等級に分ける方針とした。こうした能力主義の導入は封建的な身分制度のタガが緩んできた証拠であり、機会均等による近代的な学校制度の芽が出はじめていることを示している。

開成所の英語教育は、漢学や蘭学の伝統を引き継ぐ素読《そどく》と会読《かいどく》の二つの課程から成っていた。素読の課程では初学の生徒が教官から個人指導で英書の読み方を習い、次いで文法の指導と講釈を受ける。会読の課程では、生徒が語彙と文法の知識を用いて予習を行い、会読（ないし輪読《りんどく》）と呼ばれた演習形式の学習会に出て数人が順番に解釈し、意見交換によって読解力を競い合った。

特に注目されるのは会読で、ゼミナールのように「生徒が主役を務めて（中略）互《たがい》に問題を持ち出したり、意見を闘わせたりして、集団研究をする協同学習の方式」（石川謙『学校の発達』）だった。二〇一七・一八年に文部科学省が改訂した学習指導要領の目玉商品である協働学習やアクティブ・ラーニングの先駆けだ。教師の講義を一方的に聴かされる講義形式よりも主体的で学びが深まる。

とはいえ先進的な授業は一部だけだったようで、教官だった寺島宗則は開成所の旧態依然たる教授法を厳しく批判している。「教育の方法杜撰《ずさん》にしてなお漢書を読むが如《ごと》し。ゆえに進学ははなはだ少し。これ西洋学校の教授法を知らず、かつ教授いまだその任に堪《た》えざるを以《もっ》てなり」「開成所創立以来八年〔一八六四年〕にしていまだ学功の挙《あが》るを見ず」（「寺島宗則自叙伝」）。英国留学を経験した寺島としては、文法・訳読式が主流だった蕃書調所〜

開成所の教授法を、よりコミュニケーション重視に転換させたかったのかもしれない。

ただし、開成所としても一八六六（慶応二）年には外国奉行の通訳で英会話に優れた塩田三郎や、長崎の通訳だった何礼之助《がれいのすけ》（礼之《のりゆき》）を英語教官として採用しているから、訳読一辺倒だったわけではない。

英語教育のメッカ長崎

幕府直轄領の長崎は長らく西洋に開かれた唯一の窓であり、西洋語教育・研究の最大拠点だった。そのため全国各地から洋学修業者や、西洋との武器・艦船などの取り引きのために訪れる者が多かった。こうして長崎は幕末における情報ネットワークの中心地となり、様々な政治勢力の交流の場となった。

開港翌年の一八五五（安政二）年一二月、幕府は通詞以外の一般人にも英語の通訳になってもよいとの通達を出した。それまで長崎の蘭通詞と唐通事は世襲制だったが、外国語ができる人材への需要が急増したため、門戸を拡げたのだ。ここでもまた封建的な身分秩序が崩れていったのである。

一八五八（安政五）年六月に日米修好通商条約が調印され、翌年六月から横浜、長崎、箱館で誰もが貿易取引に参入できるようになった。英米などの外国船が絶えず入港するようになり、西洋人と直接接する機会も増えた。そうなると、「蘭学のメッカ」だった長崎は「英学のメッカ」に変わった。

長崎奉行は蘭通詞に「通じる英語力」を身につけさせるために、英語ネイティブスピーカーから直接学ぶことを許可した。一八五八（安政五）年七月に米艦ポーハタン号（図2-3）が来航すると、同船の牧師ヘンリー・ウッドに通詞たちへの英語教授を依頼した。ウッドは週六日間、二カ月にわたって通詞九人に英語を英語で指導した。指導内容は、英語の発音、綴字法、単語、読方、文法、作文などの英語教育が主体だが、数学、天文、地理、歴史、物理学にまで及んだという。また、牧師のミッションとしてキリスト教の教えも巧みに盛り込んだ（石原千里「ヘンリー・ウッドの英語教育」）。

図2-3　ポーハタン号（米国Naval Historical Center蔵）

発音指導には特に苦労した。連日何時間も発音練習を重ね、肺を消耗させるほどの重労働だったようだ。それでも日本人生徒はLをRと同じように発音する癖が直らなかったという。英語ではLightとRightは大違いだが、日本語ではLaもRaも「ら」だから仕方がない。この点については、初の米国人教師ラナルド・マクドナルドが一八四九（嘉永二）年に蘭通詞たちに英語を教えたときも同じ感想を述べている。英語の音声体系は日本語と大きく異なるから、発音の苦労は今も昔も変わらない。

ウッドは英語習得には英作文が最もよい方法だと考えていたので、かなりの時間をかけて指導した。単語の適切な配列や句読法《くとうほう》の習得には忍耐強い練習が必要だった。英語と日本語とは語順がまったく異なり、当時の日本語には句読点がなかったからだ。

ちなみに、ウッドが乗船していたポーハタン号は、日本の開国を語るときに忘れてはならない船だ。一八五四年にペリーが再来航したときの黒船艦隊の一隻だった。吉田松陰《よしだしょういん》が密航を願い出たのもこの船。一八五八年の日米修好通商条約はポーハタンの艦上で調印された。一八六〇年には初の遣米使節団を咸臨丸《かんりんまる》とともにアメリカに運んだ。ウッドは太平洋上でも日本人の使節団員に英語を無償で教えた。

なお「ポーハタン」とはアメリカ先住民のポーハタン酋長《しゅうちょう》にちなむ異民族友好の象徴。彼は入植してきた白人を歓待して友好関係を築いた。ディズニー映画で有名な少女ポカホンタスの父親である。

キリスト教布教を使命とするウッドもまた、日本人を歓待し、友好的に英語を教えてくれた。彼の教え子である名村五八郎は開港場の函館に英語稽古所を開設し、通訳の育成に励んだ。また石橋政方《いしばしまさかた》（助十郎）は神奈川での外交交渉で活躍したほか、横浜英学所の英語教師を務めた（後述）。一八六一（万延二）年には英日対訳単語集『英語箋《せん》』を刊行、明治政府では外務大書記官などを歴任した。

†幕府の長崎英語伝習所

一八五七（安政四）年、幕府は長崎奉行に対して「語学伝習所」（洋語伝習所）の開設と、英語、フランス語、ロシア語の伝習を許可した。まず英語通詞の養成が優先され、同年八月には英語伝習者の増員を通達している。英語の使い手の需要が高まっていたことがわかる。

そのため翌年七月、長崎奉行所は「英語伝習所」を開設した。日本初の英語専門学校で、最初の教師はオランダ海軍将校のウィヘルス、オランダ商館員のデ・フォーゲル、イギリス人のフレッチェル（のちの横浜領事）の三人だった。

英語伝習所は一八六二（文久二）年に「英語稽古所」（英語所）と改められたが、同年一一月には長崎の唐通事出身で英語を修得した何礼之助《がれいのすけ》と平井義十郎《ひらいぎじゅうろう》（希昌《きしょう》）が学頭に任命され、英語の授業を担当した。また世話役の柴田昌吉《しばたまさよし》（大介）は明治政府で英語の通訳を務めるとともに、子安峻《こやすたかし》と画期的な辞書『英和字彙《じい》』（一八七三）を刊行する。

その後も学生が増え、校舎が手狭になったので、一八六三（文久三）年一二月に校舎を移転し「洋学所」と改称された。ここではフルベッキ（後述）も教えるようになった。

注目すべきは、何礼之助らの英語教官が自宅にも私塾を開き、夜遅くまで英語を教えたことである。先に修業を積んだ者が私塾を開いて後進を指導する。これは江戸時代の良き伝統だった。

諸藩から集まった英語伝習生は三〇〇名を超え、その中には大隈重信《おおくましげのぶ》（のちに早稲田大学創設）、前島密《まえじまひそか》（近代郵便の父）、立石斧次郎《たていしおのじろう》（遣米使節通訳）、前田正名《まえだまさな》と高橋新吉《たかはししんきち》（ともに『改正増補　和訳英辞書』編纂者）、高峰譲吉《たかみねじようきち》（理化学研究所設立者）、陸奥宗光《むつむねみつ》（外務大臣）、馬場辰猪《ばばたつい》（自由民権運動家）、山口尚芳《やまぐちますか》（貴族院議員）など、日本の近代化に貢献する人々が在籍していた（大久保利謙『幕末維新の洋学』）。

洋学所は一八六四（文久四）年一月に「語学所」と改められ、英語以外にフランス語とロシア語も教えるようになった。様々な外国との交流が活発になるにつれて各国語の使い手が必要になったため、入学資格を武士に限らず一般人にも拡げた。

翌一八六五（慶応元）年八月には「済美館《せいびかん》」に改称され、英語、フランス語、ドイツ語、ロシア語、清語（中国語）の語学に加え、歴史、地理、数学、物理、経済も開講した。一種の外国語大学といった感じだ。英語教師はフルベッキ、何礼之助、平井義十郎、柴田昌吉など九名だった。

幕府崩壊後の一八六八（慶応四＝明治元）年二月には、新政府の長崎奉行所接収によって済美館は「広運館《こううんかん》」と改称され、一八七五（明治八）年には官立長崎英語学校となる。

このように、英語教育発祥の地である長崎にふさわしく、英語伝習所とその後継校は英学研究の西の拠点として幾多の人材を輩出した。

†ネイティブが教えた横浜英学所

江戸に近い横浜が一八五九（安政六）年六月に開港すると、長崎に代わる海外貿易の最大拠点となる。それに伴い、横浜では英語教育が本格化していった。

アメリカ初代駐日公使ハリスが英語通訳の必要性を訴えたこともあり、幕府は一八六一（文久元）年秋に「横浜英学所」を開設した。教師は横浜在住の宣教師のJ・C・ヘボン、S・R・ブラウン、ジェームス・バラー夫妻、デビッド・タムソン、それに日本人通訳官の石橋政方らで、実務に必要な「使える英語力」を身につけさせながら、英語通訳の養成を図った。日本人生徒のなかには、のちに近代国語辞典『言海《げんかい》』を編纂する大槻文彦《おおつきふみひこ》（後述）などがいた。彼らは熱心な外国人教師から直接学ぶことで、会話などの英語運用力を獲得していった。

その点で、日本人教師による訳読中心の蕃書調所〔洋書調所・開成所〕とは性格が異なった。両者の違いは、主な任務が横浜英学所は通訳養成、蕃書調所は翻訳だったためで、安易に優劣はつけられない。今日でも外国人教師や英語による授業が単純に良いとは限らないので、注意が必要だ。

生徒だった安藤太郎〔のちに外務省通商局長〕は「「英学所」の生徒は青少年ではなくみな大人ばかりで、運上所〔税関〕の役人とか官吏《かんり》などであった」と述べた上で、授業の様子を次のように回想している〔高谷道男『ドクトル・ヘボン』〕。

教師はみな親切で熱心であった。けれどもブラウンの発音と文法の教授法は極めてやかましく、かつなかなかうまかった。特にthの発音は日本人にむつかしかったので、博士自身舌の動きを生徒に示し、生徒の指で博士の舌をもたしたりして、発音を正確に教えた。

しかし、せっかくの英学所も一八六六〔慶応二〕年一〇月の横浜大火で焼失してしまった。翌年、幕府はパークスに依頼してイギリスから教師四人を招き、横浜で本格的な英学伝習を再開する計画だったが、仮開校の段階で戊辰《ぼしん》戦争が始まり、海軍伝習とともに中止を余儀なくされた。

ヘボンは日本初の和英辞典である『和英語林集成』（一八六七）を編纂し、ヘボン式ローマ字を考案したことで有名。彼は一八六二（文久二）年に幕府の委託生九名に英語や数学などを教えたが、生徒たちは数学がよくできるので英語に専念した。翌年には横浜居留地内に男女共学のヘボン塾を開設し、いっそう本格的に英語を教えるようになった。

ヘボンは熱心に学ぶ日本人生徒に驚嘆し、一八六二年一二月九日付のアメリカの友人宛の手紙で次のように書いている（高谷道男訳『ヘボン書簡集』）。

英語のテキストを与えて読ますことにしました。彼らはみな勉強家で非常に熱心です、すばらしい進歩を示しました。彼らがこうした数学の知識を習得するに至ったことに私はもちろん、あなたでも不思議に思われることと存じます。これはみな蘭書と江戸の蘭学者から学んだものです。日本人は実に驚くべき国民です。西洋の知識と学問に対する好学心は同じ状態にある他国民の到底及ぶところではありません。蘭学は日本人にとって大いなる祝福でありました。

蘭学の土壌の上に英学が花開いたことがよくわかる手紙である。ただし、ヘボンのもとに送り込まれた幕府の委託生とは、大村益次郎（のちの西洋式兵学の大家）や沼間守一《ぬまもりかず》（のちの自由民権運動家・東京府会議長）など、幕府の蕃書調所で蘭学を学んだ秀才たちだった。「日本人は実に驚くべき国民」と一般化されると面《おも》はゆい。

†箱館の英語稽古所

貿易の必要から英語学習を始めた点は、箱館も同じだった。一八五四（嘉永七）年七月、幕府は翌年の箱館開港に備え、同地での英語などの通訳養成を命じた。一八五六（安政三）年八月には「諸術調所《しょじゅつしらべしょ》」が開設され、五稜郭《ごりょうかく》を設計する武田《たけだ》斐三郎《あやさぶろう》が教授となり、オランダ語、測量、航海、造船、砲術、築城、化学を教えた。武田は英語にも通じ、一八六四（元治元）年には幕府の開成所教授職並に取り立てられた。

諸術調所は身分を問わず入学できたため全国から優秀な学生が集まり、実力主義での切磋琢磨によって、前島密、井上勝（日本鉄道の創設者）、吉原重俊（日本銀行総裁）などの逸材を輩出した。

箱館には遠く離れた長崎の蘭通詞が二名ずつ三年交替で勤務していたが、とても足りなかった。そこで箱館奉行は一八六一（文久元）年五月に「英語稽古所」を開設し、翌年から名村五八郎、のちに堀達之助らが通訳育成を開始した。幕末の箱館に入港する船の三分の二は米英の艦船だったため、英語が欠かせなかったのである。

なお、堀は江戸の開成所教授との兼任で箱館に赴任し、英語稽古所を「箱館洋学所」として再発足させた。アメリカ領事も英語を教えるなど、箱館は北方の英学拠点となった。海外貿易を裏で支える実用外国語に関して、日本は学校や教材を作って機敏に対応したといえよう。一方、当時の西洋では学校の外国語教育といえば古典的なギリシャ語やラテン語が中心だった。実用的な現代外国語を教えるベルリッツ・スクールが初めて開校したのは一八七八(明治一一)年、アメリカでのことだった。

2　英語教材と英語教師たち

†横浜のピジン英語と英語教材

横浜は開港翌年の一八六〇年から五年間で貿易総額が約五倍に伸びるなど、国際貿易港として活況を呈した。日本からの輸出品の一位は生糸で、幕末を通じて輸出額全体の五割から八割を占めていた。二位が茶で一割程度だった。輸入ではイギリス産業革命の産物である綿織物が一位、毛織物が二位で、日本の政情が激動期を迎える一八六三(文久三)年以降は艦船や銃・大砲などの武器の輸入が急増した。

一八六〇年の横浜港における貿易額を国別に見ると、輸入高（ポンド）ではイギリスから六七％、アメリカからが二六％で、この二つの英語国が全体の九三％を占めていた。三位のオランダはわずか五％、四位のフランスは一％にすぎなかった。輸出高でも、イギリス五二％、アメリカ三三％の合計八五％で、オランダ一四％、フランス一％をはるかに超えていた（山口和雄『幕末貿易史』）。

日本が参入したグローバル経済において、貿易の約九割が英語国相手だったのである。当然、商売には英語が不可欠になった。

だが、そう簡単に英語が使えるはずがない。それでも商売をこなせるのが商人たちのたくましいところで、「ピジン英語」でコミュニケーションを図った。「ピジン」とは英語の「ビジネス（business）」が訛ったものといわれ、商談者の二つの言語が混合した通用語。例えば、横浜のピジン英語で「病気」は「シクシク（sick-sick）」で、なんとか通じそうだが、「牛乳」は「ウシ・チ・チ」、「缶入り牛乳」は「ブリキ・チ・チ」なので意思疎通は難しかったことだろう。

「ピジン日本語」の語順は日本語のS＋O＋V（主語＋目的語＋動詞）で、語彙の多くは日本語。例えば「ワタクシ　テンポ　ハイキン　ナイ　ナガイ　トキ」は、「私はお金（天保銭＝幕末の貨幣〕を長いあいだ拝見していない」の意味で、英語にすると"I have not seen a penny for a long time."となる。ピジン英語の"Watarkshee am buy worry arimasen."は「私塩梅《あんばい》〔健康状態〕心配〔worry〕ありません」と解釈できるから、「私は変わらず元気です」の意味になる。

やがて英会話の教材も出るようになった。最初期の英会話書としては、アメリカ帰りの中浜万次郎による『英米対話捷径《しょうけい》』が一八五九（安政六）年に出版されており、翌年の遣米使節団の随行員らも活用した。

商売用の実用書としては、同年に長崎で『和英商賈《しょうこ》対話集』が刊行された。通じる英語にするために、発音の下に文の抑揚を示す記号が付けられており、「▲」は「強く高調に言う」、「・」は「弱くして有るが如《ごと》く無きが如《ごと》し」に発音する。会話ではアクセントやイントネーション（抑揚）が大事だから、画期的な工夫だった。ぜひ声に出して読んでほしい。

I come to buy something. 私《ワタクシ》ワ買物《カイモノ》ニ来《マイツ》た
アイコム　トゥ　バイ　ソムツィン
・　・　▲　・

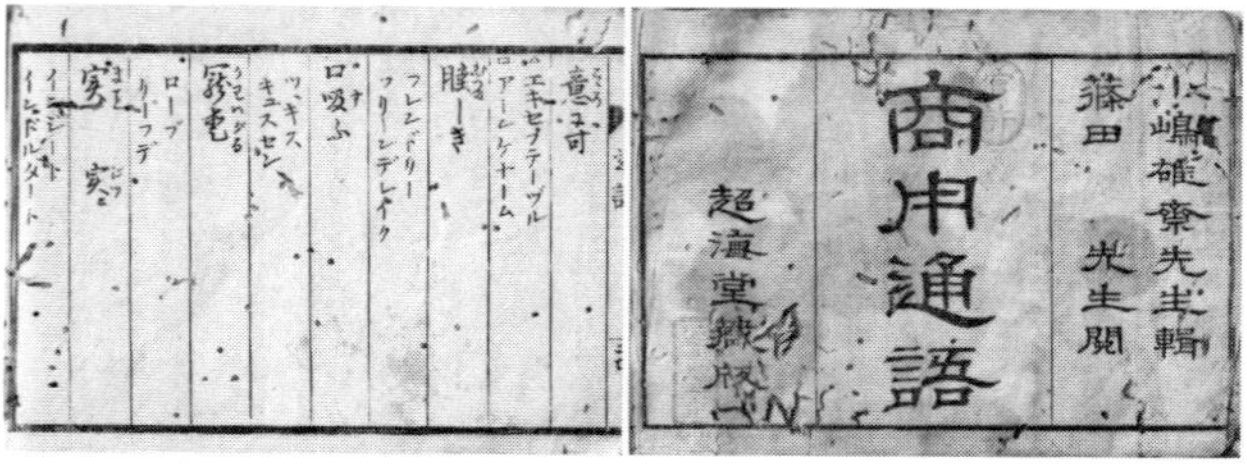

図2－4　『商用通語』（筆者蔵）

翌一八六〇（安政七）年には、交易にかかわる語彙と会話表現を集めた小嶋雄斎《こじまゆうさい》編『商用通語』が出た（図2－4）。日本語に対応した英語が先に、オランダ語が後にカタカナで併記されており、英語の優位を示す初期の商売用語集だ。例えば「鉄《てつ》」は「アイロン」（英）・「エイゼル」（蘭）、「私ハ金《かね》を沢山《たくさん》持《もつ》て居《い》ます」は「アイ、ヘブ、モニー、エノフ」（英）・「イキ、ヘブ、ヘルト、ヘヌーフ」（蘭）という具合（振り仮名は原文のまま）。

『商用通語』の発行地は記されていないが、おそらく横浜だろう。というのは「あなたは港崎《こうざき》町へ御出被成《（おんいでなさる）》で御座《ござ》らふ」「ユー、サル、ゴー、ムスメ《娘ナリ》、ハウス」という例文が出てくるからである。港崎町〔一般には「みよざきちょう」〕は一八五九（安政六）年に横浜に設置された遊廓《ゆうかく》で「ムスメ、ハウス」と訳されており、この例文のあとには「踊子」「遊女」「芸者」「交情」「口吸《す》ふ」「寝《ね》床《とこ》」などの語句が並んでいる。外国船員と最初に接触するのは商人と遊女だという現実が生々しく読み取れる。

その横浜では米人ヴァン・リードが一八六一（文久元）年に

『商用会話』を、その翌年には『和英商話』を出している。海外交易の発展につれて、それを支える「ビジネス英会話書」が発行されていったのである。なお、ヴァン・リードはアメリカの南北戦争（一八六一〜六五）が終わって不要になった大量の武器を幕末の日本で売りさばく武器商人となった。

英語教育の聖人フルベッキ

長崎に開設された幕府の済美館や佐賀藩の致遠館《ちえんかん》の教師として、また明治新政府の顧問として最も活躍した西洋人は、ギドー・フルベッキである。彼の教え子には幕末・明治期に活躍する副島種臣、大隈重信、伊藤博文、江藤新平、中牟田倉之助《なかむたくらのすけ》、中江兆民、金子堅太郎などがいた。彼らはフルベッキから英語と西洋文化を学ぶことで、世界に視野を拡げ、新たな時代を切り拓くことができたといえよう。

フルベッキはオランダ生まれで、アメリカに移住し、神学校を一八五九年に卒業。米国オランダ改革派教会の宣教師として同年に無国籍で来日し、長崎に住むようになった。キリスト教の布教が禁じられていたので、日本語を学ぶとともに、自宅で英語を教えた。

一八六一（文久元）年頃からは佐賀藩から派遣された大隈重信と副島種臣に英語を基礎から指導するとともに、憲法やキリスト教なども教えた。彼は一八六八年五月四日の書簡で「副島と大隈の二人の有望な生徒を教えましたが、これら二人は新約聖書の大部分と米国憲法の全部とを私と一緒に勉強しました」と述べている（『フルベッキ書簡集』）。

あるときフルベッキの自宅に大きな豚が届いた。送り主は教え子の平井義十郎と何礼之助で、英語試験で優等賞を受け、長崎奉行所から二階級昇進の栄誉を受けたのはフルベッキ先生の指導のおかげだから、西洋人は豚肉が好きだと思い、豚を進呈したのだという。二人はのちに幕府の語学学校「済美館」の英語教官となる。フルベッキは何礼之助が開設した私塾にも出向いて英語を教えた。

フルベッキの英語指導は優れているとの評判が広がり、彼は一八六四（元治元）年七月から長崎奉行所の洋学所（のちの済美館→広運館）に招かれ、一日二時間、週五回、英語を教えることになった。同時に、フルベッキは佐賀藩が一八六七（慶応三）年に長崎の佐賀藩領の飛び地に設立した「蕃学稽古所《ばんがくけいこしょ》」（洋学所、のちの致遠館）でも教師を併任した。生徒は一六歳から二六歳までの三〇人で、フルベッキを囲んで円座《えんざ》になって授業を受けた（杉本勲編『近代西洋文明との出会い』）。

致遠館の名声は高まり、全国各地から入門者が相次いだ。新政府の中枢を担う岩倉具視《いわくらともみ》も息子の具定《ともさだ》と具経《ともつね》を入学させている。フルベッキから英語を学んだ二人は一八七〇（明治三）年に米国に留学し、具経はさらに英国オックスフォード大学にも日本人初の留学を

図2-5　長崎・広運館のフルベッキ（中央）と生徒、明治2年（長崎歴史文化博物館蔵）

果たした。帰国後は二人とも明治政府の要職を歴任している。

佐賀藩の致遠館と幕府の済美館とは歩いて移動できる距離だったが、政治的距離では倒幕派となる佐賀藩と幕府とは遠く離れてしまう。結果的にフルベッキは両陣営の担い手を指導し、明治国家の舵を取る人材を巣立たせたのである（図2-5）。

一八六九（明治二）年四月、フルベッキは新政府から東京の開成学校（のちの大学南校→東京大学）の教師として招かれ、やがて教頭として活躍する。フルベッキを慕う三六人の生徒たちも師を追って上京し、英学修業を続けた。

†引く手あまたのジョン万次郎

英語の使い手や海外事情に詳しい人材が喉から手が出るほど欲しい。それは幕府も諸藩も同じだった。その点で、アメリカ帰りで英語が流暢なジョン万次郎こと中浜万次郎（一八二七〜九八）は引く手あまたの存在だった。彼は薩摩、土佐、江戸で英語や航海関連の専門技術を教えた。

土佐中ノ浜村生まれの万次郎は一四歳で漂流し、米国船に救助されたのち、アメリカで英語・数学・測量・航海術・造船技術などの高度な教育を受けた。一八五一（嘉永四）年、薩摩藩が実効支配する琉球に上陸後、薩摩藩で藩主の島津斉彬の求めに応じ海外事情について報告した。長崎での取り調べののち、一八五二（嘉永五）年に故郷の土佐に帰り、漂流から一一年を経て母と涙の再会を果たすことができた。

ところが、帰郷からわずか三日で高知城下への出頭を命じられる。土佐藩の武士身分に取り立てられ、藩校「教授館」の教授に任命されたためだ。ここでは後藤象二郎《ごとうしょうじろう》（自由党創設者）や岩崎弥太郎《いわさきやたろう》（三菱創業者）などを教えている。

一八五三（嘉永六）年七月のペリー来航後、万次郎は英語が完璧でアメリカ事情に詳しいため、幕府直参《じきさん》の旗本身分に取り立てられた。にもかかわらず、条約交渉で彼に通訳をさせなかったことが惜しまれる。一八五七（安政四）年には幕府の軍艦教授所教授に任命され、造船、測量、航海術などを指導している。幕府の命により『ボーディッチ航海術書』の翻訳や、英会話入門書『英米対話捷径』（一八五九）の執筆にも従事した。また英語塾を開き、大鳥圭介、箕作麟祥《みつくりりんしょう》などを教えた。

一八六〇（万延元）年、万次郎は幕府の遣米使節団の通訳として咸臨丸で渡米。そのときアメリカから持ち帰った英文法書は幕府の開成所で『英吉利文典《イギリスぶんてん》』として翻刻され、広く用いられた。

万次郎はまた、薩摩藩が一八六四（元治元）年六月に設立した洋学校「開成所」に教授として招かれ、一八六六（慶応二）年春には土佐藩の「開成館」で英語を教授し、航海術、測量、捕鯨術も教えた。

新政府が発足すると、一八六九（明治二）年三月に開成学校の二等教授（一等教授は空席）に任命された。同僚には箕作秋坪《みつくりしゅうへい》や矢田部良吉《やたべりょうきち》などがいた。

こうしてフルベッキや中浜万次郎など、幕末に活躍した英語教師たちの多くは、明治に入ると新政府のもとで日本の近代化に貢献するようになる。

ところが明治政府に出仕しない在野の英学者がいた。福沢諭吉だ。

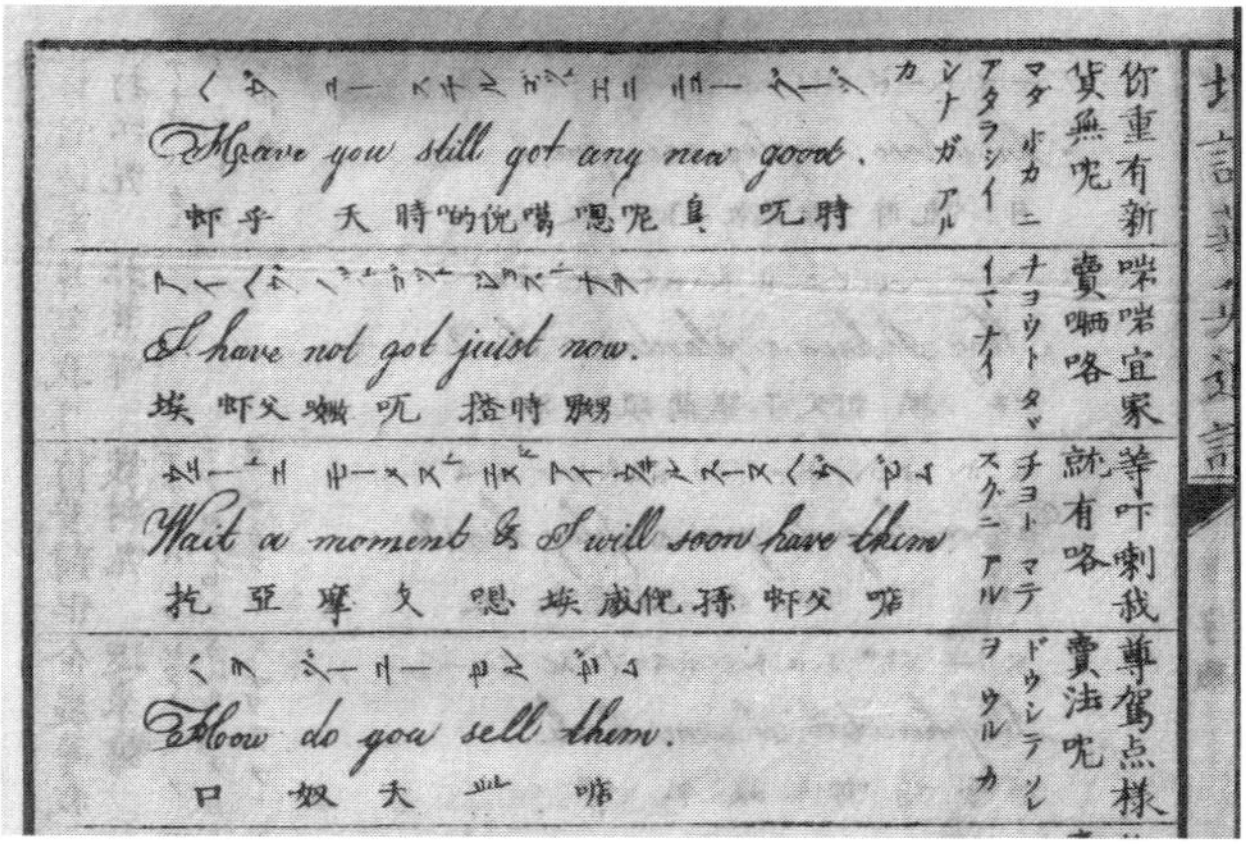
Have you still got any new goods.
I have not got just now.
Wait a moment & I will soon have them
How do you sell them.

図2-6　『増訂華英通語』（筆者蔵）　＊「ヴ」の表記が見える。

英語と西洋事情の伝道師・福沢諭吉

福沢諭吉は英学者・英語教育者であり西洋事情の伝道師だった。彼は一八六〇（万延元）年の遣米使節の折にアメリカで買ってきた中国人・子卿《しけい》の『華英通語《かえいつうご》』に日本語訳を付け、『増訂華英通語』（図2-6）として出版している。これが福沢の記念すべき出版第一号となった。

彼は自伝で「英学で一番むずかしいというのは発音」と述べているが、たしかに発音表記には苦労した跡が見られる。英語の「V」の発音を「ヴ」とした工夫は画期的だが、birdを「ボイルド」と茹《ゆ》で料理のようにしたり、betterを「ベッタル」と粘着質にしたりと、染みついたオランダ語発音の影響がぬぐい切れていない。

福沢諭吉が立身出世できたのは英語力によるものだった。通訳・翻訳担当として幕府の遣米・遣欧使節団に三回も随行した福沢は、一八六四（元治元）年一〇月に陪臣《ばいしん》（大名の家来）から幕府の直参《じきさん》（将軍の家臣）に抜擢され、外国奉行所の次席翻訳御用に登用された。外交文書を扱う重要部署だ。

英米の公使からの英文書簡にはオランダ語訳が付けられていたので、福沢は両者を読み比べながら翻訳文を作成した。「直接《じか》に英文を翻訳してやりたいものだと思って試みる。試みている間に分からぬところがある、分からぬと蘭訳文を見る、見ると分かるというようなわけで、なかなか英文研究のためになりました」（『福翁自伝』）。オランダ語の知識が英語の習得を加速させたのだ。

他方で、福沢は攘夷派の刺客から命を狙われる危険性が高かったので、夜の一人歩きは決してしなかった。荒れ狂う攘夷運動の下で、外国との関係が疑われる者は容赦なく斬殺される時代だった。

押し寄せる西洋文明の荒波にもまれながら、幕末の人々は西洋の実態を知ろうとし、新生日本の国家社会像を模索した。そんな知的欲求を満たす書物を福沢は書いた。一八六六（慶応二）年一〇月に初編が出た『西洋事情』だ。売れに売れ、海賊版が出るほどだった。

以後一八七〇（明治三）年までに計一〇冊が刊行された。

『西洋事情』は欧米の政治・軍事・経済・社会・文化をわかりやすく紹介し、文明開化の手引き書として時代が求める書物だった。例えば西洋の政治体制を「立君（モナルキ）」、「貴族合議（アリストカラシ）」、「共和政治（レポブリック）」に三区分している。このうち共和政治については「門地貴賤《きせん》を論ぜず、人望の属する者を立てて主長となし、国民一般と協議して政《まつりごと》を為す」と述べている。幕末の人々はさぞ驚いたことだろう。

さらに驚くべき記述もある。「文明の政治」の要件として「士農工商の間に少しも区別を立てず、もとより門閥《もんばつ》を論ずることなく、朝廷の位をもって人を軽蔑せず、上下貴賤《きせん》おのおのその所を得て、毫《ごう》も他人の自由を妨げずして、天稟《てんぴん》の才力（＝生まれつきの才能）を伸べしむるを趣旨とす」（初編巻之一）と書いている。「四民平等」の主張だ。

さらにアメリカの独立宣言を翻訳した箇所では、人民の革命権を紹介している。「政府の処置、この趣旨（人民の生命・自由・幸福）にもとるときは、すなわちこれを変革し、あるいはこれを倒して、さらにこの大趣旨に基づき、人の安全幸福を保つべき新政府を立てるもまた人民の通義（＝権利）なり」（初編巻之二）。福沢は幕臣だったにもかかわらず『西洋事情』に幕藩体制や天皇制をも否定する自由と民主主義、人民主権の革命的な思想を盛り込んでいたのだ。

ただし彼は西洋を無批判に礼讃し、日本を卑下したわけではない。例えば『学問のすゝめ』では「イギリス・アメリカの軍艦をも恐れず、国の恥辱とありては日本国中の人民一人も残らず命を棄てて国の威光を落とさざる」などの日本人の特性を挙げている。

福沢は西洋での見聞から富国強兵が急務であることを悟り、英学の振興と身分・門閥にとらわれない人材育成の重要性を主張した。彼は再三の要請にもかかわらず明治政府に仕えることはなく、在野の啓蒙家・言論人を貫いた。福沢が一八六八(慶応四)年四月に設立した慶應義塾は、明治前期における「英学のメッカ」として幾多の人材を養成した。

3　西洋式の軍制改革と欧米体験

†水戸藩の「厄介丸」

約二六〇年続いた太平の世で、日本の軍事技術は西洋とは比較にならないほど遅れをとってしまった。とりわけ軍艦の製造と操船は手探りで始めるしかなかった。いわゆる「鎖国」政策のもとで、幕府は海外渡航と大型船の建造を禁止し、遠洋の航海術も学ばせなかったからだ。ただし、それには海外との交流を極度に制限した面とともに、海軍力を持たない徳川政権の非武装平和政策として肯定的に評価すべき面がある。

だが対外戦争に備える必要のない幸せな時代は、西洋列強の進出によって終わりを告げた。幕府が大船建造禁止令を廃止したのはペリー来航直後の一八五三（嘉永六）年九月だった。近代海軍の創設に向けて活動が開始された。

幕府の海防責任者（参与）だった攘夷派の元水戸藩主・徳川斉昭《なりあき》は、水戸藩に命じて一八五三（嘉永六）年一一月に江戸の石川島に造船所を作り、西洋式帆船の建造を進めた。オランダ書の翻訳を頼りに、苦労の末に完成した船は「旭日丸《あさひまる》」と名づけられた。

ところが、完成を祝う人々の目の前で進水式が浸水式になってしまった。船はどうにか海には出たものの、浅瀬に乗り上げ浸水し、転覆してしまったのだ。船体を引き起こすだけで二カ月もかかり、人々はこの船を水戸藩の「厄介丸《やっかいまる》」と呼んだ。江戸っ子たちは「動かざる御世《みよ》は動きて動くべき船は動かぬ見と（水戸）も無きかな」と「みっともない」と「水戸」を掛け合わせて馬鹿にする。徳川御三家のプライドをもつ水戸藩は歯ぎしりしたことだろう。

旭日丸は修復されたものの、西洋の造船技術は急速に進歩しており、帆船は時代遅れとなった。幕府や諸藩は自前での造船よりも、イギリスなどからの新鋭蒸気船の購入に方向転換する。その売り込みで大もうけしたのが、長崎の観光名所グラバー邸で有名な英国

（スコットランド）の武器商人トーマス・グラバーで、長崎を拠点に西南雄藩などとのネットワークを築き、明治維新を陰で操る外国人の一人となった。その長崎で、西洋式海軍の創設に向けた訓練が始まった。

†洋式訓練で海軍士官をつくれ

船さえあれば海軍ができるわけではない。船を運用する人材こそが大事だ。そこで幕府は西洋式の教育で海軍士官を育てることにした。

一八五五（安政二）年六月、幕府は長い付き合いのオランダからライケン大尉率いる海軍の第一次教師団を招いた。彼らが乗って来た蒸気船スンビン号は幕府に寄贈され「観光丸」と改められた。幕府をつなぎとめるためにオランダも必死だ。同船は一〇月から長崎で始まった海軍伝習所で練習船として使われた。翌年九月には、カッテンディーケ大尉率いる第二次教師団も到着した。

海軍は科学と技術の集大成。オランダ人教官は一七〇名ほどの日本人伝習生たちにオランダ語と数学・物理学・化学などの基礎科目、さらに航海術・運用術・造船学・天測・蒸気機関・砲術などの授業と実地訓練を行った。伝習生は経験したことのない西洋科学技術をオランダ語で学ぶのである。通訳もいたが専門用語はまだ邦訳されておらず、伝習生には高い語学力が必要だった。

軍艦の運用には瞬時の意思伝達が必要だから、オランダ語での即答力も要求された。勝海舟のように蘭学の素養がある者でも会話はお手上げだった。それでも三カ月もすると、若い伝習生たちはなんとか教官の指導についていけるようになった。カッテンディーケは、日本人生徒は特に蒸気機関の知識習得に熱心で、「あらゆる部分を見逃すまいと熱心に注意するその有様は驚くばかり」と感嘆している（『長崎海軍伝習所の日々』）。

反面、日本の身分制度が伝習の障害となった。「甲板士官のほうは彼らの美しい手や着物を、油の着いた綱具に触れて汚すのを恐れるがごとくに見えた」という。プライドの高い一部の武士たちは、低い身分とされた「船乗り」の仕事を軽蔑していたのである。

オランダ人教師団を最も悩ませたのは、日本人の通詞が上司からの通達は忠実に訳すが、教師団から日本側の総督へのクレームなどは曖昧にしか訳さず、真意が伝わらないことだった。また身分の高い伝習生に対する叱責も、通詞によって骨抜きにされることは日常茶飯事で、教育にも悪影響を及ぼした（藤井哲博『長崎海軍伝習所』）。通詞の身分は低く、自分よりも身分の高い者に対する忖度《そんたく》や遠慮によって正確な通訳ができなかった。近代軍隊を創設するには、封建的な身分社会を打ち破る必要があったのだ。

幕府は一八五七（安政四）年四月、江戸の築地《つきじ》に軍艦教授所（のちに海軍操練所→軍艦所→海軍所）を開設した。長官は勝海舟で、教官には長崎海軍伝習所の第一回伝習生の一部を充てることにした。第一回伝習生たちは一年数カ月の基礎訓練を受けただけで、蒸気船の観光丸を長崎から江戸まで独力で廻航し、オランダ人教官たちを驚嘆させた。カッテンディーケは「彼らがそればかりの短期間に、四隻の蒸気船をもって、何の故障もなく多大の効果を収めて自ら満足し、今後は外国人の助力を借らずとも、やって行けると思うまでに上達したのに対し、むしろ驚嘆せずにはいられない」と賞賛している（『長崎海軍伝習所の日々』）。

一八五九（安政六）年二月、長崎海軍伝習所は幕を閉じた。幕府海軍はその後フランスの支援を受け、最終的には海軍大国イギリスに指導を求めた。一八六七（慶応三年）九月にはトレーシー中佐率いるイギリス軍事顧問団一七名が横浜に到着、幕府の海軍伝習でも英語が不可欠となった。ところが来日直後に幕府が瓦解したため、イギリス海軍による伝習は明治政府に引き継がれることになる。

†幕府のフランス語教育と軍事の影

幕府はフランス式軍制の導入とフランスの技術援助による横須賀製鉄所（造船所）の建設を進めた。軍事力の近代化のために、軍制をオランダ式からフランス式に移行させたのである。ナポレオンが鍛え上げたフランス軍をヨーロッパ最強とみなしたからだった。

幕府の外国奉行だった柴田《しばた》剛中《たけなか》は一八六五（慶応元）年にフランスとイギリスに派遣され、横須賀製鉄所建設と軍事顧問団の派遣に関する交渉を行った。イギリスは薩摩藩との関係を強める立場から断ったが、フランスは合意した。フランスとしては幕府に接近することで、薩摩藩と友好的なイギリスに対抗する思惑があった。幕府側もフランス式の近代的軍隊を持つことで、対外的な防衛のみならず、反幕勢力の軍事力に対抗しようとした。

一八六六（慶応二年）一二月、来日したフランス軍事顧問団は、幕府の伝習隊に対して砲兵・騎兵・歩兵の軍事教練を開始した。ところが幕府の兵士には博徒《ばくと》・やくざなど江戸の無頼の徒が混ざっていたこともあり、期待通りの成果は上がらなかった。

フランスの軍制や技術導入にはフランス語の習得が欠かせない。そこでフランスは一八六五（元治二）年三月、幕府を介して横浜に「仏蘭西《フランス》語学伝習所」（横浜仏語学所）を設立した。駐日公使のレオン・ロッシュが責任者、秘書で通訳のメルメ・ド・カション神父が事実上の校長となり、教育内容の編成と講義を受け持った。授業内容はフランス語を中心に、地理学、歴史学、数学、幾何学、馬術、それに英語。授業はフランス人がフランス語で教えた。目標言語だけで教える直接教授法（ダイレクト・メソッド）で、今日のコミュニケーション重視教育の原型だといえよう。

フランス語の普及とフランス人の外国語能力向上はフランスの国家戦略でもあった。それは極東での英仏の覇権争いと直結していた。一八六八年に東アジアの通商事情を調査したフランスの報告書は「極東におけるフランス商業の劣勢の最大の原因はフランスにおける若年者教育の欠陥、とくに外国語および外国に関する教育の不足にある」と結論し、教育制度改革を提案している（石井寛治ほか編『世界市場と幕末開港』）。昔も今も実業界は「使える外国語力を」と叫び続けているわけだ。

フランスと幕府との蜜月は長く続くかと思われた。しかし事態は急変する。一八六七（慶応三）年一〇月一四日に将軍徳川慶喜は政権を天皇に返上し（大政奉還）、翌年一月には戊辰戦争が勃発したことにより、フランス軍事顧問団による訓練は一年ほどで打ち切られてしまった（第3章）。

†遣米使節のアメリカ体験

幕府海軍の航海術が試されるときが来た。長崎での海軍伝習から五年足らずの一八六〇（安政七年）一月、幕府は日米修好通商条約（一八五八）の批准書交換のために、初の使節団七七人をアメリカに派遣した。咸臨丸《かんりんまる》には軍艦操練所教授の勝海舟や長崎海軍伝習所の多くの関係者が乗船し、米国海軍のポーハタン号とともに太平洋の壮絶な荒波を越えた。

出発と帰国	訪問国	主な参加者と人員	任務と成果
1860.2.9～60.11.10	アメリカ・ハワイ	勝海舟・中浜万次郎・福沢諭吉など173名	日米修好通商条約の批准書交換、米国視察、幕府海軍の航海術訓練
1862.1.21～63.1.28	フランス・イギリス・オランダ・プロイセン・ロシア・ポルトガル	福沢諭吉・福地源一郎・箕作秋坪など38名	兵庫・新潟と江戸・大坂の開港開市の延期交渉（ロンドン覚書調印）、樺太における日露国境問題交渉
1864.2.6～64.8.19	フランス	池田長発《ながおき》・河津祐邦など34名	横浜鎖港交渉（決裂）、パリ約定（のちに破棄）
1865.5.29～66.3.12	フランス	柴田剛中《たけなか》	横須賀製鉄所（造船所）建設の交渉、軍制調査
1866.11.19～67.6.9	ロシア	小出秀実・石川利政など16名	樺太における日露国境問題交渉（再開）、日露雑居で合意
1867.1～67.6	アメリカ	小野友五郎・福沢諭吉・津田仙・尺振八	軍艦・大砲・銃などの購入交渉
1867.2.15～68.12.16	フランス・スイス・オランダ・ベルギー・イタリア・イギリス	徳川昭武・渋沢栄一・向山隼人など30名	将軍名代としてパリ万博参加、親善訪問、フランス留学

表２－１　幕府の外交使節団

幕府は最後の八年間に七回の使節を欧米に派遣した（表２－１）。さらに留学生を一八六二（文久二）年にオランダへ（南北戦争のため米国から変更）、六五年にロシアへ、六六年に英国へ、六七年にフランスへ送りだしている。幕府最後の「グローバル化対応」だった。明治維新の変革主体を形成する上で、使節団および留学による西洋体験は重要な役割を果たした。

第一回遣米使節団は横浜を出港後、ハワイ、サンフランシスコを経由してワシントンに到着（図２－７）。大歓迎のうちに批

図2－7　万延元年遣米使節団（『幕末名家写真集』）

准書を交換し、世界を一周して九月に帰国した。

初めて目にした西洋社会の先進性に、団員たちは強烈な衝撃を受けた。すでに渡米中の艦内でアメリカ人の人間味あふれる対応に接し、米国での熱烈な歓迎に感動し、西洋人を夷狄《いてき》として野蛮視する古いイデオロギーから脱却していった。

とりわけ軍事力や産業技術力における圧倒的な落差を思い知らされたことで、使節団員の多くは攘夷の空虚さを自覚した。西洋列強と対峙するには対抗できるだけの軍事力、特に鉄製大砲と蒸気艦、それらを可能にする工業力、数学・物理などの西洋学術、すべての前提となる英語能力の獲得が不可欠だと悟ったのである。そうした体制を築くべく、帰国後は幕政改革や藩政改革に取り組んでゆく。

使節団の派遣が英語教育に与えた影響も大きい。通訳としてアメリカ事情に詳しい中浜万次郎が選ばれ、福沢諭吉も英語力を売り込んで随行を許された。福沢ら使節団はウェブスター英語辞典などの各種辞書や、文法書七〇冊、窮理（物理）書五〇冊、英仏対話会話書五〇冊、航海書五〇冊などを買い込み、これらは日本における英学の発展に大きく寄与した。

†西洋文明の光と影

一八六二（文久元）年一二月にはヨーロッパへの使節団が派遣され、フランス・イギリス・オランダ・プロイセン・ロシア・ポルトガルの六カ国を訪問した。激しい攘夷運動を受け、条約で約束した江戸・大坂（大阪）の開市および兵庫・新潟の開港の延期と、ロシアとの国境画定を交渉するためだ。

最初に訪問したフランスとの交渉では、日本側の要求は拒絶された。その一因は語学力不足だった。日本側にはフランス語に熟達した通訳がおらず、日本語―オランダ語―フランス語というストレスの溜まる交渉になってしまった。

ところが、次に訪れたイギリスは長期的な対日貿易の観点から開市・開港の五年延期を承認した（ロンドン覚書）。そのためフランスを含む他国も追随した。だがロシアとの国境交渉は締結できなかった。

ロンドンでは万国博覧会を見学したほか、イギリスの海軍工廠、造船所、銃器工場、鉄道、電信局、国会議事堂、博物館、学校、病院などを精力的に訪れ、西洋文明の水準の高さを痛感した。通訳や翻訳係として随行した福地源一郎、寺島宗則、箕作秋坪《みつくりしゅうへい》、福沢諭吉などの英学者たちは、その語学力を通じて明治日本の建設に貢献していくことになる。

実はこの使節団の派遣を進言したのは、イギリス駐日公使オールコックだった。彼は一八六二年のロンドン万博への日本の参加を促すとともに、幕府の代表者たちにイギリスの実力や西洋文明の優位性を見せつけ、日本を英国との自由貿易に引き込もうと考えていた。そのためには開市・開港の延期といった小さな譲歩はやむを得ないと判断したのだ。もっとも、この譲歩と引き換えに、英国政府は貿易における幕府の統制・独占の撤廃と、各藩の産物の外国商人への自由販売など、大きな成果を勝ちとった。

使節団はヨーロッパ六カ国の歴訪によって、各国の長所と短所を知り、相互に比較することができた。例えば、長州藩の杉孫七郎《すぎまごしちろう》（のちに枢密顧問官）は、オランダの首都アムステルダムの工場などを見学したのち、手紙に「ロンドンに比すれば真の雛形《ひながた》〔＝おもちゃ〕くらいのもの」と書いている（『夷匪《いひ》入港録一』）。

蘭学者の寺島宗則もオランダ語がヨーロッパでは通用しないことを実体験し、強大な国力を持つイギリスから学び、英語を習得すべきことを認識した。だからといって寺島はイギリスを手放しで礼讃したわけではない。ロンドンは「貧民甚だ多く」「乞食《こじき》数万人」、泥

図2－8　スフィンクス前での池田使節団、文久３年（『日本人（第３次）』34号）

酔する者もおびただしく、日本人宿舎の窓の下では「銭を乞うこと朝暮《ちょうぼ》絶ゆることなし」と手紙に書いている。

マルクスが『資本論』第一巻（一八六七）で生々しく描いているように、一八六〇年代のイギリスは資本主義の発達に伴う階級格差が激化していた。寺島は冷徹な目でそうした現実を見ていたのである。労働者階級の解放をめざして西洋諸国の代表らが国際労働者協会（第一インターナショナル）を結成したのは、文久遣欧使節の二年後の一八六四年だった。

使節団はまた、寄港した英領香港で、イギリス人たちが中国人を家畜のように酷使する様子を目撃し、大英帝国による植民地支配の実態に衝撃を受けた。一連の歴訪によって、日本の使節団員たちは西洋文明の光と影を直接目にし、西洋認識を格段に深めることができた。

第三回は池田《いけだ》長発《ながおき》を正使とする横浜鎖港交渉のための池田使節団（図2－8）で、一八六四（文久三）年一二月にフランスに向け出発したが、交渉は決裂。池田らは西洋文明の強大さを知って開港の必要性を認識し、関門海峡を通行可能にするなどの条項を含むパリ約定《やくじょう》をフランス政府と締結したが、のちに幕府が破棄した。

幕府の最後の使節団として、一八六七年のパリ万国博覧会には将軍徳川慶喜の弟の徳川昭武《あきたけ》（のちの水戸藩主）が派遣され、渋沢栄一《しぶさわえいいち》が随行している。

渋沢の思想と実践にも西洋資本主義の体験が影響している。若き日には横浜外国人居留地の焼き討ちや倒幕運動を計画するような尊皇攘夷派の志士だったが、ヨーロッパの先進的な産業や政治社会制度を知ると考えを改めた。特に影響を受けたのは、パリ滞在を世話した銀行家ポール・フリュリ＝エラールから資本主義経済のメカニズムを学んだことだった。また金融業の彼が軍人と対等に接する姿を見て、渋沢は封建的な身分制を打破し、実業人の地位向上を図る必要性を自覚した。彼はのちに約五〇〇に及ぶ企業・学校・社会施設の設立・経営に関係し「日本資本主義の父」と呼ばれるまでになる。二〇二四（令和六）年からの一万円札には渋沢の肖像が刻まれている。

第3章

西南雄藩の英語学習

——西洋式軍隊で幕府を倒せ

1　薩摩藩の志士を変えた英語

†明治維新の主力となった西南雄藩

西郷隆盛、大久保利通《おおくぼとしみち》、伊藤博文、井上馨《いのうえかおる》、大隈重信など、幕末における倒幕運動の主力となり、明治政府の中枢を担う人物を多く輩出したのが西南雄藩だった。その中心は薩摩藩、長州藩、土佐藩、肥前《ひぜん》佐賀藩で、「薩長土肥」と総称される。

「雄藩」と呼ばれる理由は、石高《こくだか》（経済規模）の大きさに加え、藩政改革を成功させ、いち早く蘭学・英学を取り入れて人材を育成し、西洋式軍制（図3－1）を導入し、幕末政局を左右する強い存在感を持っていたからだ。

では明治新政府の高官に占める西南雄藩出身者の割合はどのくらいだったのか。『明治七年官員録』によると、官僚の最上位である「勅任《ちょくにん》」（天皇による任命）七七名の出身地は、薩摩藩一九名（二五％）、長州藩一四名（一八％）、公卿《くぎょう》系一〇名（一三％）、佐賀藩と土佐藩は各七名（九％）などとなる。

薩長の出身者は四三％、薩長土肥では六一％にもなる。全国の藩は二六一だったから、四藩出身者の寡占ぶりには驚かされる。これに公卿系出身者を加えれば七四％にもなり、政府官僚機構の上層部は薩長土肥を中心とする王政復古勢力がほぼ独占していた（毛利敏彦『明治維新政治外交史研究』）。

彼らは幕末期にどのように育成され、活動したのだろうか。そこでは英語や洋学はいかなる役割を果したのだろうか。それを知ることが明治維新の本質を理解する一つのカギとなる。

図3－1　英国式散兵の図（国会図書館蔵「仏蘭西英吉利西三兵大調練之図」）

†薩摩藩はなぜ強かったのか

日本列島の西南端に位置する薩摩藩は、フランシスコ・ザビエルの来着（一五四九年）をはじめ、地理的に異国船との接触が絶えない土地だった。薩摩藩は公称七三万石《ごく》、実効支配していた琉球を含めると九〇万石で、加賀一〇〇万石に次ぐ日本第二位の大藩として独立王国のような地位を築いていた。

江戸時代の大名の格付けは、徳川の一族である親藩《しんぱん》、徳川家に代々仕えてきた譜代《ふだい》、関ヶ原の戦い以後に徳川に服するようになった外様《とざま》に分けられる。薩摩の島津家は外様だったにもかかわらず、あの手この手で幕府との関係を築き、幕末の政局では大きな発言力を持つようになる。

薩摩藩は古い封建制度を強く残し、琉球王国を経由しての密貿易や奄美《あまみ》から搾り取る砂糖の収益は莫大だった。これが藩財政の立て直しに寄与し、雄藩としての地位を確立させた。その一方で、「黒糖地獄」といわれる砂糖専売制を強いられた奄美の農民は悲惨を極めた。サトウキビ生産を強制されたため飢饉《ききん》のときには餓死者が続出し、島民同士の砂糖売買は死罪、指先の砂糖をなめただけでも鞭打たれた。植民地支配そのものだ。

薩摩藩は琉球を介した中国との密貿易〈朝貢貿易〉からも巨利を得ていた。対外貿易は幕府に独占されていたはずだが、薩摩藩は琉球貿易という抜け道を使って潤っていた。

薩摩藩のもう一つの強みは、琉球を通じて東アジアの政治動向や欧米列強の動きを素早くつかむことができたことだ。一八四四〈弘化元〉年以降、フランスやイギリスの艦隊が琉球に来航するようになったため、薩摩藩はペリー来航の一〇年も前から列強への対応を迫られていた。海外事情をリアルに知る薩摩藩の基本的な立場は開国論であり、長州藩に代表される精神主義的な攘夷論とは一線を画していた。

開明的な藩主として知られる島津斉彬《しまづなりあきら》は藩政改革を推進し、西洋式軍備や藩営工場などの富国強兵・殖産興業（集成館事業）を進めた。その後も一八六六（慶応二）年には西洋式機械による製糖工場を奄美大島に建設し、英国人技師を招いて英国製紡績機による日本初の西洋式紡績工場を鹿児島で稼働させた。また薩摩藩は他藩に先駆けて西洋式帆船「伊呂波丸《いろはまる》」や軍艦「昇平丸《しょうへいまる》」を建造し、江戸に廻航した。一八六七（慶応三）年までに大型船一七隻を保有し、薩摩海軍は諸藩の中では随一の規模だった。これらの膨大な支出の裏に、琉球や奄美を含む農民収奪があったことを忘れてはなるまい。

斉彬は異母弟にあたる久光《ひさみつ》、越前藩の松平春嶽《まつだいらしゅんがく》らとともに、国政改革では「公武合体《こうぶがったい》」を主張した。これは、朝廷（＝公）と幕府・外様を含む有力諸藩（＝武）が力を合わせて挙国一致体制を築く政策で、上級武士が中心の幕政改革運動だ。のちに挫折し、西郷隆盛・大久保利通ら下級武士が中心の倒幕運動にとってかわられる。

ところが斉彬は一八五八（安政五）年七月に満四九歳で急死してしまう。

次の藩主となったのは満一八歳の島津忠義《ただよし》だったが、実父の島津久光《ひさみつ》が実権を握った。久光は斉彬の集成館事業をことごとく中止させたが、幕末政局では大いに活動する。

†洋学教育で人材を育てよ

薩摩藩が明治維新で華々しく活躍した背景には、人材を育てるために洋学の振興に力を注ぎ、蘭学や英学を重視した藩政改革があった。

薩摩藩は一八六三（文久三）年七月の薩英戦争（後述）でイギリスの軍事力を思い知らされ、翌年六月に洋学校「開成所」を開校した。そこでは西洋流の砲術や兵法などの軍事学に加えて、基礎科学である数学、天文、地理、測量、航海、造船、物理、医学などを伝習した。これらを学ぶ前提として、オランダ語や英語をみっちり修業させた。

一八六六（慶応二）年になると藩は海軍所と陸軍所を新設し、開成所は語学や数学などの基礎的学術を授ける学校とした。外国語はオランダ語に代わって英語を中心に教えるようになった。藩の開成所で教鞭をとったのは、蘭学では石河確太郎《いしかわかくたろう》、英学では中浜万次郎、上野《うえの》景範《かげのり》、前島密《まえじまひそか》、足立梅景《あだちうめかげ》、芳川顕正《よしかわあきまさ》などだった。

上野景範は藩命により一八五六（安政三）年から長崎で蘭学を学んだが、時代の変化を察知して英学に転向し、長崎の英語稽古所でも学んだ。開成所では若き日の森有礼《もりありのり》、高橋新吉などに英語を教えた。景範の英語遺伝子は子孫にも受け継がれ、孫の上野景福《かげとみ》は英語学者として東京大学教授や語学教育研究所長などを歴任した。

前島密は江戸で蘭学を学び、一八六二（文久二）年に長崎に出てアメリカ人宣教師のチャニング・ウィリアムズ（立教大学創設者）やフルベッキなどから英語や数学を学んだ。明治政府のもとでは郵便制度の確立に尽力した。前島が蘭学から英学に転じたきっかけは、幕府の開明的な外国奉行・岩瀬《いわせ》忠震《ただなり》から「およそ国家の志士たる者は、英国の言語を学ばざるべからず」との教示を受けたからだ。岩瀬は英語の通用範囲が広いことに加え、「英国は貿易は無論、海軍も盛大にして文武百芸諸国に冠たり、オランダの如《ごと》きは萎靡《いび》不振《ふしん》〔＝低迷している〕、学ぶに足るものなし」と喝破した（『前島密自叙伝』）。

前島は英語教師として各地で活躍する。長崎では何礼之助《がれいのすけ》の私塾で塾長をし、のちに英学塾「培社《ばいしゃ》」を開設した。慶応元年（一八六五）には薩摩藩の開成所教授兼学監となり、二年後には幕府の開成所教授になっている。

前島が薩摩藩に迎えられたとき、藩から「大切な宝物を見せるから礼服で出頭せよ」との連絡が来た。藩庁の役人は「貴殿は学頭であるから特別に見せる」ともったいぶる。二重三重の箱を開けていくと、立派な錦紗《きんしゃ》に包まれた米国船来のウェブスターの英語辞書が出てきた。薩摩藩は家宝として大事にしていたのである（同好史談会編『漫談明治初年』）。

†薩英戦争に負けイギリスに急接近

イギリスが近代軍隊の威力を見せつけるときがきた。一八六三（文久三）年七月の薩英戦争だ。前年の八月、薩摩藩の大名行列を馬で横切ったイギリス人三人を薩摩藩士が殺傷した「生麦事件」へのイギリスの報復だった。

薩摩側もイギリス艦隊に損害を与えたものの、艦隊は強力な火力で薩摩藩の軍事施設のみならず市街地の一部を焼き払った。とりわけ高性能のアームストロング砲が絶大な威力を発揮した。

このアームストロング砲については幕府も注目し、その解説書である『唵私多龍《アルムストロン》新砲図説』を一八六四（元治元）年に刊行している。原著はイギリスの海軍砲術書（一八六〇）で、翻訳は幕府開成所教授の川本幸民《かわもとこうみん》、校閲は同僚の柳河春三《やながわしゅんさん》だった。

イギリスの軍事力を思い知らされた薩摩藩は、講和会議でイギリスと和解し、汽船購入や留学などの利害から良好な関係を築いてゆく。イギリス側もまた、日本の権力構造が天皇（朝廷）ー将軍（幕府）ー大名（藩）の重層構造であることを理解し、薩摩藩など有力大名との関係構築に努めた。一八六六（慶応二）年六月には英国公使パークスが薩摩を訪問し、藩主島津忠義や西郷隆盛らと歓談した。まさに雨降って地固まる。

英国公使が外様の薩摩藩を訪問するなどという前例のない行動が、なぜ可能になったのか。実はこの三カ月前、ロンドンで薩摩の寺島宗則とクラレンドン外相が秘密交渉を行っていた。藩の留学生とともに英国入りした寺島は、薩摩藩が琉球ないし藩内に開港場を設ける意思を外相に伝え、次のような提案を行った。

条約の批准権を幕府から天皇に移し、勅許を得た条約に有力大名たちが署名することで各藩が自由に貿易を行えるようにし、幕府の貿易独占を打破する。そのためにイギリス政府は幕府に外交的な圧力をかけてもらいたい、と申し入れたのだ。実質的に政権を幕府から天皇と雄藩連合に移行させる革命的な提案だった。いわば外圧を利用した倒幕である。

薩摩側の提案はイギリスの自由貿易主義に合うものだった。そのためイギリスは公然たる内政干渉は避けつつ、自由貿易要求を強めて幕府に関税率を引き下げさせるとともに、パークスに薩摩を訪問させたのだ。一方、英国との良好な関係を築いた薩摩藩は、幕末における最大の倒幕勢力に伸《の》し上がる。

見事な外交手腕を発揮した寺島宗則は、一八七二（明治五）年に初代駐英公使となり、翌年には外務卿（大臣）へと登り詰める。寺島は幼少期より蘭学を学び、一八四六（弘化三）年には江戸で川本幸民から蘭学の指導を受けて医師となった。一八五六（安政三）年四月には幕府の蕃書調所の教授手伝となり蘭学を教えた。一八五九（安政六）年六月、横浜の幕府運上所〔税関・外交事務所〕での勤務を命じられ、英語の書類を扱う必要から実用的な英語力を身につけた。こうした語学力が、彼の対外活動を支えたのである。

寺島と一緒に渡英する五《ご》代《だい》友厚《ともあつ》は、薩英戦争でイギリス軍の捕虜となったのち、一八六四（元治元）年に薩摩藩庁に西洋の技術による藩産業の近代化、海外留学生の派遣、外国人技術者の雇用、財源確保のための上海貿易などを上申した。これが薩摩藩英国留学生の派遣につながる。

†悲劇の兵学者・赤松小三郎

幕府のフランス式軍制に対して、薩摩藩はイギリス式の軍制改革を進め、歩兵調練《ちょうれん》の指導者として京都で英式兵学塾を開いていた赤松《あかまつ》小《こ》三郎《さぶろう》を藩に招いた。赤松は信州上田藩士で、イギリス陸軍歩兵操典の本邦初訳である『英式歩兵練法』を一八六六（慶応二）年三月に刊行しており、最新式の英式戦法を薩摩藩に伝授した。薩摩藩の依頼により、赤松は英語原書の最新版にもとづく『重訂　英国歩兵練法』を翌年五月に薩摩藩から刊行した。赤松の指導でイギリス陸軍式の近代戦術を身につけた薩摩軍は、鳥羽伏見の戦いに始まる戊辰戦争で驚くべき戦果を挙げることになる。

赤松は二院制議会や身分制度廃止も視野に入れた先進的な建白書を幕府や諸侯に提出す

るなど、時代の先を行く兵学者だった。しかし、思わぬ落とし穴が待ち受けていた。赤松は会津藩が京都に設立した洋学所の顧問を依頼され、調練の指導までしたのである。朝廷の守護職を務める幕府側の会津藩としては、赤松を通じて宿敵である薩摩藩の軍事機密を知ろうと画策した。赤松自身は会津藩の山本覚馬《やまもとかくま》とともに薩摩・会津を含む挙国一致の議会政治体制を築こうとしていた。

一八六七（慶応三）年九月三日、上田への帰国を目前にした赤松は京都の路地で斬殺された。犯人は長らく不明のままだったが、大正時代になって真相が明かされた。暗殺者はなんと、赤松の指導を受けた薩摩藩の武力討幕派だったのだ。会津への軍事機密の漏洩を恐れた薩摩藩が、恩人だった赤松にスパイの濡れ衣を着せ、口封じのために殺害させたのだった（安藤優一郎『幕末の先覚者　赤松小三郎』）。戊辰戦争で激突する薩摩と会津の対立が生んだ悲劇といえよう。こうして赤松の挙国一致の議会構想は挫折し、薩摩藩は武力討幕に突き進むことになる。

†世界観を変えたイギリス密航留学

薩摩藩は一八六五（元治二）年三月、イギリスに外交使節団の新納《にいろ》久脩《ひさのぶ》（刑部《ぎょうぶ》）、五代友厚、寺島宗則、留学生の森有礼ら一五名、通訳の堀孝之（堀達之助の次男）を合わせて一九人を派遣した。藩独自の外交活動を開始した点に注意したい。留学生の多くは明治政府で要職を歴任し、うち五人は大使・公使となっている。

「鎖国」体制下で海外渡航は死罪に値したから、彼らは脱藩し、偽名を使ってイギリス船で密航した。使節派遣と留学を支援したのがイギリスのジャーディン・マセソン商会だ。同社は中国へのアヘン密売などで莫大な利益を得た巨大商社で、薩摩・長州との武器取引や英国留学の支援などによって倒幕運動のスポンサーともいえる存在だった。一八六五年には薩摩藩に六万ドルの資金を融資し、生糸・茶・海産物・砂糖を買い占めさせている。

こうして薩摩藩士たちは英国ロンドンに向かった。テレビもインターネットもなかった時代、じかに目にした西洋文明は今では想像もできない衝撃だったろう。留学生たちは旧来の攘夷思想から開国・富国論へと世界観を転換した。そのことが、彼らを倒幕の志士、そして近代国家建設の指導者へと導くのである。

まさに異文化体験の連続だった。松村淳蔵《まつむらじゅんぞう》の回想記「海軍中将松村淳蔵洋行談」(『薩藩海軍史 中巻』)を見てみよう。シンガポールではオランダに帰国する妻と見送る夫とが「分かれに臨《のぞ》み人中をもかまわず夫婦抱合いて接吻《せっぷん》せしには特に物珍しく覚えて非常に驚き、外国風習の異なるを感じたり」と書いている。食べ物も珍しかった。パイナップルを初めて食べたが、英語を知る寺島宗則はこれを「松実果物という」と説明した。英語のpine

（松）からの直訳だ。

二カ月あまりの航海を経て、薩摩の一九人はロンドンに着いた。留学生たちは三カ月ほど英語の特訓を受けたのちに、ロンドン大学のユニバーシティ・カレッジに聴講生として入学した。ただし、入学年齢に達しない一三歳の長澤鼎《ながさわかなえ》だけはスコットランドのグラバー家に預けられ、学校に通った。彼は帰国せず、カリフォルニアの「ワイン王」となる。

続いて薩摩藩は、第二次留学生八人を一八六六（慶応二）年から三次に分けてアメリカに派遣している。藩はあえて尊王攘夷派の人物を選抜し、留学を通じて世界の大勢を認識させ、開明的な方向に転換させようとした。

†薩摩藩士による英語教材と辞書

英学が盛んだった薩摩藩では、ユニークな英語教材や辞書が編纂された。薩摩藩開成所の英語教師である足立梅景《あだちうめかげ》は『英吉利文典字類《イギリスぶんてんじるい》』を編述し、一八六六（慶応二）年に刊行した。この本は、江戸幕府の開成所が刊行した文法書『英吉利文典』を読み解くための虎の巻（参考書）。まず眼に飛び込んでくるのが文法用語で、冠詞、名詞、形容詞、単数、複数、三単現（三人称単数現在）、現在分詞、過去分詞、関係代名詞など、今でもお馴染みの用語がすでに江戸時代に使われていた（図3－2）。ただし一部は『挿訳俄蘭磨智科《そうやくガランマチカ》』（一八

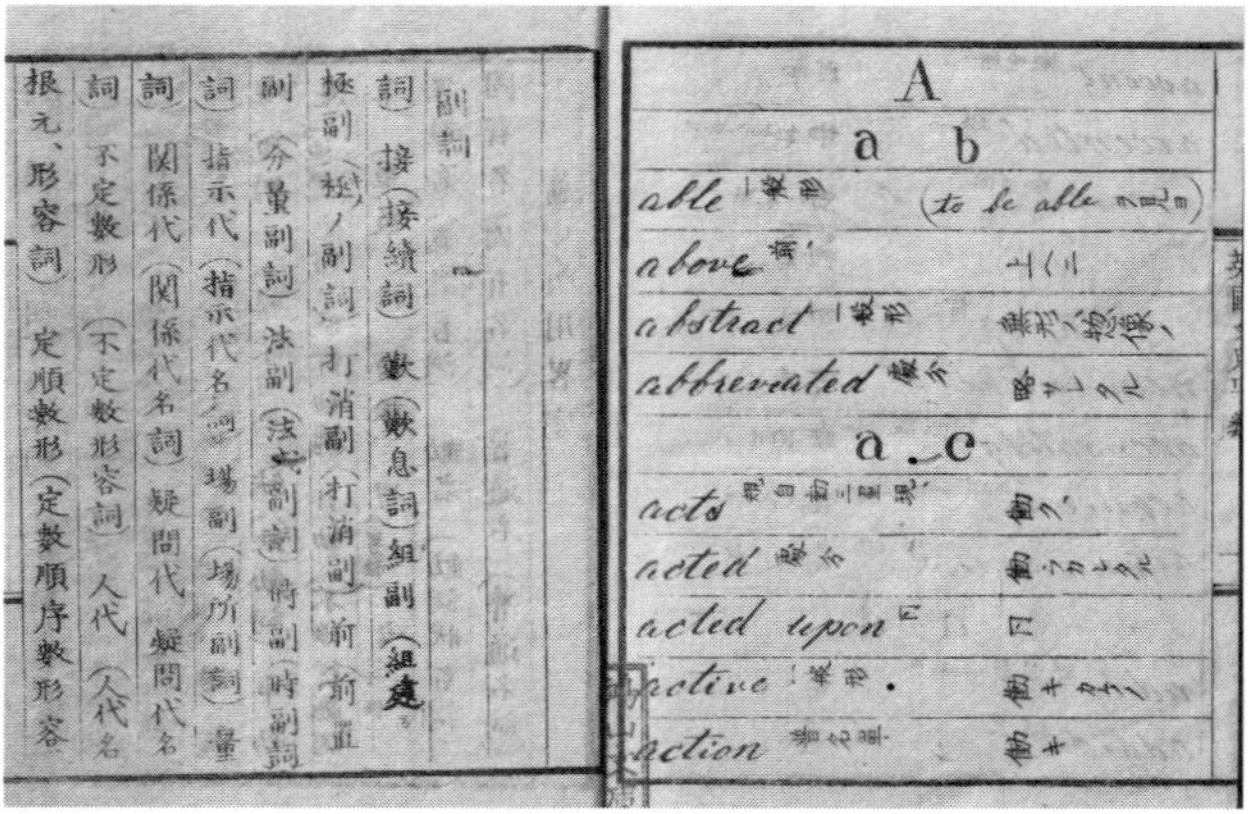

図3－2　『英吉利文典字類』（筆者蔵）

五六）などのオランダ語文法書（ガランマチカ）から引き継がれた。

それぞれの単語には文の中での働きが明記されている。例えばactsを見ると「acts 規 自動 三単現 働ク」と書かれている。「働ク」という語義だけでなく、「規則動詞、自動詞、三人称単数現在」という文法情報までも盛り込んでいるのだ。近年注目されているレキシカル・グラマー（語彙文法）を先取りした注目すべき英語学習書だといえよう。

薩摩藩士たちは優れた英和辞書も刊行した。編者は弱冠二二歳の高橋新吉《たかはししんきち》と友人の前田献《けん》吉《きち》・正名《まさな》の兄弟。高橋は薩摩藩から長崎に派遣され、何礼之助のもとで英語を学んだ。辞書づくりのきっかけは、ヘボンの見事な『和英語林集成』を見て感動したこと。刊行の目的は辞書を売って留学費用を稼ぎ出すため。何とも大胆な発想だ。現在の大学生が留学費用を稼ぐために英和辞書を作ろうなどと考えるだろうか。

この辞書のネタ本は幕府開成所の『改正増補　英和対訳袖珍辞書』（一八六六）で、見出し語も訳語もほぼそのまま頂戴したが、漢語には読み仮名を付けた。発音で苦労した経験から、見出し語にカタカナで発音を付け、それには長崎で英語の指導を受けたフルベッキの協力を得た。ただし、例えば「Emperor（帝《みかど》）」の発音が「エムペロル」となっているなど、オランダ語の影響も残っている。

日本国内では活版印刷が困難なため、ヘボンの和英辞典を印刷した上海《シャンハイ》の美華書館《びかしょかん》に依頼した。前田兄弟は出版・渡航費用を借金して上海まで密航し、一八六九（明治二）年に一五〇〇部の発行にこぎ着けた。なお、九州から上海までは地理的に近く、船便も多いため、艦船や武器などを買い付ける密航者が後を絶たなかった。

完成した『改正増補　和訳英辞書』は洋装・活版・二段組七〇〇頁で、編者は「薩摩学生」とだけ書かれているため「薩摩辞書」と呼ばれた。たちまち売り切れになったため、改訂版の作業に取りかかった。編集陣には薩摩藩英国留学生らの通訳だった堀孝之も加わり、ウェブスター辞書を参考に約三〇〇〇語を増補し、訳語を改訂した。堀は『英和対訳袖珍辞書』の初版（一八六二）の編纂主任だった堀達之助の息子だから、親子二代にわたる偉業だ。

この改訂版も上海の美華書館で印刷され、八〇六頁の『大正増補　和訳英辞林』として一八七一（明治四）年に刊行された。画期的なのは、カタカナ表記だった発音を日本で初めてウェブスター式に改め、アクセントを示したことである。

辞書の成功によって、高橋新吉と前田献吉は一八七〇（明治三）年にアメリカに私費留学した。その後、高橋は在ニューヨーク領事、農商務省商務局長、九州鉄道初代社長、貴族院議員などを歴任。前田献吉は明治四年から米国フィラデルフィアに住み、帰国後は元老院議官などを務めた。弟の前田正名もフランス留学を経てフランス領事、農商務省次官、貴族院議員などを歴任している。彼ら三人は英語辞書編纂を足がかりに華麗なる出世を果たしたわけだ。

2　長州藩の攘夷派を変えた英語

†軍の近代化は洋学教育から

明治維新の立役者といえば、薩摩藩と並んで長州藩が浮かぶ。たしかに長州藩は明治政府の中枢に多くの人物を輩出している。評価はさておき、総理大臣の数では長州＝山口県が最多の八人。伊藤博文にいたっては総理を四回も経験した。

過激攘夷派が藩の主導権を握ったこともある長州藩では、西洋への敵対意識が強かった。しかし長州の志士たちもまた、英語学習やイギリス密航留学を通じて西洋の圧倒的な軍事力・経済力・政治体制を知り、攘夷を捨て、日本近代化のあり方を模索するようになる。

長州藩は一八四〇年代には海防に必要な外国書の翻訳を進めるなど洋学熱が高かった。三方を海で囲まれた長州藩は、海防には特に神経を尖らせていた。そのため海軍力を強化し、藩内の富国強兵を図ったのである。

一八五五（安政二）年には藩校明倫館《めいりんかん》に「西洋学所」を附設し、西洋式の兵学、医学、理化学、工業技術、そして外国語の研究に取り組んだ。安政の軍制改革では西洋銃陣の採用、歩兵・騎兵・砲兵の編制、洋式軍艦の配備を進めた。一八五九（安政六）年八月、西洋学所を「博習堂」に改組し、西洋兵学の研究を本格化させた。翌年には西洋兵学の大家である大村益次郎を招き、藩士の指導にあたらせた。

長州藩の蘭学会読会「温知社《おんちしや》」は、一八六一（文久元）年に『英国志』（全五冊）を刊行している。これは中国の漢訳版を翻刻したものだが、日本初の体系的なイギリス史書であり、高杉晋作などの志士たちに影響を与えた。

同年、長州藩の長井雅楽《ながいうた》は「航海遠略策《こうかいえんりやくさく》」を藩主に提言した。これは貿易によって国力を充実させて西洋に対抗するという長期戦略で、朝廷や幕府の公武合体派にも歓迎された。しかし翌年、幕府で公武合体を進めていた老中安藤信正《あんどうのぶまさ》が坂下門外の変で失脚すると、長州藩内でも急進攘夷派が勢力を拡大し、条約の破棄と攘夷を主張する周布政之助《すふまさのすけ》らが実権を握った。

長州藩は英学教育にも力を注いだ。一八六五（慶応元）年四月、藩は三田尻に海軍学校を設立し、米国人ベデルを招聘《しょうへい》して造船、運用、航海、測量などの科目を主に英語の原書で教えた。三年後には三田尻海軍局に「語学校」を開設、米国人クローセーを雇い入れて語学教育を充実させている（寺田芳徳『日本英学発達史の基礎研究』）。一八六八（慶応四）年には山口明倫館兵学寮に英学科を新設し、長崎から英語通訳の伊藤弥次郎を招聘している。

こうした一連の藩政改革、特に洋学および英学教育の充実と、それによる西洋式の軍事力と技術力の導入こそが、長州藩を倒幕運動の中心勢力に押し上げた要因になったといえよう。

†松陰の遺志を継ぐ密航留学

ペリー艦隊に小舟でこぎ着け、アメリカ密航を頼み込んだ人物がいた。長州藩の吉田松

氏名	任務・専攻	その後の主な経歴
井上 馨	政治・法律・軍事	大蔵大輔、工部卿、外務卿、外務・農商務・内務・大蔵の各大臣
伊藤博文	政治・法律・軍事	岩倉使節団全権副使、参議兼工部卿、内務卿、内閣総理大臣
遠藤謹助	自然科学	造幣権頭《ごんのかみ》、大蔵大丞《たいじょう》、造幣局長
山尾庸三	自然科学	工学寮（工部大学校）創設、工部卿、工学会会長、盲唖学校設立
井上 勝	自然科学	鉄道局長、工部大輔、鉄道庁長官、汽車製造合資会社設立

表3－1　長州藩の英国留学生（第一次）

陰だ。攘夷のためには西洋の軍事技術と西洋事情を学ぶ必要があるとの必死の思いからの行動だったが、もちろん断られた。

松陰は佐久間象山の開明的な思想に感化されていた。それは、①欧米列強への攘夷は不可能、②西洋の先進技術の獲得、③優秀な人材の欧州派遣、④軍事技術と海防・城塁法の習得、というものだった。象山の思想に松陰は共感し、松下村塾《しょうかそんじゅく》で弟子の久坂玄瑞《くさかげんずい》、高杉晋作《たかすぎしんさく》、山縣有朋《やまがたありとも》、伊藤博《いとうひろ》文《ぶみ》、前原一誠《まえばらいっせい》、品川弥二郎《しながわやじろう》、山田顕義《やまだあきよし》らを教えた。

この弟子の中から、松陰の遺志を継いで密航を実現した長州藩士がいる。伊藤博文だ。彼は井上馨《いのうえかおる》、遠藤謹助《えんどうきんすけ》、山《やま》尾《お》庸三《ようぞう》、井上勝《いのうえまさる》と五人で密かにイギリスに留学し、西洋の技術と文化を学んだのち、全員が明治政府の要職を務める（表3－1）。そのため彼らは「長州ファイブ」（図3－3）と讃えられ、二〇〇六年には同名の映画にもなった。

イギリス留学計画の目的は、優秀な藩士を敵地イギリス

図３－３　長州ファイブと筆者（萩・明倫学舎にて）

に送り込み、西洋の実情を探索しつつ、先進的な海軍技術を学び取ることだった。

　五人の留学は長州藩からは公認されていたが、幕府の追及を恐れ、脱藩した上で行われた。決行は一八六三（文久三）年五月一二日で、薩摩藩の留学生派遣の二年前だ。幕府役人の監視の目をかいくぐって英国汽船チェルスウィック号に乗り込み、石炭庫に隠れ、日本を脱出した。その二日前、長州藩は攘夷を決行し、下関海峡を航行するアメリカの商船を砲撃した。五人の留学は内外情勢が極度に緊迫するなかで開始されたのである。

　では、なぜイギリス船に乗れたのか？　ここでも密航留学を支援したのはイギリスのジャーディン・マセソン商会と長崎のグラバーだった。彼らにとって長州藩や薩摩藩は大量の武器や艦船を買ってくれる上得意様であり、幕府による貿易独占を崩壊させるための切り札だった。

　留学生の顔ぶれには驚かされる。井上、伊藤、山尾の三人は、高杉晋作や久坂玄瑞らとともに一八六二（文久二）年一二月の英国公使館焼き討ち事件を決行した熱烈な尊皇攘夷論者だった。彼らが凡庸な攘夷論者と違うのは、刀では西洋軍艦に勝てないことを認識し、攘夷のためには西洋と戦えるだけの軍事力を獲得しなければならないと考えたことだ。その覚悟で夷狄《いてき》の英語を学び、敵地に乗り込んだ。こうして彼らは短絡的・排外的な攘夷から、長期戦略にもとづく万国対峙へと脱皮する。

†攘夷から脱皮させた英国留学

留学生は日本を出港して数日後の上海で、最初のカルチャーショックを体験した。西洋との貿易拠点として港には数百隻もの艦船が停泊し、活況を呈していた。井上馨は「海外の実況を視て、攘夷がとうてい実行し難く、開国の方針でなくては将来国家を維持することができないことを覚知した」（『世外井上公伝』）。

この前年四月に上海を訪問し、衝撃を受けた長州人がもう一人いた。高杉晋作だ。彼は幕府が派遣した貿易視察団に随行し、上海が「イギリス、フランスの植民地にすぎない」「中国人はほとんど外国人の使用人になってしまっている」状況に衝撃を受けた。高杉は世界を知るべく、視察の合間にも英書を読んでいた（『遊清五録《ゆうしんごろく》』）。

長州ファイブは上海に上陸し、ジャーディン・マセソン商会の英国人支店長とイギリス渡航の相談をした。初歩的な英語を話せたのは井上勝だけだったが、彼は渡航目的を「海軍研究」と言うつもりで「ナビゲーション」と言ってしまった。そのため支店長は「航海術」を学ぶ目的だと誤解し、五人を乗客としてではなく、なんと見習い水夫として英国船二隻に分乗させたのだ。

小さな帆船に乗せられた井上馨と伊藤は、新米水夫としてジャパニーズの蔑称「ジャニー」と呼ばれ、帆綱の牽引、甲板の掃除などの苦役を強いられる毎日だった。食べ物は水夫用のビスケットと塩漬け牛肉、茶器はブリキ缶。甲板に溜まる雨水を蓄えて飲料水としたこともあった。扱いに抗議しようにも英語が話せない。

海が穏やかになると、携帯した『英和対訳袖珍辞書』(一八六二)を引きながら船員らの英語を必死で覚えた。慣れない船の生活で伊藤は下痢が続くが、水夫用のトイレはない。船の側面の横木にまたがり用をたすのだが、風と波で転落しそうになる。そこで井上は伊藤の体を縄で縛り、その端を小柱に結んで転落から守った(『世外井上公伝』)。

アフリカ先端の喜望峰をまわり、四カ月半をかけてロンドンに到着。五人は二組に分かれてロンドン大学教授らの自宅でホームステイを開始し、英国人から西洋風のマナーや生活習慣を学びながら英語の猛勉強を続けた。伊藤は英語力はともかく明朗で人なつこく、コミュニケーション能力が高かった。帰国後も、お世話になった教授宅には何度も英文の手紙を書いた。こういうタイプは英語の上達が速い。

五人はロンドン大学ユニバーシティ・カレッジの語学教育コースで英語を学び、それぞれの専門分野に進んだ。海軍設備、工場、造船所、博物館、美術館なども見学し「夷情探索《いじようたんさく》」も忘れなかった。すぐに英国が「夷（野蛮な禽獣）」どころか世界随一の「文明国」であることを認識し、日本の未来像を模索した。だが攘夷思想に凝り固まった長州藩はそうではなかった。

†下関戦争で目覚めた長州藩

一八六三（文久三）年五月一〇日、狭い関門海峡を航行中のアメリカ商船に向かって、長州藩の大砲が一斉に火を噴いた。警告もせず、無差別に砲撃したのである。数日後にもフランスの軍艦と友好国オランダの軍艦まで攻撃し、死傷者を出す大事件となった。なぜそんな暴挙にでたのか。

発端は朝廷と幕府との複雑な駆け引きにあった。外国嫌いで知られる孝明天皇の要求によって、将軍徳川家茂《いえもち》は同年五月一〇日をもって攘夷を実行すると約束させられてしまった。ただし攘夷実行とは条約破棄の交渉を相手国と始めるという意味で、武力攻撃をするつもりはなかった。

幕府は各国の公使に横浜港の閉鎖（鎖港《さこう》）と外国人の退去を文書で通告し、表面上は攘夷実行の体裁をとった。だが、条約違反の横浜鎖港は列強との戦争を招きかねないため、結局は閉鎖の撤回を文書で通達する動揺ぶりだった。

ところが長州藩は久坂玄瑞ら攘夷強硬派に押されて一気に暴走し、外国船への砲撃に及んだのだった。国際法違反の無差別砲撃に欧米列強が黙っているはずがない。一触即発の事態となった。

ことの重大性を認識したのはロンドンの長州留学生たちだった。『タイムズ』紙に目をやった伊藤博文らは仰天した。長州藩が下関海峡の外国船を砲撃したと書かれていたのだ。列強との戦争が無謀すぎることは、西洋の実力を知る留学生にはわかりきっている。

そこで伊藤と井上馨の二人が大急ぎで帰国し、攘夷戦争をやめるよう藩の重役を説得することにした。一八六四（元治元）年六月一〇日に横浜港に到着。疲れを癒す間もなく、イギリス軍艦に乗せてもらい長州をめざした。ところが……。

長州藩内は攘夷の熱気で煮えたぎっていた。帰国直前の六月五日、幕府の新選組が京都の池田屋を襲撃、長州藩士も殺害・逮捕された。これを機に、京都での失地回復を目論んでいた長州藩の尊王攘夷派は七月一九日に武装して京都御所に押し入ったが、幕府側で公武合体派の会津・薩摩藩兵に撃退された（禁門の変）。市街戦で京都の約三万戸が焼失する大惨事となった。二四日、長州追討の勅命を受けた幕府は、西南二一藩に出兵を命じた（第一次幕長戦争）。

長州藩庁は関門海峡の安全を保障することで列強との戦争を避ける方針を固め、伊藤らに交渉を依頼した。しかし、時すでに遅かった。七月二七と二八日、イギリス、フランス、オランダ、アメリカの計一七隻、兵力五〇〇〇人からなる四国連合艦隊が横浜を出港していたのだ。

八月五日、連合艦隊は長州陣地に向け猛烈な砲撃を開始。アームストロング砲の威力は特に絶大で、長州藩の砲台は次々に粉砕された。長州藩の砲撃も熾烈で、連合艦隊側にも損害が出た。しかし、艦隊の陸戦隊は新式のミニエー銃（ライフル銃）などで武装しており、旧式のゲベール銃（滑腔《かっこう》銃）や槍・弓で応戦する長州藩兵を撃退していった。刀や槍による接近戦は意味をなさず、それは武士の時代の終焉と、軍近代化の必要性を認識させた。下関戦争が長州藩士たちを目覚めさせたのだ。

実は、英国政府はコストのかかる戦争に反対だった。ところが本国の方針を知らないオールコックは、海峡閉鎖によって長崎貿易がマヒ状態になっていることに激怒し、また攘夷論の高まりで横浜鎖港が進むことを恐れて、独断で長州攻撃を進めた。戦争の目的は長州への制裁だけではない。排外的な攘夷勢力に打撃を与え、自由貿易体制に背くならば武力攻撃も辞さないことを幕府に示すためでもあった。

惨敗した長州藩は高杉晋作を使者として講和会議を行い、関門海峡の自由航行、補給物資の提供、下船上陸の許可、砲台の撤去、賠償金三〇〇万ドルで講和が成立した。

列強による「倍返し」ともいえる巨額の賠償金は、攘夷を命じた幕府が支払うはめになった。前年の薩英戦争に続く巨額の賠償金は幕府の財政難に拍車をかけ、体制瓦解を早める一因となる。ドラ息子が起こした事故の賠償金を親が支払い、家業が傾いてしまった老舗《しにせ》のようだ。

†英語を武器にした伊藤博文

明治維新で英語力を武器に活躍した代表格といえば伊藤博文だ。彼は晩年まで英語の新聞・雑誌・書籍を読み、最新の知識や情報を政治活動に活かすとともに、ときに英語による知識をひけらかして周囲から煙たがられた。

伊藤は外国人とも良好な関係を築ける人物だった。そのため英国の公使パークス、通訳アーネスト・サトウ、商人グラバーなどとも親しく、外国人を自宅に招くこともよくあった。特にサトウとは倒幕に向けて諸勢力の動きや、イギリス側の方針などについて何度も意見交換した。長州藩の外交交渉には必ず伊藤が参加した。

一八六七（慶応三）年一〇月、伊藤は長州藩用の汽船を借りる契約をグラバー商会と交わした。長崎では英語の得意な徳島藩の芳川顕正《よしかわあきまさ》（のちの内務大臣）と知り合い、英書講読の指導を受けた。

用務先の兵庫港には、長崎から英国海軍の軍艦ロドニー号に乗せてもらって到着した。伊藤は乗船の仲介をしてくれたジョセフ・ヒコ（浜田彦蔵）に感謝を込めた英文の手紙を書いている（図3-4）。ヒコは漂流民だったがアメリカ市民権を獲得し、一八五九（安政六）年に駐日公使ハリスの通訳として九年ぶりに帰国していた。

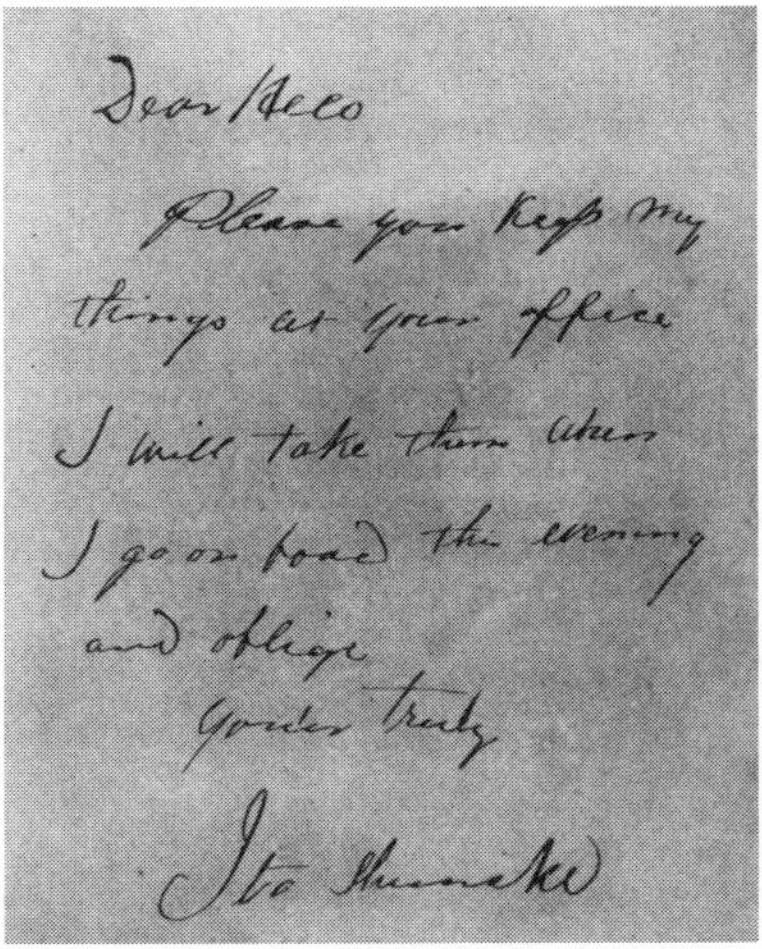
Dear Heco
Please you keep my
things at your office
I will take them when
I go on board the evening
and oblige
Yours truly
Ito Shunske

図3-4　伊藤博文（俊輔）からジョセフ・ヒコへの手紙（『伊藤博文伝』）

一八六八（慶応四）年二月、満二六歳の伊藤は新政府の外国事務局（のちの外務省）判事に任命された。英語力と外国人との交渉能力の高さが評価されたのである。同月末、天皇はイギリス公使パークス、フランス公使ロッシュ、オランダ公使ポルスブロークと謁《えっ》見《けん》することになり、通訳に伊藤が指名された。列強の新政府承認にかかわる重要イベントだった。

ところが、パークス一行が御所へ出向く途中で攘夷派に襲撃された。幸いパークスは無事だったが、警備の英兵らが血にまみれた。パークスの謁見は延期されたものの、新政府は三国から承認を得ることができた。

同年四月、伊藤は兵庫県知事に任命され、懸案の神戸開港場に関する一切を任された。重要な国際港である神戸の総責任者として、ここでも英語力と交渉能力が活かされた。その年の九月八日に慶応は明治に改元され、名実ともに江戸時代が終わった。県知事は江戸時代の藩主にあたるから、昔なら足軽出身の伊藤にはありえない出世だった。

3　佐賀藩の先進性を支えた英語

✝佐賀藩は洋学先進藩

早稲田大学のシンボルといえば大隈講堂。その前には創立者大隈重信《おおくましげのぶ》（一八三八〜一九二二）の銅像が建っている。彼は外務大臣や総理大臣などを歴任した政界の大物で、洋学研究の一大拠点だった佐賀藩の出身。同藩からは外務卿や内務大臣などを務めた副島種臣《そえじまたねおみ》も出ている。実はこの二人、若き日に一緒に英語修業をした仲だった。

佐賀藩は西洋学問をいち早く取り入れて藩の近代化を進めた点では、諸藩の中でも抜きん出た存在だった。その要因となったのが前述の英艦フェートン号の長崎港侵入事件（一八〇八）。幕府直轄領である長崎の警備責任を怠ったことで、佐賀藩は天下に恥をさらした。だが失敗から学ぶと人は強くなる。事件後、佐賀藩は長崎警備に専心した。そのため海防意識が突出して高く、たえず臨戦態勢におかれていた藩だった。駐屯先の長崎から西洋の最新知識を得ることもできた。幕府との信頼関係を回復し、そのことで佐賀藩は倒幕運動では一歩出遅れてしまうのだが。

開明的な藩主の鍋島直正《なべしまなおまさ》（閑叟《かんそう》）は洋学研究機関を設立し、オランダの文献を翻訳して大砲の鋳造や砲術を研究させ、近代的な軍制改革に取り組んだ。一八五〇（嘉永三）年には日本初の製鉄実証炉である「築地《ついじ》反射炉《はんしやろ》」を建設し、二年後には鉄製大砲の鋳造に成功した。

一八五一（嘉永四）年には藩校の弘道館《こうどうかん》内に蘭学寮を創設した。これは幕府による蕃書調所の開設よりも五年も早かった。蘭学所には大隈重信、中牟田倉之助《なかむたくらのすけ》、江藤新平、副島種臣、大木喬任《おおきたかとう》らが入学した。いずれも明治維新を担い、新政府で活躍する。

一八五五（安政二）年に幕府が設立した長崎海軍伝習所には、榎本武揚《えのもとたけあき》（幕府）や五代友厚（薩摩）ら各地から一二八名が入学したが、うち佐賀藩は中牟田倉之助など最多の四八名（三八％）を占めた。中牟田はのちに「日本海軍創設の父」と称されるまでになる。

明治維新史では薩摩と長州が目立つが、佐賀藩は銃隊訓練も海軍伝習もイギリス式を採用するなど、西洋式の軍事技術と軍制の導入では先頭を走る藩だった。一八六五（慶応元）年には日本初の実用蒸気船「凌風丸《りょうふうまる》」を建造している。蒸気船は兵員や物資の高速かつ大量の輸送、および通信手段としても画期的で、佐賀藩などの西南雄藩がいち早く運用した。それが旧幕府側についた奥羽諸藩との戊辰戦争（一八六八～六九）で遺憾なく発揮される（後述）。

海軍力近代化のための英学研究

佐賀藩では蘭学から英学への切り替えが早かった。一八五九（安政六）年四月には、藩の蘭学寮から長崎海軍伝習所に派遣されていた石丸安世《いしまるやすよ》（のちの大阪造幣局長）と秀島藤之助《ひでしまとうのすけ》が、英学修業のため長崎の蘭通詞・三島末太郎《みしますえたろう》に入門している。三島は長崎港に停泊中の米国船ポーハタン号で水兵から英語を習った経験を持つ。

翌一八六〇（万延元）年、幕府は日米修好通商条約の批准のため初の使節団をアメリカに送るが、それには秀島藤之助を含む七人の佐賀藩士が加わっていた。彼らはアメリカの兵術・建艦・大砲の技術がオランダを超えており、それらの習得や各国との通商貿易にも英語が不可欠だと悟った。

同年九月に帰藩した彼らは「世界の知識は英語によりて誘《いざな》わるべし、弱小の蘭学のみにては時機に遅れざるべからざるを痛感して帰りたり」（『鍋島直正公伝』第五編）と報告した。石丸安世は蘭学修業中の本野《もとの》盛亭《もりみち》に「天下の形勢を察するに将来蘭書を廃止し英に一篇せんこと必然なり。英語ならば世界到るところ通ぜざるなし」として英学への転向を勧めている（本野亨編『苦学時代の本野《もとの》盛亭翁《もりみちおう》』）。世界を知ってしまったサムライたちは、薩摩も長州も佐賀も、蘭学から英学への転換が必要だと声をそろえて主張したのだ。

こうして翌一八六一（文久元）年二月、鍋島直正は石丸、秀島と中牟田倉之助の三人に長崎での英学稽古を命じた。佐賀藩が英学を取り入れた目的は海軍力の近代化だった。海軍力とは製鉄、ドック建造、造船、大砲製造、機関学、航海術、砲術、用兵術、さらに基礎科学としての数学、物理学、化学、天文学などの総合科学技術だ。その最先端を進み、世界最高の海軍力を誇っていたのがイギリスだった。そのため、佐賀藩は英語を学んで西洋科学を修得できる人材を育成しなければならなかったのである。

長崎で石丸らが学んだのは、単なる語学としての「英語」の習得ではなく「英学」だった。英語を媒介に数学などの基礎科学や、西洋砲術・軍艦運用術などの軍事科学を学び取ることだったのである。

ところが、当時は英語を学ぼうにも英和辞典すらなかった。そのため、藩では『ファン・デル・ペイルの英蘭対訳書』『ホーイベリの英蘭対辞書』『和蘭字彙《オランダじい》』『英蘭会話書』を買い与えた。蘭学寮で学んだオランダ語を媒介に英語を学ぶ。そんな困難な勉強法しかなかったのだ。

なお『ファン・デル・ペイルの英蘭対訳書』の英語の部分は、江戸幕府の蕃書調所（開成所）が『ファミリアル・メソッド』（一八六二）や『英吉利《イギリス》単語篇』（一八六六）として刊行し、民間からも渡部温《わたなべおん》訳編『英吉利会話篇』（一八六七）などとして出版された。かつての蘭学書が英学書として生まれ変わり、幕末・明治初期の英語学習に大いに貢献した。

†英学修業の栄光と悲劇

佐賀藩士たちの長崎での勉強ぶりを見てみよう。英学の教師は蘭通詞の三島末太郎、オランダ人英語教師ホーゲル、そしてフルベッキという国際色豊かな陣容だった。

中牟田らは文法書や会話書、さらには三角法や代数学の英書を読み、長州藩出身者を交えての会読も行った。「一脚の卓を囲んで相対座し、蟹行《かいこう》の文字（＝横文字）に眼を曝して、不可思議なる「ガランマ」（文典）というものに驚嘆と錯愕《さくがく》との声を発しけむ」という。未知の言語に挑むとき、文法は本当にありがたい。どうしてもわからない部分があるとフルベッキに教えを乞うた。「フルベッキこれを愛して懇切に指導し、英書を与えたることもありき」(中村孝也『中牟田倉之助伝』)。

石丸安世は佐賀藩随一の英語の達人と言われ、藩の英語通訳として長崎で貿易や情報収集に従事した。グラバーから得た情報や、英字新聞の下関戦争や薩英戦争などに関する記事を翻訳し、佐賀藩に報告していた。一方、攘夷派からは外国商人との交際を非難され、奉行所に告発された。石丸は通訳のアルバイトで得た金で長崎の花街・丸山に繰り出していたから、妬みを買ったのかもしれない。

石丸は一八六五(慶応元)年にグラバーの手引きで佐賀藩の馬渡八郎《まわたりはちろう》、安芸《あき》広島藩の野村文夫とともにイギリスに密航留学し、グラスゴーのアンダーソン・カレッジで英語、数学、造船、電信など最先端技術を学んだ。明治政府では工部省の初代電信頭《でんしんがしら》となり、東京-長崎間や東京-青森間の電信を開通させた。鉄道の井上勝、郵便の前島密、電話の石井《いしい》忠亮《ただあきら》とともに「逓信《ていしん》四天王」の一人とされる。

中牟田倉之助は長崎海軍伝習所でトップクラスの成績を修め、特に海軍諸学の基礎である数学を得意とした(図3-5)。学びへの熱意が尋常ではない。数学の教科書は入手できないので、彼はオランダ人教師が退出する際に門のそばで借り受け、宿舎で筆写し、その

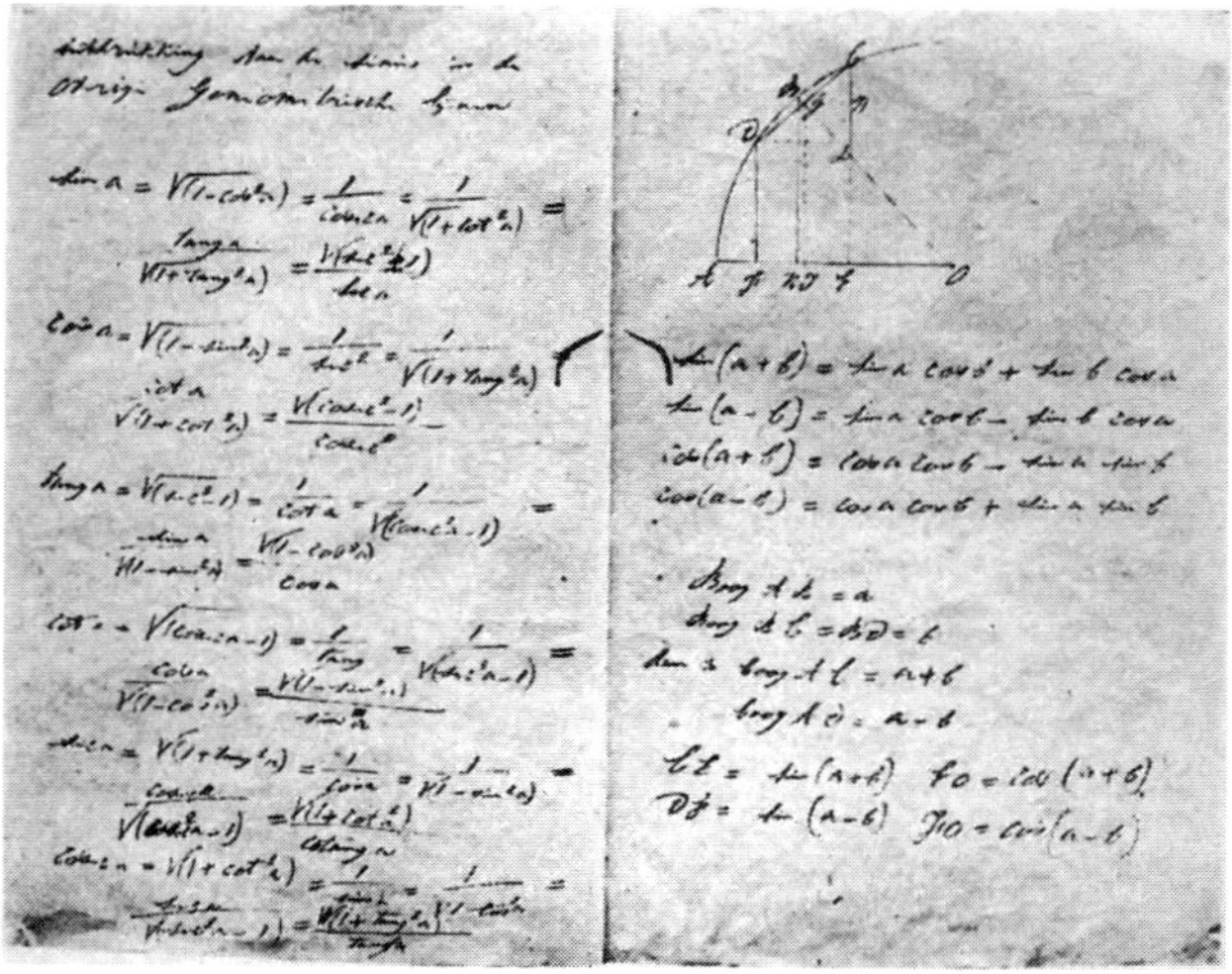

図3-5　中牟田倉之助の数学ノート（『中牟田倉之助伝』）

教師が次に登校する際に返却した。中牟田が伝習所時代に筆記した稿本のうち五十余冊が中牟田家に残されている。続いて英学を修業し、長州藩の高杉晋作に英語を教えた。一八六九（明治二）年一〇月からは慶應義塾で英学を深めた。新政府では翌年一一月に発足した海軍兵学寮（のちの海軍兵学校）の校長を五年務め、海軍中将、海軍大学校校長や枢密顧問官などを歴任した。

秀島藤之助の生涯は悲劇的だった。彼は一八六〇（万延元）年の幕府の第一回遣米使節の一員として渡米し、帰国後に藩主から最新鋭のアームストロング砲の製造を命じられた。それはあまりに過酷な任務で、大砲の材料となる鋼鉄の製造技術も工作機械もなかった。秀島は長崎の英国艦で実物を見分し、英書を読み解き、寝食を忘れて研究に打ち込んだ。頭脳と身体を極限まで酷使した結果、ついには精神に異常をきたし、妄想から同僚を斬殺してしまう。

一八六六（慶応二）年春、ついにアームストロング砲の試作砲が完成した。二年後の江戸、上野の山に籠もる旧幕府の彰義隊《しょうぎたい》に向けて佐賀藩のアームストロング砲が火を噴いた。彰義隊は壊滅し、明治の扉がこじ開けられた。この大砲を人々は敬意を込めて「佐賀砲」と呼んだ。さらに会津若松城に籠城する会津藩士たちも、佐賀砲による長距離砲撃によって白旗を揚げた。

だが、この大砲の製造に命を賭けた秀島は、明治に改元された直後、座敷牢で静かに息を引き取った。

†外交官と英語で渡り合う大隈重信

佐賀藩の蘭学寮指南役だった大隈重信も遣米使節団の報告から衝撃を受け、「蘭学よりはむしろ英学を講究するの必要にして、かつ利益あるを覚りたれば、にわかにその〔英学の〕講習に従事するに至れり」（『大隈伯昔日譚《せきじつたん》』）と回想している。彼は一八六一（文久元）年頃から英語を学び始め、やがて英学の普及に尽力した。

大隈は英学が「歴史上、社会上、法律上、経済上のことはもちろん、軍制、軍術、通商、貿易、航海、築造その他諸般の工芸に至るまで、蓋《けだし》く学理をもって整然たる規定をなさざるなし」と絶賛している。

佐賀藩の語学部門を統轄していた大隈は「目下の急務は、将来為《な》すあらんとするの〔＝有為な〕青年をして、漢学をやめて英学を学ばしむるにあり」との方針を明確にした。旧来の漢学が封建的・儒教的な「空理空論」の根源だったとするならば、英学こそは旧態依然たる「偏僻頑迷《へんぺきがんめい》の思想を打破して」新たな時代を拓く変革のための学問であると大隈は認識したのである。

一八六七（慶応三）年、佐賀藩は英学伝習機関である「蕃学稽古所《ばんがくけいこしょ》」を設立。舎長は副島種臣、舎長補は大隈重信、英学担当はフルベッキだった。

大隈は二つの外国語との出会いによって自身の思想を変革した。

一回目は、一八五六（安政三）年に入寮した蘭学寮で読んだ「オランダの建国法」（憲法）だった。大隈は「これこそ実に余が立憲的思想を起したる濫觴《らんしょう》〔＝最初〕にして、これまで多年立憲政体の設立に苦心焦慮したるは、全くこの思想の発達したる結果なり」と振り返っている（『大隈伯昔日譚』）。

知りたいと思う中身に感動すると、原書の読解は苦役から愉楽に変わり、語学の上達は

図3-6　長崎における佐賀藩士（慶応3年）。右から3人目が大隈重信、7人目が副島種臣（『大隈伯百話』）

加速する。大隈は一八六一（文久元）年に蘭学寮の教師に抜擢され、藩主の鍋島直正にオランダ憲法を講義するまでになった。このオランダ語力が英学の学習に役立つことになる。

二回目の思想変革は、長崎の致遠館での各国憲法およびキリスト教との出会いだった。致遠館では約三年間フルベッキの教えを受け、地理、歴史、法制、経済、数理などに加え、アメリカ憲法、イギリス憲法史、万国公法（国際法）などを読了した。このことが大隈の立憲思想を強固なものにしたのだ。

大隈は致遠館の教師となり、副島種臣らとともに各国の政体や法制経済などを講義した（図3-6）。大隈は生徒たちに時事を談じて聞かせ、新しい政治知識を吹き込んだ。さらに時事問題を選んで学生に自由に討論させ、秩序だった組織的な議論をするように指導したという（『大隈侯八十五年史』第一巻）。のちの自由民権派の学校を先取りしている。

大隈はフルベッキの家でキリスト教も学んだ。当時はキリスト教布教の解禁前で危険だったが、この経験が政治家・外交官としての大隈の見識を拡げた。一八六八（慶応四）年閏《うるう》四月には、前年のキリスト教徒弾圧問題をめぐって英国公使パークスほか各国公使と激しい交渉が行われ、大隈も外国事務局の一員として参加した。そのときの大隈の様子をパークスの通訳だったアーネスト・サトウは次のように書き記している。

「大隈八太郎〔重信〕という肥前の若侍は初めて見たが、彼は『聖書』や『草原書』（Prairie-book）を読んでいるので、この問題についてはすべて承知していると断言した。大隈は長崎のアメリカ人宣教師フルベッキ博士の生徒だったようだ」（*A Diplomat in Japan*）。

ここでサトウは、大隈がPrayer book（祈禱書）のことを誤ってPrairie-book（草原書）と発音したことをチクリとからかっている。だが発音のミスをとがめるよりも、列強の外交官たちと英語で渡り合った若きサムライ大隈の姿勢こそ評価すべきだろう。

大隈はこの交渉での力量が評価されて外国官副知事（外務次官）に抜擢され、明治政府の中枢を駆け上がっていく。

†精読の副島、多読の大隈

副島種臣と大隈重信の英語勉強法は、現在の私たちに様々な示唆を与える。副島は大隈よりも一〇歳年上で、藩校の弘道館では大隈を教えたが、英語を学び始めたのは大隈よりも三〜四年遅かった。初歩の文法書や読本などで学び始めたが、初学者向けの教材は面白くない。副島は英語を学び始めて半年ほどだったにもかかわらず、大隈が読んでいた英文の専門書が面白そうだと知るとすぐに買い求め、「字引と首っ引き」で毎日一〜二頁ずつ読み進めた。漢学者がやったように「朱にて文字の両側に註釈もしくは訳をなし、独りほとほと喜びおりたる有様」だったという（『大隈伯昔日譚』）。

このように、大人の英語学習法は子どもとは違う。基礎的な文法や単語がわかるようになったら、あとは辞書を引きながら自分の興味のある書物をどんどん読んでいくのである。大人は様々な背景知識（スキーマ）をもっているから、単語の意味さえわかれば、あとは教養と想像力をフル動員して意味内容をつかめる。

これに対して「大隈の勉強法は一字一句を訳読するよりも、一篇一章の大要をつかむにあるという風であった」（『大隈侯八十五年史』）。精読の副島とは違い、ある段階からは多読が中心だったのだ。だから各国の憲法や万国公法、キリスト教関係書に至まで大量に読み進められた。ときに大隈は読みたい英書を日本語の得意なフルベッキに訳してもらい、じっと聴き入ったという。英語は西洋知識を獲得する手段であって、目的は内容理解だから、和訳も活用しながら迅速な摂取に努めた。

令和の現在はこの逆だ。文部科学省は中学・高校の英語の授業は「英語で行うことを基本とする」と定め、和訳に否定的だ。だが獲得した日本語を封印させるならば、英語の学習を通じて鍛えられる日本語力と思考力を低下させかねない。さらに二〇二一年度から中学生が接する英語語彙（新出単語）を倍増させたことも加わり、英語が「わからない」「きらい」「将来使いたくない」生徒が増えてしまった（文科省「全国学力・学習状況調査」二〇二三年度）。二〇二四年度の群馬県公立高校入試の英語の成績分布を見ると、成績下位群が大きく膨らみ、ピークはなんと一〇〇点満点の二〇点台だった。これでは生徒の自信を喪失させるだけだ。歴史に学びつつ、日本人にふさわしい外国語の指導・学習法や教材のあり方を再考し、無謀な方針を転換すべきではないだろうか。

話を幕末に戻そう。方針転換といえば、薩摩・長州がそうだった。戦争で列強の軍事力を思い知らされたからだ。

4　西洋式軍隊で幕府を倒せ

†薩摩と長州が手を結ぶ

西洋列強との戦争は、薩摩藩と長州藩の目を開かせた。無謀な攘夷よりも、開国による貿易と産業育成で経済力を高め、それを基盤に西洋列強と対峙できるだけの近代的な西洋式軍隊を持つほうが賢いと悟ったのだ。そのためにどうするか？　イギリスに接近して軍備増強と軍制の近代化に力を注いだ。それがやがて尊王倒幕運動を担える基盤となった。イギリスから武器を調達するという薩長のベクトルが同じ方向を向いた。あとは誰が両者を結びつけるかだ。

ここで動いたのが土佐藩を脱藩した坂本龍馬や中岡慎太郎らだった。彼らの仲介で長州藩の伊藤博文と井上馨が長崎に行き、薩摩藩家老の小松帯刀《こまつたてわき》と合流した。こうして薩摩藩の名義でグラバー商会から軍艦や武器を購入し、幕府から武器調達を禁じられている長州藩に運び込む密約を交わした。長州藩からは米不足の薩摩藩に米を送った。

一八六五（慶応元）年夏に長州藩はゲベール銃三〇〇〇丁に加え、高性能のミニエー銃四三〇〇丁を手に入れた。後者は前年の下関戦争の際に欧米連合艦隊が使用したライフル銃で、射程距離・命中精度・弾丸の威力において格段に優れ、翌年の第二次幕長戦争でも威力を発揮する。

薩長連合の密約（いわゆる薩長同盟）は、坂本龍馬を仲介者として西郷隆盛・小松帯刀と木戸《きど》孝允《たかよし》との間で一八六六（慶応二）年一月二一日に成立した。これにより幕府の長州討伐に薩摩藩が参戦しないことが約束され、以後は薩長の連携による尊王倒幕の運動が加速する。連合の効果は同年六月の第二次幕長戦争での長州の勝利で明らかになる。

†海援隊の英語教材

一八六五（慶応元）年閏五月、薩摩藩や長崎の豪商からの支援を受け、土佐藩などを脱藩した浪士の集団（いわゆる亀山社中《かめやましゃちゅう》）が活動を開始、二年後には坂本龍馬を隊長とする海援隊が結成される。これは土佐藩の半官半民の結社で、運輸、商業、開拓、私設海軍などを活動目的とし、航海術、政治学、軍事、語学などの修業機関でもあった。町人や他藩の者も受け入れたため、隊員には外務大臣になる陸奥宗光《むつむねみつ》（紀州藩士）、自由民権運動で活躍する中島信行など多彩な人物が加わった。

海援隊は長崎のグラバー商会などから大量の武器を購入し、長州藩を含む諸藩に卸した。

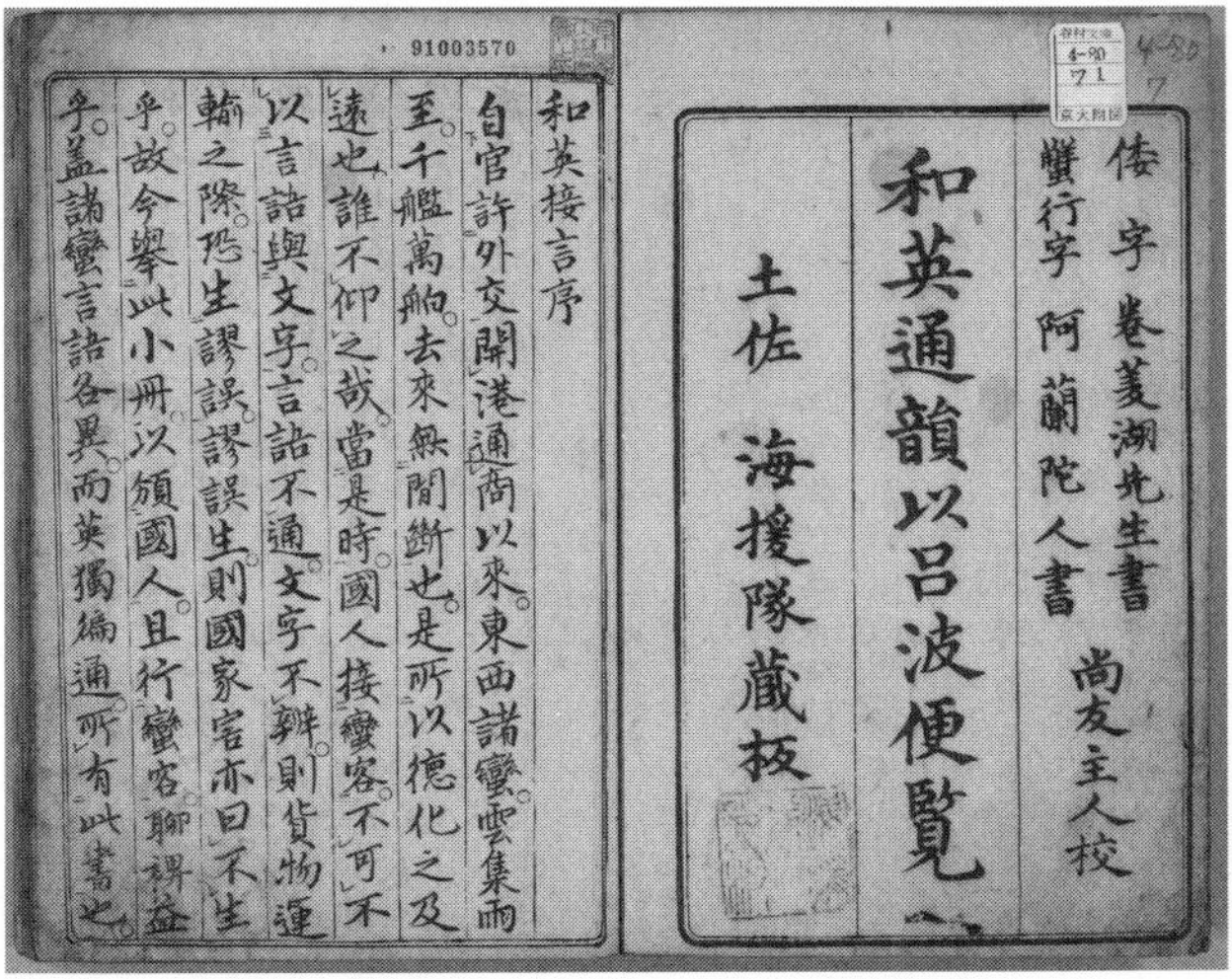

図3－7　海援隊の『和英通韻以呂波便覧』（京都大学蔵）

そうした商業活動には英語が必要だったため、英語入門書を刊行した。それが、一八六八（慶応四）年三月に海援隊から発行された『和英通韻以呂波便覧《わえいつういんいろはびんらん》』（図3－7）だ。中を見ると、tiger（寅《トラ》＝虎）を「タイガル」と表記するなどオランダ語訛りが残り、「卯《う》（うさぎ、rabbit）」をrebbitと誤記するなど不正確な表記も見られる。

龍馬はオランダ語を学んでいたが、しだいに英語の必要性を痛感していたようだ。序文には「開国によって外国人と接するなかで、もし文字や言語が通じなければ貨物運輸に誤りが生じる恐れがあり、国家に損害を与える。そこで、この冊子を作成した」と書かれている。日本初の商社といわれる海援隊らしい英語教材である。

と言いたいところだが、実はこの本は海援隊版ならぬ海賊版。原本は江戸の丸屋《まるや》徳造《とくぞう》らが一八六〇（安政七）年に出版した『商貼外和通韻便宝《しょうてんがいわつういんべんぽう》』だ。本文はまったく同じで、序文だけ修正し、扉には「土佐　海援隊蔵板」と書いている。歴史に名を残す海援隊だけに海賊行為はいただけない。

✝幕府崩壊へのカウントダウン

一八六六（慶応二）年六月、幕府は一〇万人を超す兵力で第二次長州攻撃（幕長戦争）を開始。対する長州軍は四〇〇〇人程と数では圧倒的に劣っていたが、幕府軍に対して連戦連勝した。

なぜか？　薩摩藩経由で入手できた最新兵器での武装、西洋式歩兵戦法の導入、豪商の経済支援を受けた奇兵隊など武士・庶民混成部隊の活躍、徹底した訓練と規律、士気の高さ、さらには薩摩藩の幕府軍への出兵拒否などが幸いした。対する幕府軍は、主力の歩兵隊こそミニエー銃を装備した西洋式軍隊だったが、動員された諸藩のなかには旧式装備の部隊も多く、作戦指揮も未熟で、士気の低い寄せ集めの集団だった。

戦況の悪化に幕府軍総司令官だった将軍徳川家茂は心労で倒れ、七月二〇日に満二〇歳の生涯を終えた。こうして長州攻撃は幕府の敗北に終わった。それは徳川政権始まって以来の軍事的敗北であり、徳川家を頂点とする幕藩体制崩壊へのカウントダウンが始まった。一二月五日、徳川慶喜《よしのぶ》（一八三七〜一九一三）が最後の第一五代将軍となった。

幕府軍の敗北で長州征討の勅命を出した孝明天皇も権威を失い、同年一二月二五日に急死してしまった。翌一八六七（慶応三）年正月、睦仁《むつひと》（明治天皇）が満一五歳で即位。幕府は孝明天皇という後ろ盾を失い、薩長ら倒幕勢力は御しやすい少年天皇をかつぐことで、政治情勢は一気に流動化した。

庶民の動向はどうか。開港以来の政情不安に加え、幕府軍と長州軍との大規模な内戦に入ると、主食である米の備蓄が加速し、米価は一挙に高騰した。特に大坂では長州攻撃のための人口増加と兵糧米確保が進み、さらに長州藩の海上封鎖によって米の流通が滞ったため、一八六六（慶応二）年の米価は一〇年前の一〇倍にも跳ね上がった。幕府は急増する軍事支出への対応として多額の御用金を村々に課したため、地域経済の疲弊も進んだ。

人々は困窮し、増税や徴兵への反発も加わって、農村での一揆と都市での打ちこわしが全国で頻発するようになった。例えば一八六六（慶応二）年六月、現在の埼玉県秩父市を中心に武州世直し一揆が勃発した。参加した村は二〇〇以上、総勢十数万人、打ち壊された豪商や村役人の屋敷五二〇カ所といわれる空前の規模だった。いわゆる「世直し状況」

が全国的に生まれ、幕府の瓦解を促進した。

幕末期には海防などの兵力として農民が動員されることが多かった。海岸線のある約一二〇の藩のうち、判明しているだけでも五四藩は農兵を配置し、その大部分が洋式銃隊の訓練を受けていた（原剛『幕末海防史の研究』）。農民には重い負担だったが、武士の軍事独占が崩れ、身分にかかわらず兵役を担う近代的な国民徴兵制へと近づきつつあったのだ。

†クーデターで新政権樹立

幕府の崩壊過程と西洋列強の関わりを見ておこう。

一八六七（慶応三）年一〇月一三日と一四日、岩倉具視《いわくらともみ》や西郷隆盛ら王政復古派・武力討幕派の謀議のもとに、朝廷から薩摩藩と長州藩に対して将軍徳川慶喜を討伐せよとの詔書（討幕の密勅）が出された。

これに対抗して慶喜は同じ一〇月一四日、政権を天皇に返上したいと申し入れた（大政奉還）。その目的は、討幕勢力との内戦を防ぎ、徳川政権の専権的な政治支配体制を修正して、朝廷の下で徳川家を中心とした諸侯らとの公議政体へと移行することだった。それによって実質的な政権運営ができると慶喜は考えていた。

大政奉還には、政権の返上と二院制による議会政治を推奨する土佐藩主・山内容堂《やまうちようどう》の建白書が影響を与えた。このほか、大政奉還前日の一〇月一三日に慶喜は開成所教授の洋学者・西周にイギリスの議院制度について諮問していた。西は徳川家中心の政体案である「議題草案」を提出し、西洋流の三権分立に倣い、行政権は将軍、司法権は各藩（暫定的に将軍）、立法権は各藩の大名と藩士が担う議政院を設置し、天皇は象徴的な地位に置くとした。徳川の憲法構想というべきもので、西の西洋留学の成果がさっそく国家構想に活かされたわけだ。

慶応年間には、西周以外にも浜田彦蔵（ジョセフ・ヒコ）、赤松小三郎、津田真道、松平《まつだいら》乗謨《のりかた》、山本覚馬などが日本の政体改革を求める建白書を提出し、それらは「憲法草案」といえる内容だった（関良基《せきよしき》『江戸の憲法構想』）。

だが、こうした幕末の憲法構想が熟議される前に、徳川政権をひっくり返す大事件が起こった。大政奉還から約二カ月後の一二月九日、薩摩藩の武力討幕派である西郷隆盛や大久保利通らが、岩倉具視らの公家と組んで「王政復古」の宮廷クーデターを決行したのだ。これによって、征夷大将軍・摂政・関白などの旧官職を廃止し、総裁《そうさい》・議定《ぎじょう》・参与《さんよ》の三職を新設することで天皇中心の新政権を発足させた。徳川慶喜に対しては征夷大将軍の辞官と領地の返納を求めた。

こうして徳川幕藩体制を公然と否定する政治権力が登場した。鎌倉幕府の成立から六七十余年続いた封建的な武家政治が終わり、近代的な資本主義と、憲法・議会を備える立憲君主制国家へと移行する歴史的変革の火蓋が切って落とされたのである。

†戊辰戦争と欧米列強の駆け引き

しかし、新政府の道のりは平坦ではなかった。内部には武力討幕派だけでなく旧幕府に融和的な公議政体派が存在した。何よりも、強大な兵力を持つ旧幕府勢力との戊辰戦争が待ちかまえていた。それは日本近代で最大の内戦だったが、英・米・仏・独・蘭などの西洋列強のパワーゲームも深くからみ、各国の武器商人たちも暗躍していた。

戊辰戦争のきっかけは、一八六七（慶応三）年一二月二五日に江戸の薩摩藩邸が焼き討ちされたことだった。これは武力討幕をねらう西郷隆盛らの挑発に乗り、幕府側の庄内藩士らによって引き起こされた。これを機に「薩摩討つべし」の声に押された徳川慶喜は、薩摩討伐を決意した。

一八六八（慶応四）年一月二日、幕府海軍の軍艦二隻が兵庫沖の薩摩軍艦を砲撃、翌日には京都郊外の鳥羽と伏見で両軍が激突した。新政府軍の兵力は約四〇〇〇人、旧幕府軍は約一万五〇〇〇人だったが、新政府軍は天皇の軍旗である「錦《にしき》の御旗《みはた》」を掲げる官軍と称した。対する旧幕府軍は賊軍とされたために士気が衰え、幕府側につく諸藩に動揺が走った。薩摩を中心とする新政府軍は、西洋式の戦術と優れた軍備で幕府軍を敗走させた。

それでも、兵力に勝る旧幕府軍は巻き返しの可能性が十分にあった。その上、フランス公使ロッシュは軍事顧問団を大坂に急派した。だが顧問団が到着した前日の六日夜、なんと最高司令官の徳川慶喜が密かに大坂城を抜け出し、海路で江戸に逃げ帰ってしまった。自分に将軍職（征夷大将軍）を授けてくれた天皇に弓を引くことはできないと考えたのか、あるいは実戦経験の乏しさから来る臆病風か。慶喜の敵前逃亡によって旧幕府軍は総崩れとなり、新政府軍が圧勝した。

一月七日、天皇から慶喜追討令が出され、旧幕府軍は朝敵となった。西日本を中心とする多くの藩が新政府に恭順した。勢いづく新政府軍は五万の兵力を動員し、江戸の総攻撃に向かった。

ここで英国公使パークスが動いた。江戸が大規模な内戦になれば横浜の外国人居留地にも被害が及び、対日貿易が停滞する恐れがある。そこでパークスは江戸城総攻撃に猛反対し、慶喜への寛大な措置を新政府側に申し入れた。さらに、列強五カ国とともに外国人居留地のある横浜全域を国際管理下に置くことを決め、一四隻の大艦隊を横浜に集結させた。イギリスとフランスは横浜駐留軍の増強も決定した。

こうなると、西洋列強を敵に回しての江戸城総攻撃は危険すぎた。しかも江戸での戦闘は、二月下旬から関東各地で起こっていた世直し一揆・打ちこわしを激化させかねない。かくして三月一四日、東征軍参謀の西郷隆盛は幕府側代表の勝海舟との会談で、翌日の江戸城総攻撃を中止した。

江戸城開城をもって、足かけ二六九年の徳川幕藩体制は終焉した。列強と結んだ条約原本は新政府に引き渡され、旧幕府軍の兵士と兵器も渡されるはずだった。ところが五〇〇〇人を超す兵士が脱走した上、榎本武揚が率いる旧幕府海軍の四隻の軍艦と四隻の輸送船に約三〇〇〇人の将兵が乗り込み、蝦夷地（北海道）南部に渡った。旧幕府側についた奥《おう》羽越《うえつ》列藩同盟《れっぱんどうめい》と新政府軍との激戦は一八六八（明治元）年九月まで続き、さらに箱館戦争は翌年五月まで長引いた。

戊辰戦争の過程でも、列強は国益をかけた外交戦を展開した。旧幕府を支援してきたフランスのロッシュは新政府軍を迎え撃つ作戦を立てていた。だがパークスは自由貿易体制を継続させるというイギリスの国益から、内戦の早期終結を各国に働きかけ、一八六八（慶応四）年一月二五日に六カ国は共同で局外中立を宣言した。

これによってフランスは旧幕府軍への軍事顧問団の撤収を命じたが、一〇人のフランス軍人が旧幕府軍と最後まで行動を共にした。アメリカは受注していた最新・最強の軍艦ストーンウォール号を旧幕府側に引き渡せなくなった。

†西洋武器商人たちの暗躍

列強の局外中立は政府間の取り決めであって、死の商人たちの武器販売を禁止することはできなかった。内戦下の日本は世界最大級の武器市場と化した。長崎のグラバー商会などを通じて、薩摩・長州などには膨大な数の武器や船舶が売り込まれていた。奥羽越列藩同盟に対しても、新潟港を拠点にプロイセンの武器商人シュネル兄弟によって約五〇〇〇丁もの高性能ライフル銃や、恐るべき殺戮兵器である機関銃ガトリング砲などが売り渡された。

欧米からの小銃の輸入は、イギリス領事が把握しているだけでも、一八六五〜七〇年の間だけで長崎と横浜を合わせて五〇万丁にも達していた。これに相当数の密輸品が加わる。これら西洋の高性能兵器が日本人同士の殺し合いに使われた。そのため、戊辰戦争での犠牲者は新政府側が約三五〇〇名、旧幕府側が約四六〇〇名に達したという。戦場となった地域での民間人の犠牲や物的損害もおびただしい。

蝦夷地に渡った旧幕府軍は奥羽越列藩同盟軍の残党とともに、一八六八(明治元)年一二月一五日、箱館の五稜郭を拠点に「蝦夷共和国」(蝦夷島政府)の樹立を宣言した。総裁の榎本武揚はオランダへの留学経験があり、英語・ラテン語・ロシア語なども学んだ国際通で、英文の嘆願書を英仏艦隊の艦長に渡して新政府との仲介を依頼した。榎本らは強力な海軍力を武器に箱館の制海権をおさえ、軍事的にも優位に立っていた。

旧幕府海軍に勝利するにはストーンウォール号を新政府側に引き渡す必要があった。そこで局外中立宣言を主導したパークスは、今度はその撤回を各国に求めた。列藩同盟軍への武器販売を黙認し、蝦夷地の植民地化を目論《もくろ》んでいたプロイセンのブラント公使もこれに屈し、中立宣言は一二月二八日に撤回された。

これにより列強は天皇の明治政府を日本の唯一合法の政府と認め、イギリスの輸送艦は新政府軍の武器弾薬や兵力を蝦夷地に運んだ。幕府が発注したストーンウォール号は、皮肉にも新政府軍が旧幕府軍を壊滅させる切り札となった。こうして一八六九（明治二）年五月一八日、榎本らは白旗を揚げ、一年五カ月に及んだ戊辰戦争が終結した。

パークスは戊辰戦争の動向を踏まえ、一八六八年一一月四日付の書簡で「やがて日本は諸侯の連合体ではなく、ひとつの国民国家（a nation）になるものと、わたしは信じている」と書いている（萩原延壽《はぎはらのぶとし》『遠い崖　七』）。彼の予言通り、この未曽有の内乱ののちに、明治の日本は薩長を中心に国民国家の形成へと邁進する。

統一的な国民国家の形成には軍制の統一が欠かせないが、戊辰戦争は最新式の西洋式軍制への全国的な移行を一気に加速させた。封建的な身分制と刀・槍・弓などの伝統的な武器に依存した旧式の軍制が一掃され、西洋式の軍制と用兵術を駆使できる有能な人材が指導層となった。将兵たちの藩を超えた国家意識（ナショナリズム）も高揚した。

幕府は一八六七（慶応三）年九月の段階で二万四〇〇〇人の洋式部隊を擁していたが、全国の諸藩を洋式軍制で統一させるだけの力はなかった。

他方、西洋列強との戦争を経験した薩摩藩や長州藩は、いち早く洋式の銃隊組織に切り替え、それぞれ一万一〇〇〇人を超す動員可能兵力を持っていた。これによって、天皇中心の統一国家をめざす新政府軍の中核となりえたのだった（保谷徹『戊辰戦争の軍事史』）。一八六八（慶応四）年閏四月一九日、新政府は洋式の「陸軍編制」を布告した。

†パークスとロッシュの明暗を分けた日本語通訳

幕末期の対日外交を観察すると、イギリスの勝利とフランスの敗北が見えてくる。それは両国の駐日公使であるパークスとロッシュの勝負でもあった。

一八六四（元治元）年、フランス公使に着任したロッシュは幕府との関係強化に取り組み、幕府内に「親仏派」を形成することに成功した。しかし彼は幕府に肩入れしすぎたために、京都の朝廷や西南雄藩との人的つながりがなく、それらの力量を過小評価した。そのため一八六七（慶応三）年には本国政府から警告と召還命令を受け、翌年の幕府倒壊によって失意のうちに帰国と退官を余儀なくされた。

他方、パークスは江戸の幕府だけでなく、薩摩を訪問するなど西南雄藩や朝廷を含む三大政治勢力の動向を冷静に分析して情報ネットワークを築き、激変する政治情勢に対応しうる最適解を探し当てようとしていた。

ロッシュとパークスの力量の差は、情勢把握に不可欠な日本語通訳の力量の差でもあった。当初ロッシュには日本語に堪能なメルメ・ド・カションが通訳兼秘書として付いていたが、一八六六（慶応二）年九月に帰国してしまった。そのため、ロッシュには日本語のできる部下がいなくなり、通訳として雇った塩田三郎は幕臣だったため情報が幕府側に偏り、倒幕派をも視野に入れた的確な情勢判断が困難だった。

これに対してパークスには卓越した日本語通訳官アーネスト・サトウを筆頭に、二人の通訳生アストンとウィルキンソンが脇を固めていた。特にサトウは西南雄藩にも知人が多いため倒幕派の動向にも精通し、ときには倒幕運動に肩入れするほどだった。

イギリスの的確な情勢判断を示す一例として、一八六七（慶応三）年三月に将軍徳川慶喜に謁見《えっけん》した際に使用した英語に注目したい。四カ国の代表のうち、パークスだけが慶喜に対してHis Majesty（陛下）という称号の使用を拒み、His Highness（殿下）を用いた。幕府の将軍が「殿下」であるなら、その上位に位置する「陛下」は天皇ということになる。

これは将軍が日本の「君主（Sovereign）」ではないというパークスの認識に基づくものだった。

通訳のサトウは意識的に「殿下」ではなく「上様」と訳すことで、謁見の場が気まずくなるのを防いだ。だが幕府側は「殿下」と訳しており、条約に記された「陛下」から格下げされたとして英国外相に抗議している（石井孝『増訂　明治維新の国際的環境』）。たった一語の違いが外交問題になりかねない。外交にとって外国語能力がいかに重要であるかを示すエピソードといえよう。

やがて西洋諸国は日本の君主（最高権力者）が天皇であると認識するようになる。こうして翌一八六八（慶応四）年二月、英・仏・蘭の駐日公使が天皇に謁見し、明治政府を国際的に承認した。

第4章

明治日本の西洋化——近代国家を構想せよ

1　近代国家の将来構想を描け

†西洋化をめざす革命

変革期のスピードには驚かされる。ペリー来航（一八五三）からわずか一五年で江戸幕府は崩壊。その後の一〇年ほどの間に、明治政府は革命的な改革を次々に実行してゆく。日本を西洋列強と対等な「文明国」とするために、急進的な西洋化＝近代化を早期に実現し、資本主義を軌道に乗せるためのレールを敷いた。倒幕運動の中心を担った下層武士階級が、自分たちの藩を含むすべての藩を廃絶し、封建社会と武士階級を葬り去るという世界史にもまれな革命をやってのけたのだ。「明治維新は、明《あきら》かに政治革命であると共に、また広汎にして徹底せる社会革命であった（中略）資本家と資本家的地主とを支配者たる地位に即《つ》かしむるための強力的社会変革であった」（野呂栄太郎『日本資本主義発達史』＊初出は一九二六年でコミンテルン「二七年テーゼ」前）。

ただし民衆による下からの運動の弱さから、西洋と比べて基本的人権、民主主義、個人の自立の要素が希薄で、旧士族や庶民との軋轢を生み、周辺諸国との対立を招きながらの変革だったが。また、西洋が長い年月をかけて達成した文明開化（近代化）を外発的かつ短期間に行うのであるから、夏目漱石が「現代日本の開化は皮相上滑りの開化である」（「現代日本の開化」）と喝破したように、様々な歪みを伴わざるをえなかった。

イギリスなどの西洋列強が覇権を握る資本主義世界体制に組み込まれた日本は、高校生と一緒に走る小学生のようだった。追いつく体力をつけるために、国家の力をフル動員して資本主義を「上から」育成した。その意味で明治維新は「上からのブルジョア革命」（服部之総《はっとりしそう》『明治維新史』＊初出は一九二八年）であり、それは後発国がたどらざるをえない運命だった。

「ブルジョアジーはすべての民族に、滅亡したくないならブルジョアジーの生産様式を取り入れることを余儀なくさせる。彼らはあらゆる民族に、いわゆる文明を取り入れるよう、すなわちブルジョアになるよう強要する」。こうして「未開国および半未開国を文明国に従属させ、農業諸民族をブルジョア諸民族に、東洋を西洋に従属させた」（マルクス＝エンゲルス『共産党宣言』）。まるで明治維新を予言しているかのような鋭い洞察だ。ユネスコの世界記憶遺産に登録されただけのことはある。

開国後の日本は周回遅れの子どものように未熟ではあったが、走りきるだけの体力は幕末までに形成されていた。商品経済は都市のみならず農村にまで浸透し、蝦夷地（北海道）の昆布が遠く琉球や大坂にまで流通するなど物流の全国ネットが形成されていた。工場制手工業や金融も発達し、豪農や豪商たちは富を蓄積していった。富国強兵や殖産興業の試みは、幕末期に幕府や先進的な諸藩が着手し始めていた。これらの準備段階があったことで、明治政府の西洋化政策が可能となったのである。

藩校・私塾・寺子屋で武士も庶民も教育され、識字率は世界屈指だった。こうした江戸時代の教育基盤があったからこそ、明治期の急速な教育近代化が可能になった。とりわけ武士は基礎外国語ともいえる漢文の素養をもち、幕末には軍事的な必要からオランダ語、英語、フランス語などによる洋学に挑む者も増えた。明治維新のリーダーの大半が「和漢洋」の語学に通じていたのである。

彼らの中には西洋を実地に見聞する者も少なくなかった。幕府派遣の七回に及ぶ欧米使節団や、幕府と諸藩からの一五〇人を超す留学生の体験を通じて、さらに彼らからの伝聞によって、西洋文明との落差に驚愕し、封建的な政治体制の変革と近代的な国民国家の建設をめざす主体が形成されていった。

明治維新の舞台に立つ役者たちを語学と西洋体験によって分けると、次の四区分となる。

第一グループは、英語を学び、かつ欧米留学・視察を体験した指導者で、伊藤博文、井上馨、榎本武揚、金子《かねこ》堅太郎《けんたろう》、木戸孝允、五代友厚、高杉晋作、寺島宗則、新島襄《にいじまじょう》、西周《にしあまね》、福沢諭吉、森有礼などがいる。

第二グループは、西洋には行っていないが、英語を学び変革者へと成長した人物で、大隈重信、久坂玄瑞、副島種臣、前島密などがいる。

第三グループは、本格的な英語修業はしていないが、西洋での見聞を通じて明治国家の青写真を描くことができた人物で、岩倉具視、大久保利通、黒田清隆などがいる。

第四グループは、蘭学を通じて西洋を知り、思想的・政治的な自己変革をとげた志士で、江藤新平、勝海舟、坂本龍馬、佐久間象山などがいる。

こうして見ると、西郷隆盛のような西洋語学習も外国体験もない指導者は少数派だった。西郷は軍事指導者としては優秀で人望が厚かったが、明治国家の実効ある将来構想についてはほとんど提示していない。

役者たちの紹介が済んだところで、彼らが何をめざし、どう行動したのかを見ていこう。

†中央集権体制を急げ

若き明治政府が掲げた旗印は「万国対峙《ばんこくたいじ》」。西洋列強と対等にわたり合える近代国家を建設することで、「未来攘夷（大攘夷）」の進化形ともいえる。そのために中央集権的な国民国家を形成し、富国強兵を図るべく殖産興業と文明開化を進め、不平等条約を撤廃させせるという戦略だった。

ただし、万国対峙は最後の将軍徳川慶喜による大政奉還の際にも表明されていた。慶喜は日本が「万国と並立」できるためには、政治権力を朝廷に一元化することが必要だと考えていたのである。

一八六八（慶応四）年三月、睦仁（明治）天皇は神に誓う形式で「五箇条の誓文」を発表し、施政方針の基本を内外に明らかにした。これによって、会議による合意形成の尊重（公議輿論《こうぎよろん》）、身分制の破棄と「四民平等」、外国との親善交易、西洋知識の摂取が方向づけられた。

とりわけ重要なのは、三〇〇を超す藩によって地域別に分断され、さらに武士・百姓・町人や被差別部落という階層に分割されていた人々を「四民平等」の理念のもとに一つの国民としてまとめ上げ、天皇を中心とした国家体制に組み込むこと。つまり西洋流の「国民国家」の形成に舵を切ったことだ。

同年閏《うるう》四月、新政府は国家構想の青写真というべき「政体書」を発表し、太政官制を中心とする統治体制をスタートさせた。これは古代の制度を模しつつも、近代的な立法・司法・行政の三権分立を建前としており、英学に造詣の深かった副島種臣らがアメリカ合衆国憲法などを参考にまとめたものだ。

同年の七月には江戸を東京と改め、九月には元号を明治とした。新時代を迎え、文明開化という西洋化の諸政策が、試行錯誤を伴いながら驚くべき速さで展開された。

戊辰戦争終結から一カ月後の一八六九（明治二）年六月一七日、版籍奉還《はんせきほうかん》が天皇に承認され、すべての藩が土地（版）と人民（籍）を朝廷に返還し、旧藩主は知藩事に任命された。これは封建的な地域割拠を廃して郡県制に置き換えることで、中央集権的な統一国家を建設する巨大な一歩となった。

その中心となったのが薩摩藩の寺島宗則や森有礼、長州藩の木戸孝允や伊藤博文らだった。彼らは全員が英語を学び、イギリス留学や西洋視察を体験したことで、西洋近代の政治体制を熟知していた。伊藤の回想によれば「留学のために英国に赴き、欧州諸国また郡県の制を実施して国家の隆盛を来たしているのを目撃し、ますます封建を廃止しなければならぬ必要を確信した」という（『伊藤公直話』）。

中央集権国家には直属の常備軍が欠かせない。そこで新政府は一八七一（明治四）年二月、薩摩・長州・土佐の兵士約八〇〇〇人を東京に集め、政府直属の軍隊（御親兵《ごしんぺい》）とした。この軍事力を背景に、同年七月一四日に廃藩置県を断行、全国二六一の藩を廃止して三府と三〇二県に再編した。さらに同年秋に七二県に統合したが、沖縄の廃藩（強権的な琉球処分）は一八七九（明治一二）年にずれ込んだ。府知事や県令（のちの県知事）には政府の官吏を派遣した。それまで藩主が務めていた旧知藩事を一斉に免官したが、彼らには天皇の守護者である華族の特権を与えた。

クーデター的な廃藩置県は天皇による詔書の威力もあって意外なほど成功し、中央集権体制が一気に確立した。英国公使パークスは「欧州でこんな大変革をしようとすれば、数年間戦争をしなければなるまい」と感嘆したという。多くの藩が財政危機で、自ら廃藩を申し出る藩もあるなどの状況も幸いした。他方、三都の豪商たちは諸藩に貸し付けていた債権の約八割が切り捨てられたため、経営破綻に追い込まれる者も出た。

一八七一(明治四)年四月には戸籍法を公布し、身分別だった住民台帳を居住地別とし、政府が個人単位で把握できるようにした。これによって封建的な身分制度を撤廃し、四民平等の理念で「国民化」を図るとともに、徴税と徴兵を容易にした。

一八七二(明治五)年には旧暦(太陰暦)の一二月三日をもって新暦(太陽暦)の明治六年一月一日とする改暦を実施し、西洋キリスト教社会の暦に合わせた。直後の二月、明治政府はキリスト教禁令を含む五榜《ごぼう》の掲示を撤回した。西洋を規範とする「文明国化」にまた一歩近づいた。

同年二月の田畑永代売買の解禁によって、土地は売買可能な私的所有物となり、地主制の拡大を招くとともに、封建的な土地制度に縛られていた農民が移動自由な労働者となることで、資本主義が確立する条件を作りだした。

翌年七月には地租改正法が制定され、地代の三％を地租として現金で納める近代的な租税制度へと移行し始めた。これによって農産物の収穫高による税収の変動がなくなり、政府は安定的な税収を確保できるようになった。

反面、大多数の農民は租税負担が軽減されず、貨幣納税によって農村への商品経済の浸透が促進され、地主と小作農への農民層分解が進んだ。そのため各地に地租改正反対の一揆が多発。これが士族反乱と一体化することを恐れた政府は、農民の経済力向上（民力養成）の目的も兼ねて、一八七七（明治一〇）年に税率を二・五％に引き下げた。こうした地租軽減の闘いは自由民権運動に引き継がれる。

明治政府は武士出身者が多かったにもかかわらず、武士階級を廃絶した。一八七三（明治六）年一月に徴兵令を施行し、士族と平民の区別なく満二〇歳以上の男子に兵役を義務づけた。当初は徴兵逃れが八割にも達したが、なんとか約三万五〇〇〇人の日本国軍が誕生した。

士族の特権剝奪はさらに続く。一八七六（明治九）年三月には軍人・警察官以外の帯刀を禁止する「廃刀令」が布告された。決定的だったのは同年八月の「秩禄処分」だ。それまでは華族・士族・維新功労者への国家からの家禄（給与）が国家財政支出の実に三七％

を占めていたが、これを打ち切り、代わりに期限付きの公債を交付した。一種の失業保険ないし手切れ金だ。これによって武士階級を消滅させるとともに、政府の財政基盤を安定させ、資金を軍事や殖産興業などの近代化投資にまわす余裕ができた。

他方、士族の一部は公債を元手に慣れない事業に手を出したが「士族の商法」として失敗する者が続出し、軍人・警官・教師などの公務員になるか、賃金労働者として資本主義体制に組み込まれた。一部の不平士族は反政府運動に加わったが、一八七七（明治一〇）年の西南戦争に敗北したことで、武士の時代に終止符が打たれた。

この頃になると農民一揆や士族反乱が沈静化し、中央集権的な統一国家としての明治国家は安定軌道に乗るようになる。

†産業の近代化に必要な外国語

明治の国家構想を描くには、西洋のどの国を見習うべきか。それによって学ぶ言語が決まる。一つの指標として、産業近代化に不可欠な産業啓蒙書（農・工・商業と勧業）の発行状況を見てみよう。一八八五（明治一八）年までに日本語に翻訳された産業啓蒙書三〇一冊の原本（西洋原書）の言語は図4-1のようになる。これは三好《みよし》信浩《のぶひろ》『日本の産業教育』の国籍別の資料を言語別に編集作成したもので、例えば英米発行の原書は英語とみなした（ただし英語以外の言語もありえるので概数）。

翻訳原本の国籍別の割合を見ると、一位はイギリスの三七％、二位はアメリカの二〇％で、合計すると英語からの翻訳が全体の五七％を占める。フランス語は一五％、ドイツ語は七％、オランダ語は四％にすぎなかった。英語以外で書かれた原本が英訳されて日本に渡ったものも少なくない。このように、西洋の産業技術の移入にとって英語がいかに重要な役割を果たしたかがわかる。

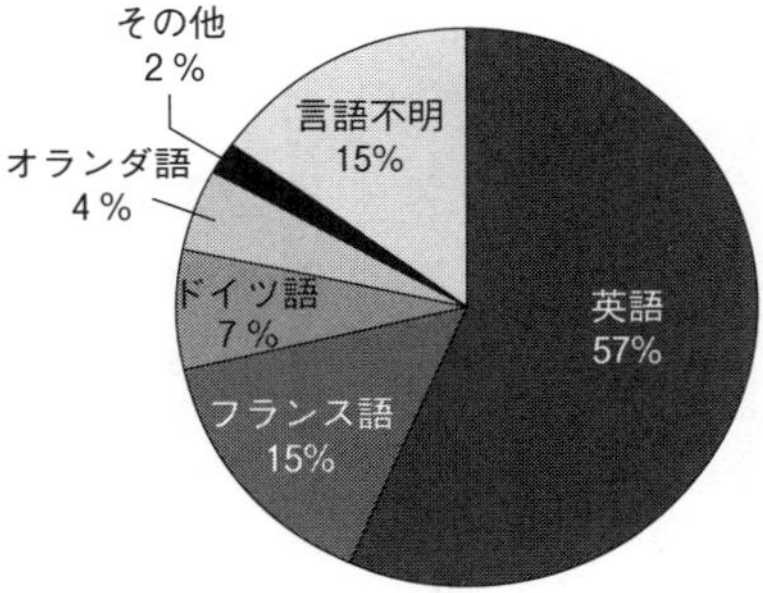

図４－１　邦訳産業啓蒙書原本の言語別割合

現在の日本の学校教育では「外国語」という教科名は名目で、もっぱら英語のみが教えられている。その遠因の一つは、明治期の翻訳書における英語の圧倒的シェアに求められよう。

英語は日本の近代化に欠かせない実用語学であるため、明治政府は大量の英語辞書を購入した。米国メリアム社の資料によれば、日本は天皇の名義でウェブスター系辞書を五〇〇冊注文し、うち約一〇〇冊は国立公文書館（旧内閣文庫）に残されている。

政府は高価なロプシャイトの『英華字典』もまとめ買

いしており、旧内閣文庫は三六冊を所蔵、うち一〇冊は大蔵省、九冊は内務省で使われていた。士族出身者が多い官僚たちは漢文に通じており、漢文を介して英語を理解したのだ（小川誉子美『開国前夜、日欧をつないだのは漢字だった』）。

†明治の軍隊に必要な外国語

富国強兵の「強兵」政策には陸海軍の近代化が欠かせない。明治の軍隊は、藩ごとにバラバラだった軍制を統一し、西洋の最強の軍隊から学び取る必要があった。ここでもモデルとする国が選定され、一八七〇（明治三）年一〇月に陸軍はフランス式、海軍はイギリス式の採用が決まった。そのため、陸軍ではフランス語、海軍では英語が最重要語になった。日本の陸海軍はその発足当時から一体化できない構造だったといえよう。ただしフランスは一八七一年にプロイセン（ドイツ）との戦争に敗れたため、日本陸軍はドイツに傾斜していく（後述）。

軍の近代化を担った人々もまた、ほとんどが外国語を学び、海外生活を経験した。明治陸海軍の礎石を築いた大村益次郎は蘭学と英学によって西洋兵学を学び、後任の山縣有朋《やまがたありとも》は一八六九（明治二）年に欧米の軍事制度を視察、大山巌《おおやまいわお》や西郷従道《さいごうつぐみち》らの軍首脳部もフランス留学によってナポレオン式の軍制や戦術を学んでいた。

陸軍は一八七二〈明治五〉年五月、幕府時代と同様にフランス軍事顧問団を招き、指揮官を養成する陸軍兵学寮には幼年学校、士官学校、教導団を置いた。このうち「幼年学校は少年の生徒に仏語を学ばしめ、専《もっぱ》ら予科〔普通学〕のみを教授する所」とした。その上の士官学校は歩兵・騎兵・砲兵・工兵の四兵科の生徒をフランス式に教育した。生徒はフランス語の原書で学ぶ「正則生」と、翻訳書で学ぶ「変則生」に分けられていた。だが当初はフランス語での授業について行ける者がほとんどいなかったため、正則教育は看板倒れだったようだ。

一八七三〈明治六〉年に幼年学校に入校し、のちに陸軍大将となる柴五郎《しばごろう》の回想によれば、「号令もアタンション〈気をつけ〉、アナバン・マルシュ〈前へ進め〉などのフランス語だった。地理や歴史などもフランス本国用」で、フランス人教師の講義内容が理解できるはずもなく、「口惜し涙にくれつつ、休憩時間も休日もなく、必死に自習」したという〈石光真人編著『ある明治人の記録』〉。

しかし陸軍は一八八五〈明治一八〉年三月、欧州最強と謳われたドイツ陸軍の参謀のメッケル少佐を招聘し、ドイツ式軍制へと移行していく。

一方、海軍は徹底して英国式だった。海軍将校を養成する海軍兵学寮〈明治九年から海軍兵学校〉では、発音・綴字・文法などの英語学習のみならず、地理、歴史、物理、天文なども英書を用いた。一八七三（明治六）年七月にはイギリス海軍からダグラス少佐ほか三四人の教師団が来日し、海軍兵学寮で教えた。

しかし、当初は生徒の英語力が不足していたため、翌年に専任の英語教師としてバジル・ホール・チェンバレンが招かれ、優れた英語教育を行った。のちに彼は東京帝国大学で言語学や日本語学を教え、上田万年《うえだかずとし》、岡倉由三郎《おかくらよしさぶろう》、佐佐木《ささき》信綱《のぶつな》などの偉大な学者を育てた。

海軍兵学寮の生徒たちは、英語漬けの授業について行けたのだろうか。のちに海軍造兵総監（中将級）となる澤鑑之丞《さわかんのじょう》の回想によれば、「英語のみの説明には、これを了解するのにその苦心は並大抵のものではなく、何《いず》れも洋行（＝海外留学）した思いが致した」（『海軍兵学寮』）。

†文明開化と英語ブーム

国を挙げての「文明開化」のもとで、明治初期には庶民の間にも一大英語ブームが沸き起こった。この頃の風俗を風刺した仮名垣魯文《かながきろぶん》の『安愚楽鍋《あぐらなべ》』（明治四〜五年）には、牛鍋屋でのこんな会話が描かれている。「君のところの息《そく》（＝息子）も、早く洋学を学ばせなせえ。方今《ほうこん》の形勢では、洋学でなけりゃあ、夜はあけねえよ」。

確かに「明治五六年の英語の流行といったら実に物凄いものであって、その頃の英語修得の通俗本の氾濫がその消息を明らかに伝えている」（勝俣銓吉郎『日本英学小史』）。

では、明治初期には「英語修得の通俗本」がどのくらい刊行されたのだろうか。荒木伊《あらきい》兵衛《へえ》の『日本英語学書志』（一九三一）に掲載された書目を、荒木の時期区分に従って記すと次のようになる。

一八一一～一八五四年（安政以前）	五冊	年平均〇・一冊
一八五七～一八六〇年（安政四年から四年間）	九冊	年平均二・三冊
一八六〇～一八六八年（万延・慶応の九年間）	四五冊	年平均五・〇冊
一八六八～一八七三年（明治元年から六年間）	二一七冊	年平均三六・二冊
一八七四～一八八七年（明治七年から一四年間）	一一一冊	年平均七・九冊

このように、明治改元からわずか六年間（特に明治四～六年）に刊行された英語学習書が突出して多い。なかでも「明治五年には、洋学関係の辞書、文法・会話・発音の解説書が、横文字入りのどどいつ集などもふくめて一〇〇点以上も出版された」という（惣郷正明『洋学の系譜』）。アルファベットの練習帳や、絵入りの単語帳なども多く、一部の寺子屋でも

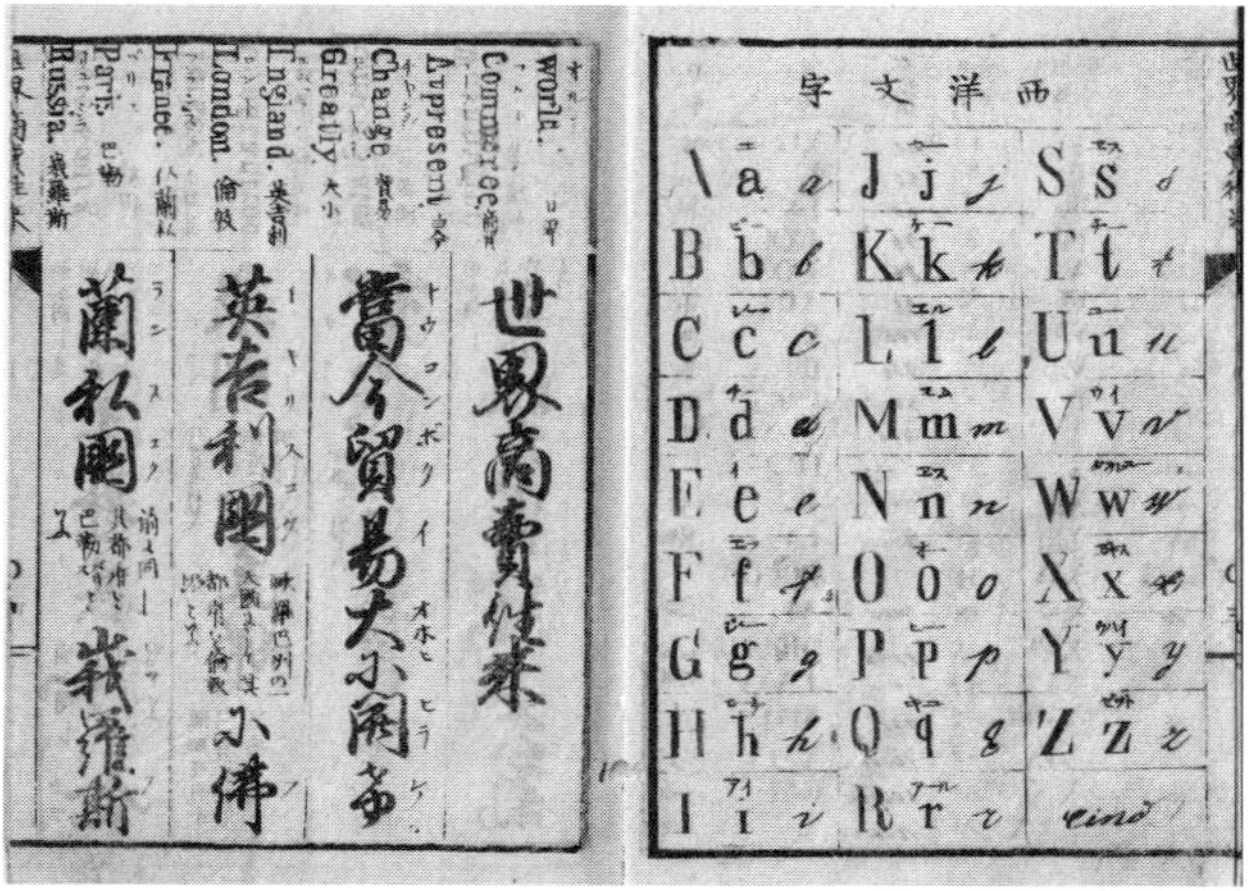

図4－2　『世界商売往来』（筆者蔵）

英語を教えた。

　例えば一八七一（明治四）年に出た橋爪《はしづめ》貫一《かんいち》の『世界商売往来』（図4－2）は、世界の商品名をイラストと英語を添えて列挙した本で、世界の国名、船の構造、航海道具、武器、洋服、装飾品、文房具などを紹介している。橋爪は幕府の軍艦操練所で学んだだけに、艦船や武器についての語彙が多い。『世界商売往来』は福沢諭吉の『学問のすゝめ』『世界国尽《くにづくし》』などとともに、文部省から小学校教科書としての指定を受けるなど大好評で、三年間に五篇が刊行された。

　明治初期に英語を学ぶには私塾に通うのが一般的で、英学塾が最も多く開設されたのは一八七二（明治五）年だった（東京都都政史料館『東京の英学』)。ところが一八七四(明治七)年以降には英語ブームが去り、英語学習書も英語塾も大きく減少した。次の英語ブームは欧化政策に乗って一八八五(明治一八)~八九(明治二二)年頃に起こり、それも数年でしぼんだ。その次の英語ブームは日本が一九四五(昭和二〇)年にアジア・太平洋戦争戦争に負け、アメリカの占領下に置かれた敗戦直後。米兵が街中を闊歩《かっぽ》し、ラジオの「カムカム英語」などが大流行したものの、やはり数年で熱は冷めた。

まことに日本人は熱しやすく冷めやすい。日常生活で英語を必要としない日本社会では、英語がしゃべれたらカッコいいという憧れで学び始めても、やがて血の滲むような努力なしには上達しないことを知り、大半が挫折する(拙著『英語と日本人』)。

†伝統文化の破壊と民衆の反発

文明開化政策の影の部分も見ておこう。例えば一八七二(明治五)年一一月から施行された違式詿違《いしきかいい》条例(後の軽犯罪法)は、西洋の風俗を絶対的な価値規準とし、日本の伝統風俗である半裸、男女混浴、入れ墨などを文明国にそぐわないとして禁止した。これは政府が「西洋=文明国、日本=半文明国」というイデオロギーを内面化した結果、民衆の伝統的な生活様式にまで権力を発動させた例だといえよう。

図4－3　下田の公衆浴場（『ペリー艦隊日本遠征記』）。＊この図には画家ハイネの誇張が入っている。

『ペリー艦隊日本遠征記』が男女混浴をイラスト入りで紹介しているように、西洋人たちは好奇と驚愕の目でこれを観察した（図4－3）。ペリー艦隊の首席通訳で宣教師のウィリアムズは、「私が見聞した異教徒諸国の中では、この国（日本）が一番淫《みだ》らかと思われた」（『ペリー日本遠征随行記』）とまで言い放っているが、平和な混浴風景を「淫ら」と見る側こそが淫らな妄想の持ち主だろう。なお、文明開化で失われる前の日本の風俗を来日外国人がどう感じたかについては、渡辺京二《わたなべきょうじ》が『逝きし世の面影』（一九九八）で美しく描いている。

作用は反作用を伴う。急進的な近代化政策が伝統的な共同体と生活様式を破壊するとして、学制、徴兵制、太陽暦、被差別部落解放、就学義務、学校での洋文使用などの新政に反対する百姓一揆が、一八七一（明治四）年から西日本を中心に多発した。そのことは、上からの西洋化に民衆の要求が反映されていないことを示すものだった。

百姓一揆の総数に占める新政反対を掲げた一揆の件数は、明治四年に総数四九件中一二件、五年に二七件中五件、六年に三六件中二七件、つまり三年間で一一二件中四四件と約四割に達していた（今西一『近代日本の差別と村落』）。さらに、特権を奪われた士族の不満も高まっていた。

新政府の一揆への対応を見ておこう。一八六九（明治二）年末に甲州で増税に反対する農民一揆が起こったとき、民部省兼大蔵省の高官だった大隈重信は、説得に応じず暴力的に抵抗する者があれば「あくまで鎮圧を加え、やむを得ずば千人までは殺すも咎《とが》めざるべし」との農民への徹底弾圧を指示した（『山梨県政五十年誌』）。民権派と言われた大隈の限界か、それとも権力を握ると人は変わるのか。いずれにせよ、このエピソードは明治維新の反農民的性格の一端を示しているといえよう。

2　西洋人を雇い、西洋を視察せよ

†西洋の頭脳を丸ごと雇え

明治新政府は当初、西洋文明の成果を丸ごと移植しようとした。そのために、乏《とぼ》しい財政の中で思い切った西洋化政策を打ち出した。お雇い外国人の招聘、政府要人の欧米視察、留学生の派遣である。

欧米の学術を迅速に移植するには、それを身につけた西洋人を雇い入れればよい。こう考えた明治政府は、各分野の専門家をお雇い外国人として招聘した。ただし、すでに紹介したように、お雇い外国人は幕末期にすでに存在していた。一八五五（安政二）年から一八六八（慶応四）年までの一四年間に、幕府や諸藩に雇われた外国人は少なくとものべ二一二人に達し、うち幕府が一九七人、薩摩藩が一一人、佐賀藩と長州藩が各二人だった。

幕府と諸藩が雇い入れた外国人の国籍を見ると、江戸時代を通じて通商関係にあったオランダが八〇人（三八％）で、一八六〇年まではオランダのみだった。ところが最多はフランスの八五人（四〇％）で、幕府がフランスに軍制改革の指導と製鉄所などの技術援助を求めたためだ。以下イギリス三三人（一六％）、アメリカ一一人（五％）、ドイツ二人（一％）、清国一人（〇・五％）だった。

明治に入ると一ケタ違う。一八六八（明治元）年から一八八九（明治二二）年に日本に招かれたお雇い外国人は、登録されているだけでも二二九九人に及ぶ。その内訳は表４－１の通りで、英国人九二八人（四〇％）、米国人三七四人（一六％）で、英語を母語とする英米人の割合は全体の五七％を占めた。これに対してオランダ人は八七人（四％）で、蘭学から英学への転換は人的にも歴然としている（『資料御雇外国人』）。

国名	人数	割合
イギリス	928	40.4%
アメリカ	374	16.3%
フランス	259	11.3%
中国（清国）	253	11.0%
ドイツ	175	7.6%
オランダ	87	3.8%
オーストリア	21	0.9%
デンマーク	21	0.9%
イタリア	18	0.8%
ロシア	16	0.7%
スウェーデン	9	0.4%
ポルトガル	6	0.3%
その他	24	1.0%
不明・無記載	80	3.5%
多国籍	28	1.2%
合計	2,299	100%

表４－１　お雇い外国人の国籍（明治１～22年）
（出典）『資料御雇外国人』から編集作成

英国人を優先した社会的背景としては、産業革命を経て「世界の工場」と呼ばれた一九世紀ビクトリア朝時代のイギリスの経済力と軍事力、それらを支えた科学技術力の高さがあった。

文部省の場合、お雇い外国人の給与総額は明治初期には文部省予算の三分の一にも達した。これと留学生経費を合わせると、明治初期には文部省予算の三分の二がお雇い外国人と留学生に支出されていた。文部省がいかに西洋学術の移入に力を注いでいたかがわかる。

†岩倉使節団の大胆さ

百聞は一見に如《し》かず。西洋化を進めるには西洋をじかに見ておきたい。こうして明治政府の中枢にいた岩倉具視《いわくらともみ》らの要人が大挙して欧米視察に出かけていった。一八七一(明治四)年一一月から二年近くに及んだ「岩倉使節団」だ。日本近代化の設計図を描くための視察旅行として評価が高い。

だが、気をつけたい点が二つある。一つは、岩倉使節団の一一年前から徳川幕府が欧米への使節団を七回も送り込んでいたこと(第1章)。もう一つは、明治初期の公的な使節団は岩倉使節団の前にも存在していたことだ。

岩倉使節団の前年の一八七〇(明治三)年一一月、政府は鹿児島、山口、金沢など一三の大藩に対して、欧米の政治・軍事・社会・文化の調査を目的に、各藩二名ずつの海外視察員を派遣するよう命じた。その真のねらいは、地方行政を担う指導層に西洋文明を実地体験させることで、封建的な夷狄観を除去し、西洋化の必要性を啓蒙することだった。

視察団は留学生なども含め総勢三八名で、一八七一(明治四)年五月から半年ないし二年をかけて欧米を視察した。なかには土佐藩の片岡健吉《かたおかけんきち》のように、途中から留学に切りかえた者もいた。この欧米体験を経て片岡は自由党の結成に参画し、自由民権運動を展開する。

では、岩倉使節団の独自性はどこにあったのだろうか。

まず驚くのは、大胆かつ大規模だったことだ。明治四年といえば、七月に廃藩置県を断行して一応の中央集権体制を確立したものの、国内は士族や農民の高まる不満で騒然としていた。そんな年の一一月、岩倉具視を特命全権大使、木戸孝允、大久保利通、伊藤博文、山口尚芳《やまぐちますか》を副使とする四六名もの政府要人が、一八七三（明治六）年九月まで欧米一二カ国歴訪の長旅に出たのだ。随行した留学生四三名のうち五名は津田梅子などの初の女子留学生で、この時期の明治政府の開明性を物語る。これに従者一八名を加えた総勢は一〇七名に達し、近代的な国家・社会を創造するための空前絶後のスケールだった。

四人の副使のうち木戸、伊藤、山口の三人は幕末に蘭学や英学を学んだ開明派として知られた。特に伊藤は国際通で、幕末にイギリス留学を果たし、明治三年のアメリカ財政幣制調査によって翌年の金本位制の採用と新貨条例を主導した。また保護関税が正常な経済政策であることを認識しており、外交分野でも活躍した。

維新政府の官僚機構のうち、上層部である勅任官や奏任官のほとんどは薩長土肥に占められていたが、実務を担う中堅の判任官は旧幕臣が多かった。岩倉使節団に随行した旧幕臣の中にも、何礼之助《がれいのすけ》、福地源一郎《ふくちげんいちろう》、林董《はやしただす》、川路寛堂《かわじかんどう》などのように英語に習熟し、幕末の海外派遣によって西洋文明についての知識を持つ者が少なくなかった。旧幕府の有能な官僚たちの多くが、そのまま明治の新国家建設でも活躍していたのだ。

ロシア革命のボリシェビキ政権もキューバ革命のカストロ政権も、革命の遂行者たちは概して若い。岩倉使節団員の平均年齢も満三一歳ほどで、二〇代も多かった。好奇心旺盛で何でも貪欲に吸収し、外国語の習得が速く、異文化・異文明に柔軟に対応できる若い彼らが、明治国家の設計図を描こうとしていた。

それにしても、明治政府の権力基盤が不安定なこの時期に、なぜこれほど大規模な使節団を派遣したのか。

目的は三点。①諸国との友好親善、②翌年五月から可能となる条約改正に備えての予備交渉、③西洋文明の視察のためだった。いわば体験型欧米研修だ。西洋列強が日本を「文明国」だと認めない限り、不平等条約は改正できない。だから使節団員たちは西洋各国の政体・議会・法律・財政・軍事・産業・教育・文化などを実地に調査・研究し、西洋文明を手本にした日本の西洋化＝近代化を図ろうとしたのである。

岩倉使節団の見聞の様子は、大使随行員だった久米邦武《くめくにたけ》（のちに東京大学教授・歴史学者）

による公式記録『特命全権大使米欧回覧実記』（一八七八、以下『実記』）に克明に描かれている。

使節団派遣にあたっては明治政府の顧問で南校の英語教師だったフルベッキが英文の「ブリーフ・スケッチ」を提示し、四九項目の視察対象や報告書の書き方までアドバイスしていた。久米はこの助言を参考に『実記』を編述したのである。

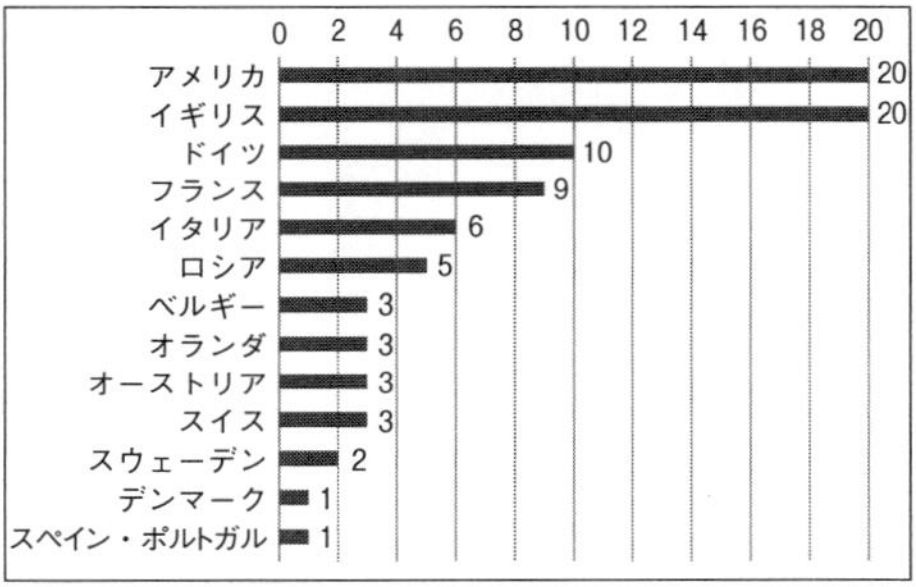

図4－4　『特命全権大使米欧回覧実記』の国別巻数

『実記』全一〇〇巻の国別の記述割合を見ると、使節団の関心の度合がわかる。アメリカとイギリスが各二〇巻で全体の四割を占め、最大の関心を寄せていた。次いでドイツ一〇巻、フランス九巻、イタリア六巻、ロシア五巻と続く（図4－4）。

†伊藤の「日の丸演説」もむなしく

使節団は最初の訪問地アメリカ・サンフランシスコで熱狂的な歓迎を受けた。歓迎会の席上、三〇歳の伊藤博文は日本側を代表して演台に立った。伊藤は得意の英語で、日本が旧体制を倒して欧米に並ぶ近代国家への歩みを開始したことを熱く訴えた。「日本国民は、西洋の文明開化した諸国が享受しているような文明の最高段階に達したいと強く願っております」「我が国旗の中央にある赤い丸は、もはや帝国を封印する封蠟《ふうろう》ではなく、今後は世界の文明開化した諸国の中で躍進し続ける昇る太陽の象徴なのです」。

日本人初の英語スピーチにアメリカの聴衆は万雷の拍手を送った。翌日の新聞は演説の全文を掲載し、それはニューヨークやロンドンなどの新聞にも転載された。伊藤の英語を通じて新生日本の立場が世界に発信されたのだ。

「日の丸演説」として有名な伊藤のスピーチは、戦前の英語教科書にも掲載された。例えば広島高等師範学校附属中学校英語研究会編 *Boys' National Readers* 巻四は、演説を"The Land of the Rising Sun"（日の出ずる国）と題して掲載している。この教科書が文部省検定に合格したのは一九三二（昭和七）年で、同年には日本の関東軍を後ろ盾に「満洲《まんしゅう》国」が建国されており、「日の丸演説」は国威《こくい》発揚《はつよう》にも利用されたようだ（拙著『英語教科書は〈戦争〉をどう教えてきたか』）。

使節団の最大の失敗は、アメリカでの条約改正交渉だった。大歓迎に幻惑された使節団は、条約改正も可能だと思い込み、伊藤と大久保が全権委任状を取りに急ぎ帰国した。二人は四カ月をかけてワシントンに戻ったのだが、むなしい努力だった。なんとその翌日、条約改正の見込みなしとして交渉が打ち切られたのだ。西洋列強は容易には国益を手放さない。日本が近代的な法体系を整備し、欧米「文明国」なみの法治国家にならない限り、相手にされない。外交の冷徹な現実を使節団は思い知らされたのだった。

†『米欧回覧実記』が描く西洋の光と影

条約改正の見込み違いにより米国滞在期間が大幅に伸びてしまい、使節団の旅程は当初の一〇カ月半から一年一〇カ月へと倍増してしまった。それでも成果は大きかった。産業革命の最盛期にあった欧米列強の圧倒的な工業力、活発な貿易、強力な軍事力、高速の鉄道と電信、充実の医療と教育、そして近代国家を象徴する議会と憲法。西洋「文明国」の実態は「半文明国」日本との落差を痛感させ、文明開化の必要性を再認識させた。そうした様子を『米欧回覧実記』は生々しく伝えている。

洋学の経験がなく保守的とみなされていた大久保利通も、イギリスで目にした立憲政治に感銘を受け、イギリス流の君民共治を盛り込んだ「立憲政体に関する意見書」(明治六年)を提出している。また、イギリス議会を見学した使節団員らは、財産を重んじ富強を図ることを基盤に議会による立法権が生じてくることを学んだ。資本主義の経済と政治の関係に気付き始めた様子がわかる。

一方で、イギリス社会が抱える犯罪、売春、人種差別などの「影」の部分も使節団は見逃さなかった。資本家による富の独占と労働者の貧困という資本主義の矛盾も指摘している。

ヨーロッパでは労働運動が高まりつつあった。使節団がフランスを訪問する一年前の一八七一年、史上初の労働者政権パリ・コミューンが成立した。だが久米は『実記』でコミューン労働者に対して「賊徒」「賊軍」「暴徒」などと悪罵を投げつけ、その「禍《わざわい》」の深さはプロイセン軍との戦争（一八七〇〜七一）よりも甚《はなは》だしかったと記している。他方、コミューンを血の海に沈めた大統領ティエールに対しては「老練熟達の政治家」と賞賛している。その眼差《まなざ》しは、労働者の人権や労働条件に冷淡だった明治政府の諸政策に通ずる。

使節団が特に感銘を受けたのは、プロイセンの「鉄血宰相」と言われたビスマルクだ。彼は西洋諸国が弱肉強食の世界で、国益に合うときは万国公法を押し立てるが、不利なら無視して武力に訴えると喝破した。万国公法に準拠して西洋化を進めようとしていた日本側にとって、大変なショック療法となった。

ビスマルクは分裂していた小国群をドイツ帝国に束ね、フランスとの戦争に勝利した。後発ながら急速に経済力を高め、軍事力を背景にした「力の外交」を説く彼の主張は、使節団員たちの心を捉えた。やがて明治政府は陸軍の軍制をフランス式からドイツ式に改め、英学に代わってドイツ学を振興し、ドイツをモデルとした国権主義的な帝国憲法を制定する（第5章）。

幕末の海外渡航者と同様、岩倉使節団は西洋諸国による植民地支配の過酷な状況も目撃している。だが、アジアやアフリカの人々に対する『実記』の評価は「怠惰な風俗」など差別的だ。例えば帰路に立ち寄ったアラビア半島のアデンの住民を「ただ無為に命を長らえるにとどまり、千年一日、文明の歩みを進めることもなく、乞食《こじき》のように日々を送っている」と蔑視している。

ここまで読まれた読者の中には、一種の既視感《デジャビュ》に襲われた人もおられるのではないだろうか。西洋文明に圧倒されつつも貪欲に学び取り、貧富の格差や過酷な植民地支配などの影の部分にも気づく。そう、これらはすでに江戸幕府の欧米使節団員たちが体験していたことだ。第1章で見たように、幕府は七回の欧米使節団を通じて、岩倉使節団員と同様に西洋と日本との落差を痛感し、それが幕政改革や倒幕運動の一つの原動力となった。それらとの連続性を忘れ、明治の使節団だけを特筆することは公平とは言えまい。

岩倉使節団が悟ったことは、条約改正は日本の文明国化が前提であり、それは短期間では不可能だということだった。急進的で表層的な西洋化を修正し、長期的な構えで国力の充実と民力の養成を図り、西洋文明を「土着化」する必要がある。そのため帰国後は西郷隆盛ら留守政府が進める対外戦争策「征韓論」に反対し、一八七三（明治六）年一〇月の政府分裂（明治六年の政変）を招くことになる。

†台湾出兵と朝鮮への不平等条約

明治の日本は急速な西洋化を進めたが、その一方で、西洋中心主義の文明観は「未開」「野蛮」とみなした人々への差別を含んでいた。それが明治のエリートたちを蝕《むしば》み、日本近代史に暗い影を落とすことになる。西洋への憧憬とアジアへの蔑視が一体となった「脱《だつ》亜入欧《あにゅうおう》」の思想と政策をもたらすのである。

その最初の行動が、一八七四（明治七）年の台湾出兵で、明治政府による初の海外派兵だった。これは明治四年に起きた台湾先住民による琉球・宮古島漂流民の殺害を理由に、清国領だった台湾に約三六〇〇人の軍隊を派遣した事件である。

政府は明治六年の征韓論をめぐる政府の分裂や、翌年二月の佐賀の乱などで表面化した国内の不満を外にそらすべく、対外戦争に踏みきった。日本政府外交顧問のアメリカ人チャールズ・ルジャンドルが「野蛮人を懲罰すべきだ」と煽ったこともあり、清国との全面戦争になりかねない危険な賭けに出たのだ。

日本側は台湾出兵を正当化する根拠として、先住民の居住地を清国政府の主権が及ばない「無主の地」とみなした。これは万国公法の規定を適用したもので、西洋諸国が植民地化を正当化するための論拠をさっそく使った。

清国政府との交渉は決裂寸前までいったが、イギリス駐清公使ウェードの仲介によって妥結した。清国側は日本の出兵を「民をまもる義挙《ぎきょ》」として承認し、賠償金五〇万両を払った。だが日本側の戦費はその一〇倍以上で、戦死者一二人、マラリアでの病死者五六一人という悲惨な戦況だった。

日本と清国とは一八七一（明治四）年七月の日清修好条規によって対等平等の友好関係を保ってきた。ところが、日本は台湾出兵によって清国との関係を悪化させ、帝国主義化と東アジア侵略の第一歩を踏み出してしまった。西洋列強に対抗するために「西洋化」した日本の軍隊は、容易に周辺アジア諸国への武力行使に転じることができたのだ。

台湾出兵翌年の一八七五（明治八）年九月、今度は朝鮮との間に江華島《こうかとう》事件を起こした。明治政府は軍艦雲揚《うんよう》号を朝鮮の江華島《カンファド》に派兵し、領土侵入など国際法違反の軍事挑発を行った。それにより朝鮮側と戦闘になり、朝鮮側砲台の三五人を殺戮、雲揚号の死傷者は二人だった。

こうした強引な砲艦外交により、翌年二月に日朝修好条規（江華島条約《カンファドじょうやく》）を締結した。それには、釜山《プサン》ほか二港の開港、日本の領事裁判権、朝鮮の関税自主権剝奪、日本の輸出入品への無関税に加え、日本通貨の流通、海岸自由測量など、幕末に日本が列強から結ばされた不平等条約よりも一段と厳しい条項を盛り込んだ。

江戸時代の対等外交から一転して、近代日本は朝鮮を格下の国とみなし、「東アジアの小西欧」（井上勝生『幕末・維新』）としての地位を得ようとした。これが一九一〇（明治四三）年の朝鮮植民地化（日韓併合）という悲劇へとつながる。西洋化の影の部分が一段と色濃くなっていくのである。

3 留学で学んだ西洋文明

†留学で西洋学術を学べ

古代の遣唐使たちが命がけで中国へ渡ったように、幕末・明治期の若者たちは世界最高水準の学問を求めて欧米世界に飛び込んだ。死罪覚悟の密航者や、志なかばで客死した者も少なくなかった。そこまでして留学に挑ませたものは何か。日本が欧米列強に対峙できるだけの国力を持ち、「半文明国」のレッテルを剝がして文明国の仲間入りを果たすためだった。

留学に関しても幕末と明治が連続している。合法・非合法の違いはあるが、幕府も諸藩も幕末期に留学生を欧米に派遣し、西洋の先進的な学問を修得した人々が明治日本の近代化を牽引した。そのため、ここで幕末からの留学の流れを整理してみよう。

幕府は一八六二（文久二）年以降、西洋に留学生を四回派遣している。その中から、西周《にしあまね》、津田真道《つだまみち》、榎本武揚、中村正直のような明治に活躍した人物が多く出ている。集団による密航留学を決行した藩は長州、薩摩、佐賀、熊本、柳川、久留米、土佐、宇和島、広島、加賀などで、加賀を除くと西日本の藩ばかりだ。このうち薩摩や長州は寺島宗則、森有礼、伊藤博文、井上馨などをイギリスに留学させ、やがて彼らは倒幕運動と明治新政府で活躍する。留学によって西洋の圧倒的な優位さを実体験したことが、封建体制を倒して近代社会の建設を目指そうとする変革意識を形成したのだ。

幕末期（一八六〇～六七）の海外留学生数は、判明している限りでも、幕府派遣・諸藩派遣・私費留学・不明を合わせて一五二人を数える。このうち幕府派遣が六三人、諸藩派遣が六二人と拮抗している。諸藩の中では薩摩藩の二九人（四七％）が群を抜いて多く、長州藩一二人（一九％）、仙台藩と福岡藩の各七人（一一％）が続く（石附実『近代日本の海外留学史』）。薩摩と長州は留学による人材育成の面でも他藩に抜きん出ており、結果として明治維新の指導者を輩出した。

	イギリス	アメリカ	フランス	オランダ	ロシア	その他	計
幕府	14	3	25	16	6	1	65
諸藩・私費	43	44	9	2	0	3	101
計	57	47	34	18	6	4	166
割合	34%	28%	20%	11%	4%	2%	100%

表4－2　幕末の留学先（行き先判明分のみ）
（出典）石附実『近代日本の海外留学史』から編集作成。
（註）イギリスには英領香港の２人を含み、「その他」はドイツとベルギーが各１人、ヨーロッパが２人。

では、幕末の留学生はどんな国で学んだのだろうか（表4－2）。一八六六（慶応二）年四月に幕府は留学解禁に踏み切ったが、渡航先は条約締結国のアメリカ・イギリス・フランス・オランダ・ドイツ・ロシア・ポルトガルの欧米七カ国に限られていた。すでに幕末の段階で欧米指向とアジア無視の「脱亜入欧」的な姿勢が現れている。なお同一人物が複数の国に留学する場合もあったので、のべ総数は幕府関係が六五人、諸藩・私費関係が一〇一人となる。

幕府派遣の留学先は、徳川政権と親密な関係にあったフランスが一位の二五人（三八％）、二位オランダ一六人（二五％）、三位イギリス一四人（二二％）だった。ただし、一八六二（文久二）年の留学生の派遣先はアメリカの予定だったが、前年から始まった南北戦争の影響により、やむをえずオランダに変更された。

諸藩・私費での留学先は、一位がアメリカ四四人（四四％）、二位がイギリス四三人（四三％）で、英語圏である両国だけで九割近くを占め、三位がフランス九人（九％）だった。薩長は幕末にイギリスと接近しており、留学先にも幕府と薩長の対外関係が反映している。最先進国だとみなされていたイギリスへの留学が多いのは当然だとしても、アメリカへの留学生も多い。アメリカは留学経費が安い上に、新興国だから近代国家の形成と資本主義の導入においてモデルになると考えたようだ。

図4-5　幕府のオランダ留学生（『幕末名家写真集』）

†幕府留学生が学んだ西洋

幕府の留学生派遣は一八六二（文久二）年から六年間にオランダ、ロシア、イギリス、フランスの四回に及んだ。

最初のオランダ留学生は海軍・医学・人文科学の三分野にわたり、選ばれたのは海軍操練所から榎本武揚、内田正雄、赤松則良《あかまつのりよし》ら五名、蕃書調所から西周と津田真道の二名、ほか水夫や船大工などを含む総勢一五名だった（図4－5）。彼らはオランダに到着するや大歓迎を受けた。オランダとしては二〇〇年来の友好国である日本との関係を再構築し、貿易の劣勢を転換したい思惑があったが、そうはならなかった。

西周と津田真道は一八六三年八月から二年余りにわたってライデン大学のフィッセリング教授から個人指導を受け、政治経済学や国際法（万国公法）などの社会科学を深く学んだ。教授は二人の学問的情熱に感銘を受け、無報酬で熱心に講義した。西と津田は条約と法律による欧米国家間の対等平等な関係や、列強への対抗策としての日本の国内統一の緊急性を痛感するようになった。

帰国後、西は将軍徳川慶喜にフランス語の個人教授を行うとともに、一八六七（慶応三）年一一月には三権分立を採り入れた徳川家中心の政体改革案を慶喜に提出した（第3章）。近代的な国家構想においても、江戸時代と明治時代との連続性を見ることができる。

†薩摩・長州留学生が見た未来像

薩摩・長州留学生の主要な任務は、藩の軍事力近代化に役立つ技術学の修得だった。しかし、彼らが訪れた英国は政治・経済・軍事・文化のすべてが西洋近代文明そのものであり、想像をはるかに超える迫力で迫ってきた。この現実の前に、日本で思い描いていた計画は大きく揺らぎ、彼らの世界観は大きく転換した。

薩摩藩指導部に英国留学を建議した五代友厚は、当初は「海軍講学して軍艦大砲を求めて征夷《せいい》する〔＝外国船を撃退する〕の議論」ばかりしていた。ところが英国到着後、軍事力を増強するには基盤となる経済力を高め、富国に励まなければならないことに気づかされた。この世界観の転換によって五代は実業界に進んだ。このように、英国留学は薩長の志士たちが明治国家を構想するための修業の場となった。

薩摩藩留学生で海軍研究を継続したのは松村淳蔵だけで、彼はのちに米国アナポリスの海軍兵学校を優秀な成績で卒業し、帰国後は海軍中将、海軍兵学校校長となった。それ以外の留学生の多くが研究分野を変更した。森有礼はアメリカ生活を経て一八六八（慶応四）年六月に帰国、翌七月に外国官権判事《ごんのはんじ》に任命され、新政府の中枢で活躍する。

長州藩留学生はどうか。井上馨と伊藤博文は下関戦争回避の説得のため早期に帰国したが、残った三人は英国で勉学に励み、明治政府で活躍する基礎を培った。

山尾庸三はロンドン大学で英語と基礎科学を二年間学んだのち、グラスゴーのアンダーソン・カレッジの夜間コースに進み、昼間は造船所で徒弟として働いた。明治政府では工部卿（大臣）などを歴任し、工部寮（のちの工部大学校→東大工学部）を開設して英国から優れた教師を招聘した。

井上勝の留学は五年に及び、ロンドン大学を卒業して明治元年に帰国。明治政府では一八七二（明治五）年の日本初の鉄道開通のときの鉄道頭《てつどうのかみ》を務め、鉄道庁長官を退任するまで日本の鉄道建設に邁進した。

遠藤謹助《えんどうきんすけ》は一八六六（慶応二）年に帰国。同年、長州藩内での英国ジョージ・キング提督と藩主毛利敬親父子との会見では、遠藤と井上馨が通訳をした。一八七〇（明治三）年から勤務した造幣局では、貨幣製造を日本人のみで担えるよう尽力し、一八八一（明治一四）年には造幣局長となるなど「造幣の父」として知られる。大阪造幣局は美しい桜並木を一般公開する「桜の通り抜け」を実施しているが、これは遠藤局長の発案だった。

†藩を超えた連帯とナショナリズム

歴史はときに不思議な出会いを演出する。ロンドンでの薩摩留学生と長州留学生の交歓もそうだった。薩摩留学生がロンドンに到着して間もない一八六五（慶応元）年閏五月、長州留学生の山尾庸三、遠藤謹助、井上勝が、薩摩留学生の宿舎を訪ねて来た。薩摩と長州は禁門の変（一八六四）以来の敵対関係にあったが、初日の歓談は五時間にも及んだ。異国の地で同胞と会えた親近感か、それとも若さゆえか。おそらく両方だろう。

その後も両者はロンドン見物、工場見学、農場研修などで交流を続けた。山尾は長州藩からの送金が乏しいため、造船技術を学ぶ予定のグラスゴーに行く旅費すらなかった。それを知った薩摩の留学生たちは拠金し合い、山尾に一六ポンド（約三二両）を渡している。

それは翌一八六六（慶応二）年一月の「薩長同盟」を先取りするかのような連帯感であり、ともに明治国家を担う運命を予感させるものだった。

交流は幕府留学生にも及んだ。同年夏、森有礼ら薩摩の留学生はペテルブルグに到着した幕府ロシア留学生の宿舎を訪ね、日本料理に舌鼓を打ちながら歓談している。さらに同年一二月に中村敬宇、菊池大麓ら幕府留学生一四人がロンドンに到着したことを知ると、森は彼らのもとを訪ねている。

森に対応した幕府側の川路寛堂《かわじかんどう》は「滞英日誌」で、外国で「邦人に会遇《かいぐう》するその歓びは格別のもの」と感激している（川路柳虹《りゅうこう》『黒船記――開国史話』）。海外では幕府も薩摩もない。日本人というナショナリズムがそこにはあった。徳川幕藩体制の崩壊は一年後に迫っていた。

✝明治初期の留学事情

明治期の留学先は西洋だから「洋行《ようこう》」と呼ばれた。「洋行という事はど豪《えら》い事」だったと語るのは、一八七一（明治四）年に岩手から上京した新渡戸稲造《にとべいなぞう》（一八六二～一九三三）だ。明治初期には少しでも横文字が読めると出世に有利で「外国の地を踏んだ者なら、途中歩いても指差《ゆびさ》されて、あの人は何の某と謳《うたわ》れたもんだ」「したがって僕ら少年の最大の目的は、一度洋行して後に参議になるのであった」（『帰雁の蘆』）。

一八七〇（明治三）年八月、政府は第一回国費留学生として南校から目賀田《めがた》種太郎《たねたろう》ら四名をアメリカに留学させた。目賀田はハーバード法律学校（現・ハーバード大学）を卒業し、大蔵省主税局長、貴族院議員、東京弁護士会会長などを歴任、専修学校（現・専修大学）の創設にも尽力した。

さらに同年一〇月には菊池大麓をイギリスに、神田乃武《かんだないぶ》・外山正一《とやままさかず》・馬込為助《まごめためすけ》・矢田部良吉《やたべりょうきち》らをアメリカに留学させた。

図4－6　菊池大麓（『近世名士写真　其2』）

菊池大麓（図4－6）は華麗なる学者一族に生まれた早熟の天才。祖父は蘭学者の箕作《みつくり》阮甫《げんぽ》、父は洋学者の箕作秋坪《しゅうへい》、孫には東京都知事の美濃部《みのべ》亮吉《りょうきち》がいる。満六歳で幕府の蕃書調所に入学して主に英学を修め、開成所に改称後は九歳で大人たちに英語を教えた。一八六七（慶応三）年には一一歳で幕府派遣のイギリス留学生となり、一八七〇（明治三）年に一五歳で二度目の留学を果たした。

菊池はロンドンのユニバーシティ・カレッジ・スクール時代に数学とラテン語で最優秀

賞を受賞、首席で卒業し、日本人で初めてケンブリッジ大学に入学した。同時にロンドン大学を受験、五五三人中三位で合格し、奨学金を獲得した。当時のロンドン大学は在学せずに試験に合格するだけで学位を取得できたため、菊池はケンブリッジ大学とロンドン大学の両方から学士号を取得した（小山騰《こやまのぼる》『破天荒〈明治留学生〉列伝』）。帰国後の一八七七（明治一〇）年に二二歳で東京大学理学部教授（数学）となり、東京帝大と京都帝大の総長や文部大臣などを歴任した。

神田乃武は米国アマースト大学を卒業後、帝国大学（現・東京大学）や高等商業学校（現・一橋大学）の教授として、また英語教科書の著者として、日本の英語教育に多大な貢献をした。

政府は一八七〇（明治三）年一二月に「海外留学生規則」を定め、より本格的な留学生派遣に乗り出した。規則中に「遣欧学生」と書かれているように、派遣先は原則として英・米・仏・孛（プロイセン＝ドイツ）だった。修業目的によって留学先の目安が定められ、主に工学系はイギリス（スコットランドを含む）、理学・医学系はドイツ、法学系はフランス、農学系はアメリカとされた。これらはお雇い外国人の国籍とも相関している。

一八六八（明治元）年〜七四（明治七）年における留学先を見ると、国籍不明の三一人を除く総数五五五人のうち、アメリカが二一二人（三八％）、イギリスが一六四人（三〇％）、

明治	アメリカ	イギリス	ドイツ	フランス	その他	計
1	2	6	1	3	1	13
2	4	3	3	0	2	12
3	66	53	31	24	8	182
4	86	71	30	17	21	225
5	46	18	7	15	5	91
6	2	10	5	0	5	22
7	6	3	1	0	0	10
計	212	164	78	59	42	555
割合	38%	30%	14%	11%	8%	100%

表4-3　明治初期における留学生の国別変遷
（出典）石附実『近代日本の海外留学史』。
（註）「その他」は清・ロシア各8、オーストリア5、ベルギー4、香港・イタリア・オランダ各2、スイス1、欧州15、不明2。

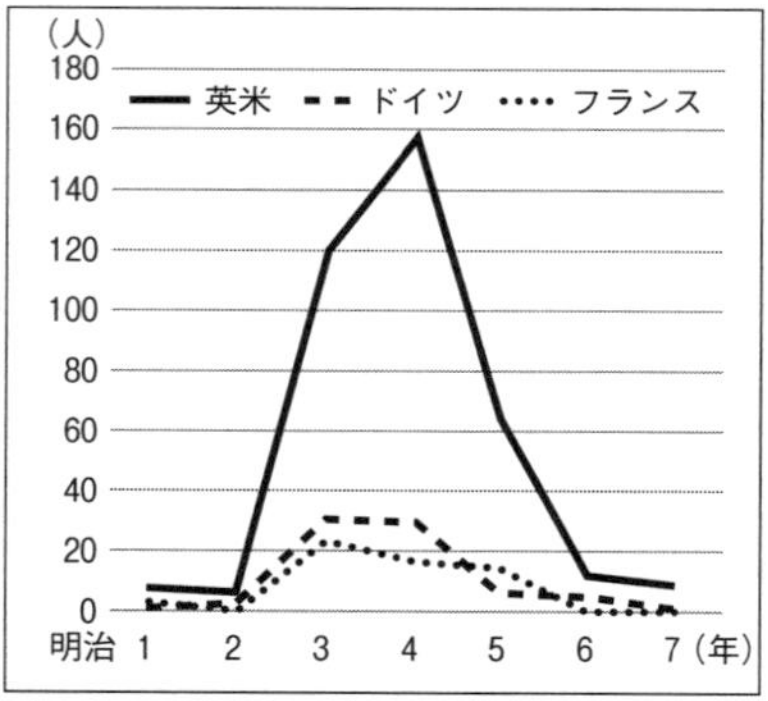

図4-7　留学生の言語圏別変遷

ドイツが七八人（一四％）、フランスが五九人（一一％）などで、英語圏が七割近い（表4-3、図4-7）。時期的には明治三年・四年の留学生数が突出して多い。

この時期の留学生は選定基準があいまいで玉石混淆だったため、素行不良により帰国を命じられる者もいた。また、留学生の急増は莫大な経費を必要とした。

一八七一（明治四）年七月に文部省が設立されたが、翌年二月の調査では官費留学生二三〇余人分の経費は文部省予算の三分の一にも達していた。同年八月には「学制」が施行され、その予算確保が急務だった。

このため、一八七三（明治六）年末には官費留学生を六〇日以内に一斉に帰国させるという強引な布達を出し、留学を続けたい者は私費に切り替えさせた。この政策転換により留学生が激減した。

一八七五（明治八）年五月、文部省は留学生の質的向上を図るべく「文部省貸費留学生規則」を制定した。これによって、①試験による公平な選抜、②貸費制の明確化、③留学生監督の指導による留学先・専攻の決定、④卒業証取得者以外への帰国試験の義務化などが定められた。その結果、留学生はもっぱら開成学校など高等教育機関の成績優秀者となり、留学によって専門能力を高め、帰国後はお雇い外国人に代わって教育研究に従事することが求められた。

一八七五（明治八）年から一八九〇（明治二三）年の間に文部省が派遣した留学生は九〇名で、うち六七名（七四％）が学業を修了し、学位を得て帰国した。こうして、欧米の学術を摂取した日本人教員が高等教育を担える体制が形成されていくのである。

第5章 英語とドイツ語の攻防——近代教育をどの言語で行うか

1　近代的な学校は英語で教育せよ

†徳川の沼津兵学校と静岡学問所

ヨーロッパの革命では、旧体制の国王や側近が処刑される場合が多い。では新政府の発足後、徳川家はどうなったのだろうか。実は意外なほど軽い処分で済んだ。一八六八（慶応四年）、新政府は徳川将軍家一門の田安亀之助《たやすかめのすけ》（六歳）を徳川家達《いえさと》と改名させ、現在の静岡県にあたる駿河《するが》府中藩《ふちゅうはん》七〇万石の領主に移封《いほう》させた。八〇〇万石といわれた徳川家は十分の一以下に減封《げんぽう》されたものの、慶喜に切腹などの重い処分は下されなかった。

新政府としては、慶喜への寛大な対応を要求するパークスなどの圧力に加え、関東各地で農民の一揆や打ちこわしが頻発している状況で、人心を安定させる必要があった。こうして慶喜は命拾いした。謹慎先の上野寛永寺《かんえいじ》を出て故郷の水戸に向かったときには、伸びきったヒゲ面のやつれ果てた姿が人々の涙を誘った。だが明治二年九月には謹慎を解かれ、駿河に合流することを許される。

明治になって慶喜は趣味に生き、人生を楽しんだ。貴族院議員にもなり、一九〇八（明治四二）年には大政奉還の功により明治天皇から勲一等旭日大綬章《くんいつとうきよくじつだいじゆしよう》を授与される。幼き藩主だった徳川家達は、静岡藩知事を経て一八七七（明治一〇）年から五年間イギリスに留学、英語とイギリス政治体制を学び、一九〇三（明治三六）年から三〇年間も貴族院議長を務めた。得意の英語を活かし、第一次世界大戦後の国際秩序を話し合うワシントン会議（一九二一〜二二）に日本政府の全権委員として参加、軍縮と平和外交のために尽力した。

駿河には旧徳川家臣団が大量に移り住んだが、その中には幕府の昌平坂学問所や開成所、横浜の仏語学伝習所などで教えた優れた知識人も多く含まれていた。彼らを教官に、徳川家は一八六八（明治元）年末に明治政府に先駆け近代的な学校を設立して人材を養成し、再興を図った。駿河府中藩（静岡藩）が運営する沼津兵学校と静岡学問所だ。両校とも明治初期を代表する西洋式の学校として歴史に刻まれる。まるで徳川一門の最後の意地とばかりに、幕府西洋学の遺伝子を受け継ぎ、短期間ながら優れた教育を実践した。

驚くことに、沼津兵学校では旧幕臣の子弟の授業料は無料で、しかも月に四両もの手当まで支給された。そんな資金をどこから工面できたのか。その秘密を知るために、時間を一八六八（慶応四）年三月の江戸城明け渡しの数日前に戻そう。

黒装束覆面の男たちが江戸城の御金蔵《おかねぐら》（金庫）に忍び込み、千両箱で一一万両もの大金を盗み出した。やがて徳川一門が駿河藩に移ると、その大金も船で清水港に運ばれた。この「御用金破り」を決行したのは、幕府軍艦奉行の阿部邦之助と部下たちだった。この巨額の資金が駿河藩の財政を支え、兵学校の設立と運営に寄与したのだという（山下太郎『明治の文明開化のさきがけ』）。

沼津兵学校は一八六八（明治元）年一二月、徳川家臣団の陸軍将校養成機関である徳川家兵学校として設立され、地名を冠して沼津兵学校と称された。その予科である附属小学校（四年制）では、語学は英語かフランス語を選択させ、地理・歴史・数学などの一般教養を教えた。それに続く本科は歩兵将校科、砲兵将校科、築造将校科の三科に分けられ、それぞれ小銃・大砲の製造から銃撃・砲撃の実技まで行うものだった。

当然、政府は警戒する。そのため廃藩置県後の一八七一（明治四）年九月に兵学校は兵部省《ひょうぶしょう》直属となり、翌年には東京の陸軍兵学寮に併合されて明治政府の士官養成機関に組み込まれた。

沼津兵学校の約五〇人の教授陣には、幕府開成所の教官を務めたトップレベルの洋学者や軍人らを集めていた。主な顔ぶれを見ると、幕府と明治政府の架け橋になった人物が多いことに驚かされる。

兵学校の校長は西周《にしあまね》で、幕府・蕃書調所の教官時代にオランダに留学した洋学の大家。オランダ語、英語、フランス語を操り、明六社（一八七三〜七五）での啓蒙学術活動や西洋の学術用語の邦訳など多方面で活躍する。「哲学」「知識」「概念」「意識」「命題」「帰納」「演繹」「芸術」などはすべて西による訳語だ。一八七〇（明治三）年九月には明治政府から兵部省（のち陸軍省）への出仕と学制取調御用の兼務を命じられた。

英語教官には「イソップ物語」の本邦初訳『通俗伊蘇普《イソップ》物語』（明治八年）を刊行する渡部温《わたなべおん》（一郎）や、同じく開成所教授だった乙骨太郎乙《おつこつたろうおつ》などの著名な学者がいた。また「数学の沼津」と言われるほど数学教育にも力を入れ、理系の知識が不可欠な工兵や砲兵などの人材を送り出した。

静岡学問所も洋学を重視し、洋学生二五〇人のうち、英学一〇〇人、独学八〇人、仏学五〇人、蘭学二〇人だった（文部省総務局編『日本教育史資料』）。幕府の儒者で英学者だった中村正直（敬宇・敬太郎）が一等教授を務め、ここでサミュエル・スマイルズの『西国立志編』（明治四年）やJ・S・ミルの『自由之理』（明治五年）を翻訳出版した。

幕府のオランダ留学生だった津田真道は学問所の学頭となり、ヨーロッパ流の啓蒙思想を広めた。開成所の教授方で幕府の英国留学生だった外山正一《とやままさかず》も英学を教えた。彼は猛烈な勉強家で、布団を敷かずに机に寄りかかって眠り、目覚めると読書に励んだといわれる。のちに東京帝国大学総長や文部大臣などを歴任した。

静岡学問所の唯一のアメリカ人教官であるエドワード・クラークは英語とフランス語で

授業を行った。学問所は新政府によって一八七二（明治五）年八月に閉鎖を余儀なくされ、その前後から多くの教官が明治政府に引き抜かれた。だがクラークは静岡に残り、廃校後の施設を利用した私立英学校の賤機舎《しずはたしゃ》で一年ほど教えたのち、明治六年一一月に文部省の依頼で東京の開成学校教師となった。

†学校近代化の「仁義なき戦い」

新政府は西洋列強に対峙する国づくりのために、洋学を中心とした教育の近代化を図った。だが封建制度を支えた儒学・漢学という伝統からの離脱にあたっては、漢学派・皇学（国学）派・洋学派の三つ巴《どもえ》による「仁義なき戦い」が待ち受けていた。

一八六八（慶応四）年六月、新政府は旧幕府の洋学教育機関だった開成所と西洋医学の医学所を接収し、それぞれ「開成学校」と「医学校」に改めて教育研究を継続した。他方、漢方医の牙城だった医学館は廃校にした。また儒学教育の拠点だった昌平坂学問所（昌平黌《しょうへいこう》）は「昌平学校」に改め、旧来の儒学・漢学中心から皇学中心に改めようとしたが、これが内紛を招いたため一八七〇（明治三）年七月に休校になり、やがて廃止された。

新たな教育部門を統轄する機関として、一八六九（明治二）年七月に教育行政庁と最高学府を兼ねた「大学校」が設置された。ここで優位に立ったのは王政復古で勢いづく皇学派で、漢学派がこれに続き、洋学派は劣勢だった。同年八月、昌平学校を改編して「大学本校」を開校したが、皇学派と漢学派の派閥抗争が熾烈を極めた。そこで一二月には大学校を「大学」、開成学校を「大学南校《なんこう》」、医学校を「大学東校《とうこう》」として三校一体の運営を図った。ところが、今度は皇学派と漢学派が手を組んで洋学派を排撃したため大混乱となった。

たまりかねた政府は、一八七〇（明治三）年七月に大学本校を閉鎖し、大学の幹部官僚と皇学・漢学の教官をすべて罷免するという荒療治に出た。洋学系の大学南校と大学東校だけは残されたものの、国の教育行政機関が機能マヒに陥るという異常事態となった。

この荒療治を立案したのが江藤新平で、最高権力者・岩倉具視のブレーンだった。彼は佐賀藩の弘道館で漢学を、蘭学寮で蘭学を、枝吉神陽《えだよししんよう》から皇学を学ぶなど、和漢洋に通じていた。そのため、皇学・漢学の学者連中も一目置かざるを得なかったのである。

江藤は教育政策の最重要課題を大学教育ではなく、全国規模での初等教育に置くべきだと主張した。ボトムアップ方式で国民の教育水準を高めようとする江藤の考えは「学制」（一八七二）で実行に移される。また教育行政官庁と最高学府とを分離すべきだとして、一八七一（明治四）年七月に文部省を創設し、自身が実質的な責任者である文部大輔《もんぶたいふ》（次官）となって翌年の「学制」を準備した。

江藤は同年に起草した「学校の議」で、学問を道学（倫理道徳）と芸学（科学）に二分し、道学を神祇《じんぎ》官《かん》の管轄にして文部省の管轄外に追い出した。皇学派と漢学派の教育行政への影響を削いだのだ。その上で「芸学は西洋諸国にて開いたり、因《よっ》て西洋の丸写しにして施行すべきなり」との方針を打ち出した（毛利敏彦『幕末維新と佐賀藩』）。

この実現のために、文部省の事務の要である大丞《たいじょう》に加藤弘之、教学トップの文部大教授に佐藤尚中《さとうたかなか》（大学東校初代校長）や箕作麟祥《みつくりりんしょう》（「学制」起草委員長）などの一流の洋学者を登用した。加藤は開成所教官時代に執筆した『鄰艸《となりぐさ》』（一八六一）で、憲法と議会を備えた立憲政体の必要性を日本で初めて説き、同僚の西周や津田真道らを大いに啓発した。のちに『立憲政体略』（一八六八）や『真政大意』（一八七〇）を刊行し、明治初期の開明的な政体論に影響を与えた。

一八七二（明治五）年八月、教育課程はアメリカ、学区制はフランスをモデルとした「学制」が発布された。日本は世界で最も早く義務教育制を導入した国の一つとなった。

学制により政府主導の統一的・均一的な近代学校制度がスタートしたが、それは反面で従来の藩や個人が運営していた学校を廃止させ、学問水準を引き下げる場合もあった。例えば日本を代表する植物学者の牧野《まきの》富太郎《とみたろう》（一八六二〜一九五七）の場合、一一歳から高知県佐川《さかわ》の名教館《めいこうかん》で儒学者の伊藤蘭林《いとうらんりん》から漢学・地理・天文・物理などを学んだ。ところが学制実施で校舎がそのままに佐川小学校になると、基礎的で画一的な授業内容に牧野は嫌気がさし、中退して独学で植物学を学ぶようになった。

一八七三（明治六）年六月には文部省顧問としてアメリカ人ダビッド・モルレーが着任し、翌年に最高顧問の学監として近代教育制度の確立に尽力した。同年一二月の「学監ダビッド・モルレー申報《しんぽう》」では、①一般普通教育は日本語で行うべきであり、西洋の学術も日本語の教科書で教授できるようにすること、②教員養成が急務であること、③女子教育を奨励すべきことなどを提言した。

明治の高等教育は西洋語で行われるようになったが、ここでも英語、ドイツ語、フランス語の間で「仁義なき戦い」が起こる。明治前期には各省庁も学校を所轄し、外国人教師の出身地も教育言語もバラバラだった。工部省の工部大学校ではイギリス人が工学を、開拓使の札幌農学校ではアメリカ人が農学を、内務省（のちに農商務省）の駒場農学校では最初はイギリス人、のちにドイツ人が農学を、司法省の法学校ではフランス人がフランス法を教えていた。さらに海軍は英語で、陸軍はフランス語（のちにドイツ語）で士官教育を行っていた。

なお、オランダ駐日領事は一八七三（明治六）年に官立外国語学校でのオランダ語の開講と教師の斡旋を政府に申し入れたが、拒否された。蘭学の時代はすでに終わっていた。

†開成学校は英・独・仏語で開始

東京大学の前身となる開成学校を例に、講義で用いられる言語が英語に統一されていく過程を見ていこう。

開成学校では一八六九(明治二)年一月から英語とフランス語による授業が始まった。身分にかかわらず入学を許され、新時代の学校に生まれ変わった。生徒数は同年四月末で英学二四〇名(六〇%)、仏学一六〇名(四〇%)だった。教師は英国人バーリーとフランス人プーセーに加え、四月にはフルベッキ(英語)、五月にはフランス人ガロー(フランス語)が採用された。フルベッキは翌年一〇月から教頭(実質的には校長格)になった。また、中浜万次郎も英語の教授に任命されている。

開成学校は一八六九(明治二)年一二月に「大学南校」に改称され、日本初のドイツ語教師カデルリーを採用して、英・仏・独の三コース制になった。翌年七月までに雇われた外国人語学教師は英語五名、仏語二名、独語一名だった。大学南校は未整備だった中等教育の機能を兼ねており、実質的には語学学校に近かった。名実ともに高等教育機関としての大学が発足するのは、一八七七(明治一〇)年四月に東京大学が創設されてからだ。

大学南校には各藩から選抜された貢進生《こうしんせい》が送り込まれた。一八七一(明治四)年一月の貢進生名簿によれば、総数三一〇名のうち、英語は二一九名（七一％）、フランス語は七四名（二四％）、ドイツ語は一七名（五％）だった（文部省編『学制百年史』）。英語履修者の割合は二年前の六〇％よりも一一％増えている。

各語学は正則・変則の二種類に分けられ、正則生は外国人教師に就いて韻学（発音）・会話より始め、変則生は日本人教師から主に外国書の訓読解意（欧文解釈）を学んだ。ただし明治四年一〇月に変則コースは廃止された。

生徒は入学時の学力で九等級に分けられ、試験の成績によって進級できた。五等までが語学中心の普通科で、数学・地理・世界史なども外国語で学んだ。これらを履修したのちに四等以上の法科・理科・文科の専門分野に進み、西洋諸科学に取り組むことになっていた。

一八七〇（明治三）年に貢進生の正則生として大学南校に入学した杉浦重剛《すぎうらじゆうごう》の回想によれば、「ウエブストルのスペルリングや会話から始めて普通学に入る順序であったが、普通学は数学でも化学でも、総て洋書を教科書として用いた。その頃さつま字引（『改正増補和訳英辞書』一八六九）があって、これをたよりに、むずかしい原書を読んだ」。通訳もいたが、教師との質疑応答はもちろん、生徒同士もなるべく英語を使う決まりだった。正則生の中には「子どもの読むような会話書などを読ませられるのを厭《いと》うて、途中で逃げ出す者や、変則生に変わる者が多かった」という（国民教育奨励会編『教育五十年史』）。杉浦は一八七六（明治九）年に第二回文部省留学生として渡英し、化学を専攻した。帰国後は大学予備門（現・東京大学）の校長や衆議院議員などを歴任した。

一八七一（明治四）年七月に大学南校は「南校」に改称された。九月に南校は東校とともに教則を改定し、「教育の方法、教則等一切欧米の成規に依準し、すべて外国教員を以て教授」する欧米方式の学校となった（『文部省第二年報』）。この頃は急進的な西洋化政策のピークだった。

一八七二（明治五）年の「南校一覧」によれば、入学者の四四七名は学力によって英語の九クラス、フランス語の六クラス、ドイツ語の四クラスに分けられ、担当する外国人教師は英語八人、フランス語五人、ドイツ語四人だった。最優秀の英語クラスである「英一之部」には、明治政府で活躍する伊沢修二（教育者・貴族院議員）、小《こ》村《むら》寿《じゅ》太《た》郎《ろう》（外務大臣）、三浦（鳩山）和夫（衆議院議長）などがいた。

学制によって南校は「第一大学区第一番中学」に改称されたが、わずか八カ月後の一八七三（明治六）年四月に再び「開成学校」に戻され、翌年五月には「東京開成学校」となった。明治初期の制度・法令の朝令暮改はあきれるほどで、五年の間に開成学校→大学南校→南校→第一大学区第一番中学→開成学校→東京開成学校と五回も変わった。文明開化の試行錯誤ぶりがわかる。

ただし、新たな開成学校では外国語教育政策が大転換した。「英学本位制」の採用だ。

†英語だけで講義せよ

文部省は一八七三（明治六）年四月、それまで英・独・仏の三カ国語で教えていた開成学校に「専門学科は今後、英語によって修業させる」と通達した（『文部省復命』明治六年〔丁〕）。教育言語を英語だけに絞る「英学本位制」を導入したのだ。これが令和の現在まで続く「英語一辺倒主義」のルーツとなる。

では、なぜ英語だけで講義せよと命じたのか。理由は三つ。①当時の学術の先進国であり最大の貿易相手国がイギリス・アメリカという英語国だった。②複数の言語で教育するには教員や教材・教具を言語ごとに用意しなければならず、経費がかさむ。③語学ごとの派閥が生まれる危険性がある。明治二年の大学本校で起こった言語別の派閥抗争に懲りていたのだ。

こうして開成学校は専門学科の授業を英語で行うようになり、翌一八七四（明治七）年五月には予科三年・本科三年の「東京開成学校」に改組された。同校は法学校、化学校、工学校、諸芸学校（総合性重視の技術者教育）、鉱山学校の五つの専門学校を合併した「官立大学校」で、一八七七（明治一〇）年には東京大学に発展する。

かわいそうなのは開成学校のフランス語やドイツ語コースの入学者だ。低学年の生徒は一八七三（明治六）年発足の東京外国語学校に編入された。専門課程の生徒のうち、フランス語で入学した生徒には諸芸学を、ドイツ語で入学した生徒には鉱山学を学ばせたが、両コースとも一八七五（明治八）年七月に廃止されてしまった。

開成学校は一八七三（明治六）年四月の「専門学校規則」で「外国教師にて教授する高尚なる学校」である専門学校に区分されていた。高等教育の指導はまだ日本人には無理だということを政府が法令で認めたわけだ。ただし、外国人教師が外国語で授業をするのは当面のやむを得ない措置であって、「その学術を得しものは後来《こうらい》（＝将来）、我が邦語を以て我が邦人に教授する目的のものとす」と定めた。このように、明治の文部省は日本人が日本語で高等教育を担うという学問の独立を目標に掲げ、それまでのやむをえない措置として、外国人による外国語での授業を認めたのだった。

ところが二一世紀に入った頃から、政府は「グローバル人材育成」を掲げ、大学教育を英語で行うことを奨励している。だが英語による授業は日本人学生に重い負担を課し、講義内容の半分程度しか理解できないとする研究がある（Kojima & Yashima 2017）。そのため授業内容の水準を落とさざるをえない。特定の分野を除き、「英語で授業」は一種の愚民化教育である。明治の人々が西洋の学術用語を日本語に置き換え、高等教育を日本語で行えるようにした血の滲むような努力を何と考えるのだろうか。

†外国語学校を英語学校に

明治初期の学校制度で最も後れを取っていたのが中等教育だった。政府は学制（一八七二）によって国民皆学のための小学校と、近代化の推進役となる大学・高等教育機関に力を注いだ。残されたのが、両者をつなぐハシゴというべき中等教育機関だった。

整備が遅れた中等教育の機能を担ったのが、私立の外国語学校だった。一八七四（明治七）年の『文部省第二年報』によれば、官立七校以外の外国語学校は公立が六校、私立が七六校で、合計八二校のうち、英語のみを教える学校が六九校（八四％）、フランス語のみが七校（九％）、ドイツ語のみが一校（一％）、英語とそれ以外の外国語が五校（六％）だった。

このうち私立英語学校のほとんどは東京に集中しており、生徒数の上位は福沢諭吉の慶應義塾五二六人、近藤真琴の攻玉塾《こうぎょくじゅく》三五一人、中村正直の同人社二三五人などだった。この三校だけで、同年における官立外国語・英語学校七校の生徒数一〇〇五人を上回っている（拙著『日本の外国語教育政策史』）。なかでも慶應義塾は「英学のメッカ」と言われ、英語教員の最大の供給源だったが、生徒全員が男子だった。

女子にも門戸を開いた英語学校は非常に少ない。一八七二（明治五）年の「東京府開学明細書」によれば、私立英語学校における女子生徒の数は、有馬頼咸《ありまよりしげ》が校主の報国学舎が生徒一九五名中一五名、佐野鼎《さのかなえ》の共立《きょうりゅう》学校（現・開成中学・高校）が一〇九名中一〇名などわずか。英語を教えた私立学校九校の生徒総数一二六五名中、女子は二六名（二％）にすぎなかった。

東京開成学校が専門学校に格上げされると、その準備教育と通訳養成のために、官立外国語学校が一八七三（明治六）年八月から翌年にかけて、東京、大阪、長崎、広島、愛知、宮城、新潟に七校設立された。このうち東京外国語学校は、明治四年に外務省が設立した独魯清語学所《どくろしんごがくしょ》、明治六年設立の独逸《ドイツ》学教場、そして開成学校語学課程（英・独・仏）を併合して、明治六年一一月に英語・フランス語・ドイツ語・ロシア語・清語（中国語）の五学科で開校した。

各外国語学校には英語、フランス語、ドイツ語、ロシア語、中国語などを開設する計画だったが、英語以外を希望する生徒はほとんどなく、東京以外はどこも英語コースだけとなった。また東京外国語学校でも、明治六年度の生徒総数五四二人のうち、英語が二九四人（五三％）と過半数を占め、ドイツ語一〇六人（二〇％）、フランス語九六人（一八％）、中国語三二人（六％）、ロシア語一四人（三％）だった（『文部省第一年報』）。この時点でドイツ語がフランス語を上回っており、この傾向はその後も続いた。

東京開成学校が英学本位制を採用したことに伴い、政府は一八七四（明治七）年一二月に東京外国語学校から英語科を独立させて東京英語学校とし（明治一〇年に東京大学予備門に改組）、他の外国語学校六校もすべて英語学校へと再編した。教師の多くは英米人で、数学、地理、歴史などもアメリカの教科書が使われた。こうして中等教育における英語一辺倒主義が始まった。

ところが一八七七（明治一〇）年一月二九日に西南戦争が始まると、政府は戦費調達のために二月一九日をもって宮城、新潟、愛知、広島、長崎の英語学校を廃校にしてしまった。いつの世も戦争は教育を破壊する。廃校後は各地方庁に移管されて中学校などに改組された。この頃になると「文明開化」が一段落し、政府の中等教育政策は外国語学校重視から中学校設立へと転換したのである。

政府は一八八〇（明治一三）年から中学校の整備統制に取りかかり、一定の基準に達しない中学校を各種学校に格下げした。そのため明治一〇年から一六年までの間に公立中学校は三一から一六六校に増えた反面、私立中学校は三五八校から六校に激減した（『文部省年報』）。それは地域に根ざした自由民権派などの中等教育機関を壊滅させる政策でもあった（後述）。

2　専門教育は英語かドイツ語か

†英国人が英語で教えた工部大学校

斎藤秀三郎《さいとうひでさぶろう》（一八六六～一九二九）は、もしノーベル賞に英語部門があったら受賞していたはずだと言われたほどの英語の達人だった。執筆した英語関係書を積み上げれば二メートルにもなる。なかでも斎藤が一人で執筆した『熟語本位英和中辞典』（一九一五）は、改訂を重ねて一〇〇年以上を経た現在でも書店に並んでいる。

斎藤は一度も日本を離れたことがなく、驚異的な英語力を日本で身につけたのである。それも英文科などではない。彼は工部省が設立した工部大学校（東京大学工学部の前身）の造船学科を一八八三（明治一六）年一二月に三年生で中退している。だから英語力の秘密はこの工部大学校にあるようだ。

そう、同校の授業はもっぱら英国人が英語で行い、さながら英国に留学している観があったのだ。斎藤はこの学校で英語教師ジェイムズ・ディクソンの指導を受けた。

日本の近代化を支える殖産興業には、機械制大工業の育成、鉄道などのインフラ整備、そして鉱山開発が最重要項目だった。それらを推進するために一八七〇（明治三）年に設立されたのが工部省だった。初代工部卿（＝大臣）は伊藤博文で、部下の山尾庸三《やまおようぞう》（大輔《たいふ》＝事務次官）や井上勝《いのうえまさる》（鉄道頭＝局長）、のちに工部卿となる井上馨は、みな英国に密航留学した「長州ファイブ」（第3章）の仲間で、典型的な開明派官僚だった。

　工部省は工業技術者を養成するために、一八七三（明治六）年にスコットランド人のヘンリー・ダイアー（図5－1）を招聘して工学寮工学校の都検《とけん》（実質的な校長）とし、本格的な工業教育をスタートさせた。英国から各分野の専門家が来日し、最終的に土木、機械、電信、造家（建築）、化学、鉱山、冶金、造船の八学科を指導した。

図5－1　ヘンリー・ダイアー（『明治日本とイギリス』）

　授業は英語で行われるため、入学試験では英会話を含め英語関係の配点が全体の約六割を占めた。ダイアーの指導によりカリキュラムは工学理論と実践的な実習とを組み合わせた世界的にも最先端のものとなり、イギリス本国が逆輸入するほどの水準だった。同校は一八七七（明治一〇）年に工部大学校に発展した。

工部大学校のみならず、工部省の事業に必要な技術者や機材は主にイギリスから供給された。工部省が雇い入れた外国人は一八八五（明治一八）年までに五八八人に達したが、うちイギリス人が四五五人（七七％）と圧倒的多数を占めている。次いでフランス人が七五人（一三％）で、これは旧幕府がフランスの援助で手がけた横須賀製鉄所（造船所）や生野鉱山などの事業を工部省が引き継いだためだ。以下、ドイツが二〇人（三％）、アメリカが一〇人（二％）、その他が二八人（五％）だった（三好信浩『日本工業教育成立史の研究』）。

工部省の全予算に占めるお雇い外国人給料の割合は、一八七四（明治七）年の時点で約三分の一（三四％）に達していた。外国人技術者への依存から脱却し、工業技術の自立化を図ることは急務だった。そのため一八七九（明治一二）年には工部大学校第一回卒業生のうち成績優秀な一一人をイギリスに留学させた。

帰国した彼らが母校の教授陣となるのは一八八二（明治一五）年以降で、同年には工部大学校の一〇人の日本人教授補のうち九人が同校卒業生だった。こうして工学教育の自立が実現するのである。役割を終えた工部省は一八八五（明治一八）年に廃止され、翌年に工部大学校は東京帝国大学に組み込まれた。

明治政府の工業化政策では内務省の存在も大きい。一八七三（明治六）年一一月、民間産業の育成（勧業）・警察・地方行政を担当する内務省が創設され、大久保利通が内務卿となった。明治六年の政変で権力の頂点に立った大久保は、征韓論を抑え込んで対外的な緊張を回避し、国内経済優先で国力を充実すべきだと確信していた。これは彼が岩倉使節団での西洋歴訪、とりわけイギリスから学び取った最大の教訓だった。

内務省は工部省の殖産興業関係の部局を引き継いだ。ただし、工部省がイギリスなどの外国に依存した政府直営の事業が多かったのに対し、内務省は民間企業の保護・育成に重点を置いた。官営模範工場の代表格で世界遺産でもある群馬県の富岡製糸場も内務省の所管となり、一八八一（明治一四）年創設の農商務省に移管されたのち、一八九三（明治二六）年に民間の三井に払い下げられた。

✝英語名人を育てた札幌農学校

新渡戸稲造《にとべいなぞう》（国際連盟事務局次長）、有島武郎《ありしまたけお》（作家・英語教師）、内村鑑三《うちむらかんぞう》（宗教者・英語教師）、頭本元貞《かしらもともとさだ》（英文ライター）、武信由太郎《たけのぶよしたろう》（早稲田大学教授）、佐久間信恭《さくまのぶやす》（大阪外国語学校教授）。これら英語教育史に名を残す英語名人たちを輩出した学校。それが北の大地の札幌農学校（現・北海道大学）だった。

農学校なのになぜ英語の達人たちが巣立ったのか。秘密は教育内容にあった。札幌農学校は北海道開発を担当する開拓使《かいたくし》が一八七六（明治九）年に設立した高等教育機関で、アメリカ随一の農業学校といわれたマサチューセッツ農業カレッジをモデルに創設された。そのため同校学長のウィリアム・クラークを招聘して初代教頭（実質的な校長）とし、一一人のアメリカ人教師を雇い入れた。

授業はすべて英語。そのため最初の入学試験はクラークら三人のアメリカ人教師が口頭試問形式で行い、英語力と資質を見極めた。入学後、生徒は英語の講義を筆記し、寄宿舎で浄書、それを教師が点検・修正する毎日だった（『北大百年史　通説』）。アメリカ留学と変わらない英語漬けの生活だ。

札幌農学校は全人教育の観点から、専門教育のみならずリベラル・アーツ（一般教養）や語学教育を重視した。全学年合わせて週に六三時間の授業のうち、英語関係の授業が三一時間と約半分を占め、英語および翻訳・英文学・英語弁舌法・英文学史などを開講していた。例えばクラーク校長はシェイクスピアの戯曲『ジュリアス・シーザー』のブルータスやアントニーの演説を練習させ、抑揚やジェスチャーなども細かく指導した。人の上に立つ者は弁舌がうまくなくてはならないというアメリカ流の考えからだ。

札幌で高度な英語教育を受けた新渡戸稲造は、卒業翌年の一八八三（明治一六）年に東京大学に入学したが、英語・英文学教育の水準の低さに失望。一年足らずで退学し、アメリカとドイツの留学へと旅だった。彼は札幌農学校の教育で「特に役立ったのは英語の知識で（中略）無尽蔵の知識の蓄積に近づく手段を得ることができた」と述べている（*The Imperial Agricultural College of Sapporo, Japan.*）。

札幌農学校の前身は一八七二（明治五）年四月に東京に開校した「開拓使仮学校《かいたくしかりがっこう》」で、驚いたことに、開校に合わせて生徒用の英和辞典を出版した。北海道開拓には西洋知識を得るための英語力が必要だとして、同年七月に「開拓使辞書」との通称をもつ荒井《あらい》郁之助《いくのすけ》（郁）編『英和対訳辞書』を刊行したのだ。これを生徒に貸与するとともに、期末試験の成績優秀者には賞品として与えた。

「開拓使辞書」は、一八七一（明治四）年刊行の『大正増補　和訳英辞林』（薩摩辞書）再訂版の本文をほぼそのまま木版に手彫りし、鉱山関係の専門用語を附録として追加した一一五〇頁の和装本。南の薩摩辞書が北の開拓使辞書に化けたわけだ。訳語のほとんどは幕末の『英和対訳袖珍辞書』（一八六二）のままで、例えばDiplomatistは今なら「外交官」だが、「古書《コショ》ニ依《ヨツ》テ全権《ゼンケン》ノ役《ヤク》ノ勤方《ツトメカタ》ヲ吟味《ギンミ》スル学《ガク》ニ熟《ジュク》シタル人《ヒト》」と何とも長々しい。ちなみに、翌明治六年に出た『附音挿図《ふおんそうず》英和字彙《えいわじい》』では「交際法の識者」となっている。国際間の交渉という意味での「外交」の初出は一八七一（明治四）年の「太政官職制」だから、外交（官）の訳語がまだ安定していなかった様子がわかる。

「開拓使辞書」の編者とされる荒井郁之助は旧幕府の海軍奉行で、戊辰戦争の最後の激戦地である箱館の五稜郭に榎本武揚らと籠城した「賊軍」の将。にもかかわらず、薩摩藩出身で開拓使長官だった黒田清隆《くろだきよたか》は荒井を出獄させ、開拓使仮学校の校長に任じた。さらに敵将榎本の助命にも尽力し、開拓使に招いて北海道の資源調査に従事させた。「敵ながらあっぱれ」と思ったにしても、有能な人材を活用した黒田は太っ腹だ。

開拓使仮学校に各藩から集められた一期生は元サムライで乱暴者が多く、英語力が乏しいので授業が進まない。学校の理事だったアンチセル博士が音読を禁じて黙読を厳命すると、生徒たちは黙読では英語学習ができないとして反発し、大混乱になった。

学校側はどうしたか。なんと閉校して生徒を追い出し、翌年四月に再開するという強硬策をとった。アメリカ人のアルバート・ベーツを英語・数学・地理・歴史の教師、フランス人のプロスペル・フークをフランス語・算術・地理・物理・歴史の教師として迎え、さらに日本人教師が数学と漢学の授業を行った。仮学校は一八七五（明治八）年に札幌に移転して「札幌学校」と改称され、翌年に「札幌農学校」となった。

北海道開拓史の影の部分も見ておきたい。明治政府はアイヌ民族が多く住む蝦夷地を北海道と改称し、開拓使を設けて植民地開拓を進めた。東京の開拓使仮学校には附属の「北海道土人《どじん》教育所」と農場の「開拓使官園」が開設され、北海道から三八人のアイヌ民族が送り込まれた。日本語や農業などを学ばせる同化政策の一環で、「野蛮な」風俗を捨て文明開化させるためだとされた。しかし慣れない生活環境などにより二年間に四人が死亡するなど悲惨を極め、北海道土人教育所は一八七四（明治七）年に閉鎖された。

黒田清隆は開拓使顧問としてアメリカ農務局長のホーレス・ケプロンを招いたが、彼は西部開拓に際して先住民（ネイティブ・アメリカン）の移住政策を担当した人物だった。明治政府の北海道開拓は、そのモデルをアメリカに求めた。アメリカの西部開拓が先住民への殺戮と虐待を伴ったように、北海道開拓においても先住民のアイヌ民族を「旧土人」として差別・虐待した。まさに万国公法が定める「無主地」として北海道とその先住民を不当に扱ったのである。

日本の国会がアイヌの人々を先住民族として認めて差別撤廃を決議したのは、実に二〇〇八（平成二〇）年のことだった。

†医学は英語かドイツ語か

医学教育はどの言語で行うべきか。これは悩ましい問題だった。幕府の医学所では日本人蘭学者がオランダ医学を教授していたが、シーボルトが実はドイツ人だったように、医

図5－2　ウィリアム・ウィリス（山崎震一『ウイリアム・ウイリス伝』）

学書の多くはドイツ医学のオランダ語訳だった。

一八六九（明治二）年七月に医学校が大学東校《とうこう》となった頃には、イギリス公使館付の医師ウィリアム・ウィリス（図5－2）を教師としてイギリス医学を取り入れた。ウィリスは戊辰戦争で敵味方に関係なく治療し、ナイチンゲールばりの赤十字精神を日本に植えつけた。

一八七一（明治四）年には、日本初の専門用語の英和辞典（解剖学）である大野《おおの》九十九《つくも》編訳『解体学語箋』（図5－3）が文部省官版として刊行されるなど、イギリス医学は順風満帆かと思われた。

ところが雲行きが変わる。明治政府の顧問だったフルベッキの助言もあり、ドイツ医学が優秀であるとの認識が強まっていったのだ。同年八月にはドイツからミュルレルとホフマンが大学東校の教師として招かれた。東校の医学教育はイギリス流かドイツ流かで対立したが、最終的にドイツ流に転換した。これが東京大学医学部に引き継がれ、日本の医学

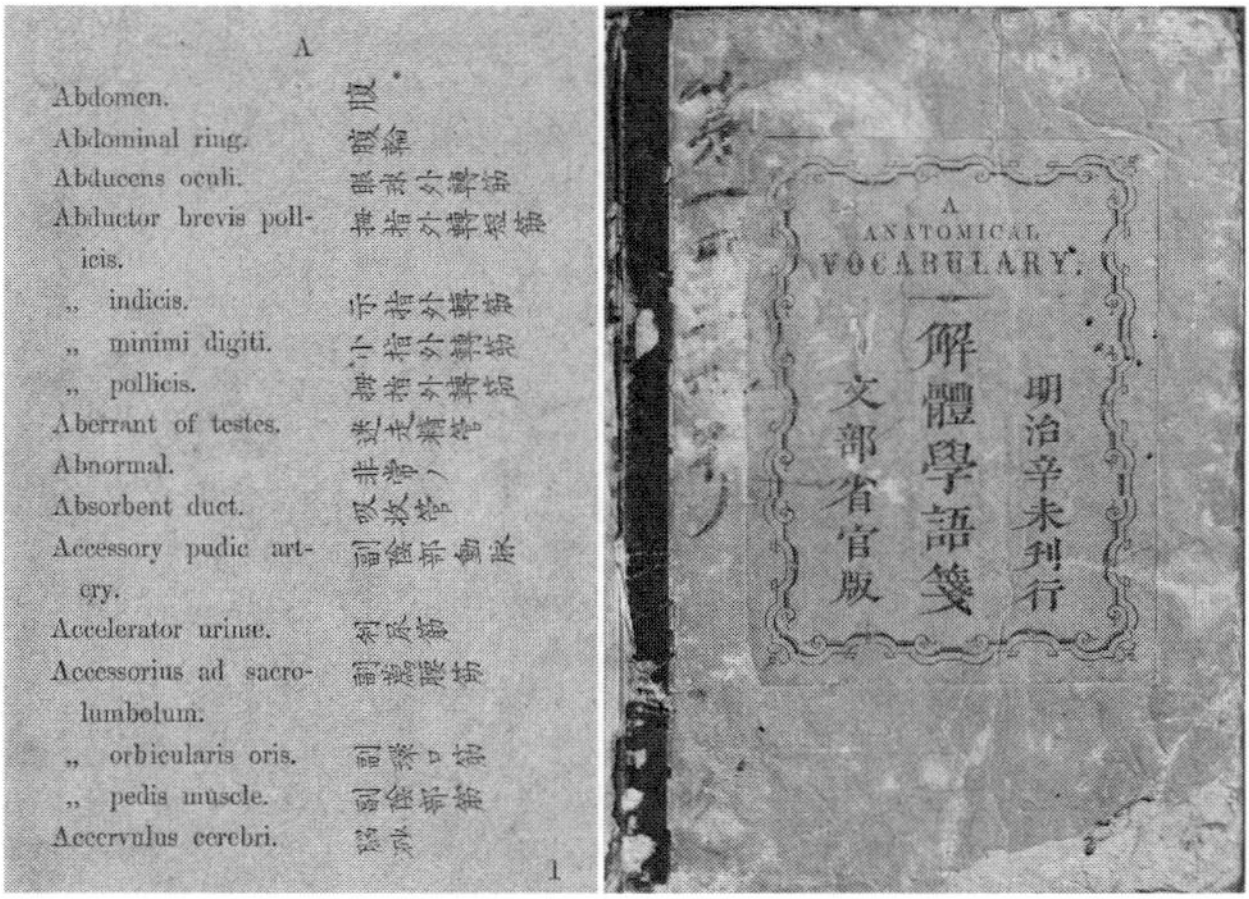

図5-3　『解体学語箋』（筆者蔵）

界の主流となる。

こうして現在でも「カルテ」「ガーゼ」「アレルギー」「カテーテル」などのドイツ語起源の医学用語が使われている。ただし、第二次世界大戦後はアメリカ医学が世界をリードしたため、今日では医学の分野でも英語が主流になってきた。

やがて医学部でも日本人教官がお雇い外国人に代わるようになった。一八七七（明治一〇）年の東京大学発足当時は、医学部の教授一八人のうちドイツ人が一一人（六割）を占めていた。しかし一八八四（明治一七）年には教授一三人のうちドイツ人はベルツなど四人（三割）だけとなり、日本人を主体に医学教育を行えるようになった。

ただし、すべての医学教育がドイツ語で

行われたわけではない。東京医学校を追われたウィリスは、西郷隆盛などの招きで鹿児島に赴き、鹿児島医学校（鹿児島大学医学部の前身）を創設、英語教育・医学教育・医療活動に力を尽くした。

福沢諭吉は「米国崇拝者」と呼ばれるほどの英語通だっただけに、文部省と大学東校がドイツ医学の採用を決定したことに批判的だった。そこで一八七三（明治六）年一〇月、三田の慶應義塾内に英学系の医学を教える「医学所」を開設した。校長は慶應義塾で英学を学んだ松山棟庵《まつやまとうあん》で、医学書を翻訳して教えた。しかし入学者は徐々に低迷し、わずか七年で閉校した。慶應義塾大学医学部の新規設立はその三七年後だ。

なお、松山棟庵と高木兼寛《たかぎかねひろ》は、患者を研究材料とみなす研究至上主義や、ドイツ医学への偏向と権威主義を強める医学界に疑問を抱いていた。そこで、患者と直接関わる臨床を重視する英国医学を取り入れた医学校「成医会講習所《せいいかいこうしゅうじょ》」を一八八一（明治一四）年五月に開校した。これが東京慈恵会《じけいかい》医科大学へと発展する。

のちに海軍軍医総監となる高木はウィリスの教え子で、一八七五（明治八）年から五年間、英国セント・トーマス病院医学校に学んだイギリス系医学者。彼は海軍軍医として、日本人の国民病とまで言われた脚気《かっけ》の原因が栄養の欠陥であると考え、海軍の兵食に麦飯や洋食を取り入れた。その正しさは、のちに原因が玄米の白米化によるビタミン不足によるものだと判明したことで証明され、日本海軍から脚気を撲滅した人物として世界的な評価を受けた。

一方、東京大学医学部からドイツに留学した陸軍軍医の森鷗外《おうがい》（林太郎）らは、高木への対抗心もあって脚気細菌説に固執し、一日に白米六合の兵食を続けさせた。結果は悲惨だった。以下の数字は一つの目安だが、日露戦争での戦没者は約八万八〇〇〇人で、うち脚気による死者が三割の約二万七〇〇〇人に達した（山下政三『鷗外森林太郎と脚気紛争』）。総動員兵力は約一〇〇万人だったが、実に二五万人が脚気にかかった。陸軍は日清戦争でも脚気で四〇〇〇人以上が死亡している。原因は白米主食と粗末なおかずによるビタミン不足だった。一方、海軍の脚気による死者は日露戦争での三人だけだった。

にもかかわらず、鷗外は責任を負うどころか、一九〇七（明治四〇）年に軍医の最高位である陸軍軍医総監・陸軍省医務局長に出世した。

この事実だけをもってドイツ系医学とイギリス系医学の優劣をつけることはできない。明らかなことは、派閥やメンツにこだわって相手の言い分に謙虚に耳を傾けないと、人間は思考停止に陥り、多大な犠牲を招きかねないことだ。

また、英語、ドイツ語、フランス語といった語学によっても派閥が形成されやすい。幕末から明治前半期までの皇学（国学）、漢学、蘭学、英学、仏学、独学は、単なる語学上の分類ではなく、各言語を基盤とする学問・思想体系を意味していた。だから英学や仏学を中心とした自由民権派に対して、政府は君主制色の強い独学を対置するのである（次節）。昭和期の陸軍では、東條英機《とうじょうひでき》ら陸軍幼年学校でのドイツ語履修組が中学校での英語履修者を排斥し、それがナチス・ドイツの過大評価と米英の戦力軽視につながった（拙著『英語と日本軍』）。

英国をモデルとした海軍と、ドイツをモデルとした陸軍。両者は脚気対策でも対立し、連携しようとはしなかった。三万人を超す陸軍兵士たちが脚気の犠牲になった要因は、陸軍上層部の権威主義と過信にあったといえよう。

3　ドイツ語で自由民権運動をつぶせ

†自由民権運動の高まり

「広く会議を興《おこ》し万機《ばんき》公論《こうろん》に決《けっ》すべし」。歴史教科書に載るこの言葉は、明治新政府の基本方針となった「五箇条《ごかじょう》の御誓文《ごせいもん》」（一八六八）の冒頭部分。国民各層からの公正な意見を集めて政策を決定するためには、国会を開設しなければならない。国会こそは憲法と並んで文明国のシンボルとみなされていた。

国会開設を求める動きは幕末からあったが（第2章）、大久保利通らの藩閥政府に対抗する形で、開設を強力に求めたのが自由民権運動だった。きっかけは対朝鮮政策の意見対立を契機とした「明治六年の政変」（征韓論政変）。これにより、政府の中枢を担う西郷隆盛ら参議の半数と、官僚・軍人の約六〇〇〇人が辞職し、政府が分裂した。参議だった板垣退助《いたがきたいすけ》、後藤象二郎、江藤新平、副島種臣らは政府を退き、一八七四（明治七）年一月一二日に愛国公党を結成、一七日に政府に対して「民撰議院設立建白書《みんせんぎいんせつりつけんぱくしょ》」を提出した。

建白書の草案を作成したのはイギリス留学から帰国した古沢滋《ふるさわしげる》と小室信夫《こむろしのぶ》で、イギリス流の議会制度や政党政治の思想が盛り込まれている。そのため、建白書は自由と平等（天賦《てんぶ》人権論）の立場から、大久保利通を中心とする政府を「有司（＝官僚）専制」と批判し、国民に広く選挙権を与え、早期に国会を開設することを要求した。これが自由民権運動の烽火《のろし》となった。

自由民権運動の主な要求は、国会開設・民主的憲法の制定・地租軽減・地方自治・不平等条約撤廃だった。こうした高度な主張を国政に反映させるためには、西洋の民主主義思想と近代政治制度を民衆自身が学び取る必要があった。そのため、自由民権運動は政治運動であるとともに「学習運動」でもあった（片桐芳雄『自由民権期教育史研究』）。

多くの民権派の学塾において、カリキュラムの中核に据えられたのは何よりも英学、次いで仏学だった。自由民権運動を支えた天賦人権論や、憲法・議会・政党論などを理解するには、もっぱら英米ないしフランスの社会思想や政治制度を学ぶ必要があったからだ。

高知出身の民権運動家で、のちに大逆事件《たいぎゃくじけん》（一九一一）で処刑される奥宮健之《おくのみやけんし》の回想によれば、「十一二の頃から東京へ出て、英語を修め、土佐へ立志社《りっしゃ》が出来ると、また土佐へ帰って、ミルの代議政体論だの、自由の理だの、スペンサーの社会学だの、ギゾーの文明史、バックルの文明史、それからフランス革命史などいうものを読んだ」。

立志社は板垣退助、片岡健吉らが一八七四（明治七）年に土佐に設立した自由民権運動の代表的な政治結社で、民権思想の学習と普及のために「立志学舎」を運営していた。「立志」の名は、英人サミュエル・スマイルズ著・中村正直訳の『西国立志編』（一八七〇～七一）に由来する。立志学舎は一八七六（明治九）年一月に英学普通科を増設し、慶應義塾から教師を招いて本格的な英学教育を行ったため「立志社英学校」とも呼ばれた。

†自由民権運動つぶしのドイツ学振興

勢いを増す自由民権運動をどう抑え込むか。明治政府は一八七五（明治八）年以降、言論・出版を取り締まる讒謗律《ざんぼうりつ》、新聞紙条例、集会条例、保安条例といった徹底した政治的弾圧だけでなく、保守勢力と組んでイデオロギー的な対抗策が必要だと考えた。彼らは議会よりも天皇の権限が強い立憲君主国家を確立しようとしていた。そのモデルはドイツだから、ドイツ学を振興することによって、立憲制議会や政党政治を浸透させる英学の力を削ぎ、自由民権運動の根を断とうとしたのである。

ドイツ学振興の直接の背景には「明治一四年の政変」がある。同年、民権派の大隈重信は、イギリス型の議院内閣制（政党内閣制）や、二年後の国会開設を盛り込んだ急進的な意見書を、左大臣の有栖川宮熾仁親王《ありすがわのみやたるひとしんのう》に内密に提出した。イギリス型の議院内閣制は実質的には国民主権に近く、民権派の多くの憲法構想に取り入れられていた。そのため政府の主導権を握っていた伊藤博文は大隈の意見書を知ると激怒し、深刻な意見対立となった。

ちょうどそこに、北海道開拓使官有物払い下げ問題や、財政政策での政府内対立が重なった。払い下げ中止運動は民権派の国会開設要求と結合し、それには大隈に近い人々が関与していたため、黒幕は大隈および福沢諭吉だとみなされた。

こうして一〇月一一日、伊藤らは大隈重信を政府から追放し、払い下げの中止とともに、一〇年後の国会開設を発表した。政府内から民権派の大隈派と福沢派を一掃することで、国家構想においてイギリス型の議院内閣制を排除したのだ。この頃になると、伊藤は当初の自由主義から国家主義へと移行しつつあった。加藤弘之や森有礼なども同様で、権力の担い手になるにつれて保守化していった。一八八五（明治一八）年一二月に太政官制度が廃止され内閣制度が発足すると、伊藤は初代内閣総理大臣に就任した。

国会での民権派を抑え込めるように、ドイツ流の立憲君主制をモデルにした国権主義的な憲法制定をめざすべきだとする保守派が台頭した。こうした政治的な動きと連動して、ドイツ学振興政策が展開される。

自由民権運動と闘うために、学校教育での英学の廃止とドイツ学の奨励を訴えた政治家の代表格は井上毅《いのうえこわし》だ。彼は幕末にフランス語を学び、司法省からフランスに派遣されたが、のちに英学・仏学に敵意を燃やす強硬なドイツ学振興論者となった。独逸学協会の創設メンバーで、一八九三（明治二六）年には文部大臣となる。それだけに、民権派を抑え込む方策として教育の改変に力を注いだ。

井上は明治一四年の政変直後の一一月に「十四年　進大臣」（人心教導意見案）を起草し、政府高官らに送った。その中で、立憲制議会政治を唱道する英学者・福沢諭吉の開化思想が若者たちに悪影響を与え、自由民権派の温床になっているとして、国民を政府側に教導するための五項目の対策を提言している（『井上毅伝　史料篇第一』）。

（一）反政府的な民権派の新聞に対抗する「官報」や政府系新聞の育成によるメディア・

コントロールを行う（政府の「官報」は明治一六年創刊）。

（二）地方士族を支援して政府官僚との結びつきを強め、自由民権運動への合流を防ぐ。

（三）国庫補助により地方の中学校や実業学校を充実させ、民権派の学校への結集を防ぐ。

（四）英学やフランス学によって芽ばえた「革命の精神」に対抗するため、儒教的な「忠君恭順の道を教える」漢学を奨励する。

（五）大学の文科・法科で英語を学ぶ者は「英風（＝議会制政党政治）を慕い」、フランス語を学ぶ者は「仏政（＝民主共和政治）を羨《うらや》む」ので、対抗策として「保守の気風を存せしめんとせば、専《もっぱ》ら孛国《ぼっこく》（＝ドイツ）の学を奨励」して英学の勢いを阻止する。

このうち（三）について補足すれば、自由民権運動は各地に中等教育機関を開設し、英学・仏学系の教材で自由民権思想を教えることが多かった。井上はそれに対抗して中等教育を民権派から切り離し、国家が再編することを提案した。実際に、政府は一八八六（明治一九）年の中学校令で尋常中学校を各道府県一校に限り、民権派などによる自主的な中等教育機関を一掃してしまった。

井上はまた教育内容の国家管理を主張し、中学校では西洋風の学則を削除して国文と漢学を中心とし、「洋務」に関することは翻訳書を用いればよいとした。外国語（英語）を廃止して翻訳で済ませるという考えは、大正・昭和の英語科廃止論で盛んに主張されるようになる（拙著『英語教育論争史』）。

こうした井上の主張は、一八八三（明治一六）年一月に山縣有朋《やまがたありとも》の建議書として代筆した「山縣参議変則独乙《ドイツ》学校を設くるの議」（『井上毅伝　史料篇第六』）で一段と先鋭化する。そこでは「高等の政事法律学は概ね英書」であるため、学生がこぞって「英国の治風《ちふう》」（議会制政党政治）を賞賛し、「教育を以て内乱を養生す」という状況になってしまった。だから今こそ「大中学に用ゆる英学を廃し、独逸学を用ふること」、そのために政治学を教授するドイツ学校が必要だと論じたのである（梧陰《ごいん》文庫研究会編『明治国家形成と井上毅』）。外国語教育と政治・イデオロギーとの関係をこれほど明け透けに語った政治家は他に例を見ない。井上毅は「明治憲法の影の起草者」と言われるようになる。であれば、明治憲法の中身も推して知るべしであろう。

†ドイツ語の拠点校をつくれ

ドイツ学振興はドイツの国力および学術の高度化を反映するものでもあった。一九世紀半ば以降、ドイツは科学技術と工業力の面で大きく躍進する。普仏戦争の勝利（一八七一）によってドイツの軍事力は世界に衝撃を与えた。

一八八一（明治一四）年一一月、ドイツ学振興の拠点として東京に独逸学協会《どいつがくきょうかい》が設立された。共にドイツ留学経験を持つ品川弥二郎《しながわやじろう》を委員長、北白川宮能久親王《きたしらかわのみやよしひさしんのう》を総裁とした。協会には青木周蔵《あおきしゅうぞう》、伊藤博文、井上毅、加藤弘之、桂太郎《かつらたろう》、西周、山縣有朋など政界・学会の重鎮が名を連ねており、ドイツ的な大日本帝国憲法の制定にも影響を及ぼした。

協会はその理念を実践すべく、ドイツ学術書の翻訳事業などとともに、一八八三（明治一六）年一〇月には「ドイツ文化の移植」を目的とした独逸学協会学校（獨協学園の前身）を創設し、初代校長に西周が就任した。

発足当初は各三年制の初等科・高等科を開設した。初等科の時間割を見ると、ドイツ語漬けの特異な学校だったことがわかる。週二七時間の授業時数のうち、ドイツ語の時間数は一年生が一八時間、二年生が一三～一五時間、三年生が八～九時間もあった。当時の中学校の英語は週六時間程度（現在は週四時間）だから、ドイツ語教育に掛ける執念が伝わってくる。しかも、地理書・万国史・物理書などもドイツ語の教科書で教えていた（東京都編『東京の中等教育二』）。

初等科・高等科を中等教育課程の普通科とし、その上にドイツの法律や政治を学ぶ専修科を一八八五（明治一八）年に開設した。井上毅や山縣有朋が主張した「政治学を教授するドイツ学校」が実現したわけだ。

一八九三（明治二六）年に普通科はドイツ語を教える独逸学協会学校中学（現・獨協中学校・高等学校）となり、第一高等学校（現・東京大学教養学部）の合格者を多く輩出した。これは一高第三部（医科志望コース）の入試にドイツ語が課されていたことが大きい。ただし、独逸学協会学校専修科は一八九五（明治二八）年に廃止された。

文部省は一般の中学校（男子・五年制）でもドイツ語教育を可能にする法令改正を行った。一八八一（明治一四）年七月の「中学校教則大綱」では学科名は「英語」だったが、翌年三月の改正で「英語はこれを欠き、また仏語もしくは独語をもってこれに換《か》うることを得」とした。「英語」が「外国語」に拡張され、この教科名は現在まで続く。なお、中学校の法令で「英語を教えなくてもよい」とされたのは、この改正教則大綱（明治一五〜一九年）の時期だけだ。

一八八五（明治一八）年一二月に森有礼が初代文部大臣に就任すると、翌年に学校令を公布し、一転して英語重視の政策をとるようになった。ところが森は一八八九（明治二二）年二月一一日の大日本帝国憲法発布式典に参加する途中、国粋主義者の西野《にしの》文太《ぶんた》郎《ろう》によって刺殺されてしまう。

森の死によって英語重視政策は転換する。一八九三（明治二六）年三月に国粋主義的な井上毅が文部大臣に就任すると、「国語教育は愛国心を成育する」として翌年の法令改正で中学校の国語漢文の時間数を大幅に増やした。学年ごとの週授業時数を従来の五－五－五－三－二（計二〇）から七－七－七－七－七（計三五）へと七五％も増加させ、初めて外国語を上回るようにしたのだ。

そのあおりで図画、唱歌、体育に加えて外国語の時数も削減された。ただし第二外国語（独・仏）の削除によるもので、英語の時数はかえって増えた。上級学校進学のために英語が重要だという認識は教育関係者の間で根強く、井上といえども覆すことはできなかった。だが井上もしぶとい。同年には「尋常中学校実科規程」を定め、中学校に農業科や商業科の設置を促すとともに、外国語（英語）は履修しなくてもよい「随意科」に格下げした。しかし実科は不人気で、わずか五年で廃止された。その後も中学校は進学のための予備教育の性格が強く、英語が重視され続ける。

✝東京大学で拡がるドイツ学

開成学校は「英学本位制」をとってきたが、後進の東京大学では一八八一（明治一四）年頃から英学よりもドイツ学が勢力を拡げていった。同年九月、東京大学の理学部と文学部では英語に加えてドイツ語も必修とし、フランス語を随意科目とした（医学部は従来からドイツ語必修）。

英語への風当たりはさらに強まる。一八八三（明治一六）年四月に文部省は「東京大学において英語による授業を廃し、邦語を用いることとし、かつドイツ学術を採用する」方針に転じた。高等教育での英学本位制は一〇年で崩壊したのである。ただし、中等教育での英語一辺倒主義は継続される。

東京大学では外国語の履修単位が減少し、とりわけ政治学と理財学（経済学）の分野では英語の履修単位が一三から四に大幅に削減され、ドイツ語の半分以下になった（表5－1）。ドイツ流の政治学・経済学へとシフトしたことがうかがえる。法学部では一八八三（明治一六）年以降は英語を履修しなくてもよくなった。文学部哲学科でもドイツ語の履修単位が英語を上回るようになった。

	明治12〜13年	明治14〜15年	明治16〜17年
文学部哲学科	英語 13 仏か独語 6	英語 10 独語 9	英語 8 独語 9
政治学及理財学科	英語 13 仏か独語 6	英語 4 独語 9	英語 4 独語 9
法学部	英語 4 仏語 6	英語 4 仏語 6	英語 0 仏語 6
理学部	英語 6 仏か独語 4	英語 4 独語 4	英語 4 独語 4

表5－1　東京大学外国語履修単位の変遷
（出典）井上久雄『近代日本教育法の成立』（一部修正）
（註）理学部生物学科は独語２、ラテン語２（明治16年）

これに連動し、東京大学予備門もドイツ語重視に転換した。一八八四（明治一七）年六月の改正で、四年間の週時数の合計が、英語の三一〜三五時間に対し、ドイツ語は三五〜三九時間と優位に立ったのである。

†大学教育も日本語で

明治初期の高等教育は外国人教師が英語などの西洋語で授業を行い、まるで海外留学のようなものだった。言いかえれば植民地の大学のようで、国家自立のためには一刻も早く日本語で高等教育を行う必要があった。それには二つの条件が整わなければならない。一つは西洋学術を修得した日本人が講義を担当できること。もう一つは西洋の学術用語を日本語に置き換えることだ。

日本人教官の確保については、明治初期に欧米に留学した人たちの帰国によって可能となった。例えば、米国ミシガン大学で哲学と理学を専攻した外山正一《とやままさかず》と、コーネル大学で植物学を専攻した矢田部良吉《やたべりようきち》は、ともに一八七六（明治九）年に帰国して東京開成学校教授となり、翌年の東京大学発足と同時に日本人初の教授となった。英国ケンブリッジ大学を卒業した菊池大麓も、一八七七（明治一〇）年に帰国すると東京大学理学部教授となって近代数学を牽引した。ただし、彼らも帰国当初は英語で授業をした。

だが、留学から戻ってすぐに教授になれたのは男性の場合であり、女性には特有の苦労が待ち受けていた。その典型が津田梅子だ。一八七一（明治四）年に満六歳で渡米し、一一年後に帰国した津田には官職が用意されていなかった。ようやく華族女学校の英語教師になれたのは三年後だった。

一八八八（明治二一）年に再度アメリカに留学、ブリンマー大学で生物学を専攻し、欧米の学術誌に論文が掲載された最初の日本人女性となった。それでも帰国後は生物学のポストに就くことはできず、英語を教えるだけだった。

日米の落差を痛感した津田は、女子教育を振興させるために一九〇〇（明治三三）年に「女子英学塾」（現・津田塾大学）を設立した。

文部省は破格の給料を必要とする外国人教師を日本人に置き換えていった。こうして一八八一（明治一四）年には東京大学の教授陣に占める西洋人と日本人の比率が一六名対二一名と初めて逆転した。また「教授」の称号は日本人だけが対象となり、外国人は「外国教師」と改められた。翌年には東京大学法学部の卒業論文に日本語または漢文の使用が初めて許され、英文四本・日本文四本となった。

中学校教育を日本語化しようという声も高まった。一八八二（明治一五）年の『文部省示諭《しゆ》』には「中学科を教授するには英語あるいは独語仏語〔の語学授業〕を除き、その他の学科は須《すべか》らく本邦の語を用ひんことを要すべし」という方針案が紹介されている。こうして明治二〇年代には数学、物理、歴史、地理などの教科書が英語から日本語に置き換わっていった。

一八八一（明治一四）年四月、西洋の学術用語や抽象的な漢語を近代日本語に定着させる上で画期的な辞書が登場した。『哲学字彙《てつがくじい》』である。前年に東京大学を卒業したばかりの井上哲次郎が編纂の中心となり、東京大学三学部から刊行された一二七頁の専門語彙集だ。原本はイギリスの哲学者ウィリアム・フレミングの『哲学字典』だが、追加語彙も多い。一部にドイツ語や中国語なども含み、哲学だけでなく人文社会科学や自然科学などの広範な学術語を盛り込んでいる。翌年五月、東京大学の菊池大麓は「学術上の訳語を一定する論」を『東洋学芸雑誌』に発表し、訳語統一運動がさらに本格化した。

『哲学字彙』に掲載された「絶対」「抽象」「範疇《はんちゅう》」「認識」「常識」「概念」「憲法」「理想」などの語彙を知らなかったとしたら、日本語および日本人の思考はどれほど貧弱だったことか。まさに日本の「文明国化」に貢献した一冊といえよう。初版の語数は一九五一語だったが、一八八四（明治一七）年の『改訂増補　哲学字彙』では二七二三語に増え（図5－4）、さらに一九一二（明治四五）年には新版というべき一万四一九語の『英独仏和　哲学字彙』が出た。

このように、日本人の教授就任と学術日本語の定着が進んだことによって、文部省は一八八三（明治一六）年に「東京大学において英語による授業を廃し、邦語を用いる」との方針を打ち出すことができたのである。

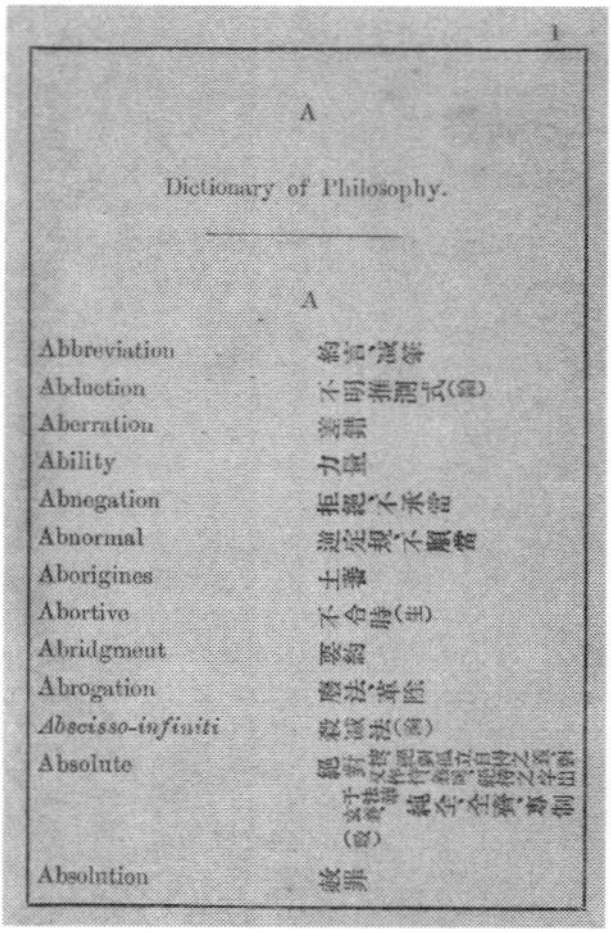
1

A

Dictionary of Philosophy.

A

Abbreviation 約言、減等
Abduction 不明推測式（論）
Aberration 差錯
Ability 力量
Abnegation 拒絶、不承當
Abnormal 違定規、不順常
Aborigines 土著
Abortive 不合時（生）
Abridgment 要約
Abrogation 廢法、革除
Abscisso-infiniti 截斷法（論）
Absolute [illegible]
Absolution 放罪

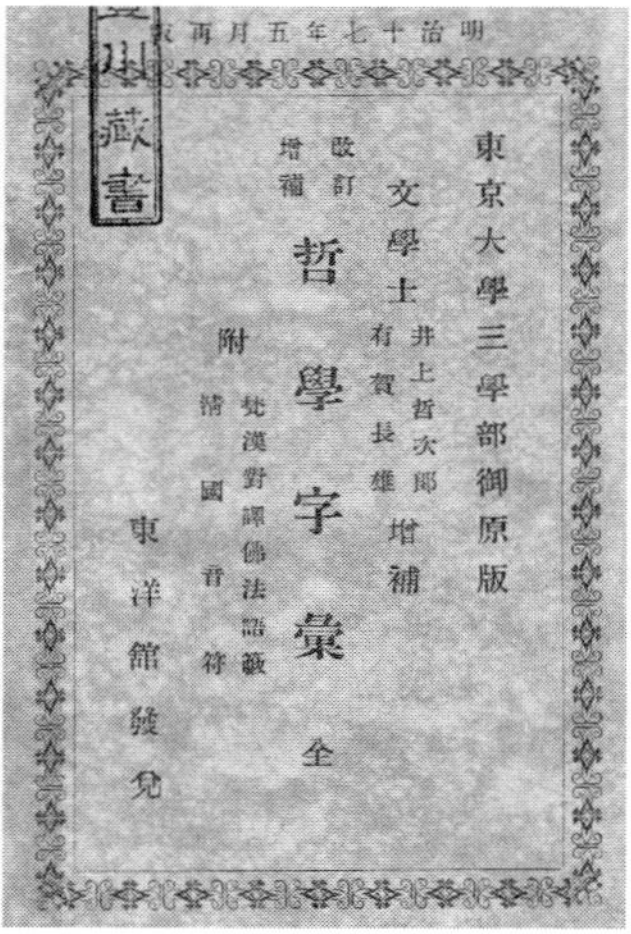
明治十七年五月再版

東京大學三學部御原版
文學士 井上哲次郎 有賀長雄 増補
改訂増補 哲學字彙 全
附 梵漢對譯佛法語藪 清國音符
東洋館發兌

図5－4 『改訂増補　哲学字彙』（筆者蔵）

日本語による高等教育の実施は私学では一段と強調された。「明治一四年の政変」によって政府から追放された民権派の大隈重信は、一八八二（明治一五）年四月に立憲改進党を結成して党首となり、同年一〇月には東京専門学校（早稲田大学の前身）を創設した。同校は建学の精神を「学問の独立」に置き、そのために日本語による教育を推進した。

開学の中心となった小《お》野梓《のあずさ》は、開校式において「あるいは直《じか》に漢土《かんど》〔＝中国〕の文字を学び、あるいは直に英米の学制に模し、あるいは直に仏蘭西《フランス》の学風に似せ、今やまた独逸《ドイツ》の学を引て之《これ》を子弟に授けんと欲するの傾きあり」と、外国語に依存してきた日本の学問研究の在り方を痛烈に批判し、日本語による学問の独立を主張した（島善高『早稲田大学小史〔第3版〕』）。

ただし、大隈は幕末に英語を学び、イギリス流の政党内閣や議会政治を唱道しただけに、英語教育を奨励した。それは「人民自治の精神を涵養し、その活発の気象を発揚する（中略）英国人種の気風」（前掲書）から学ぶためだった。早稲田大学はシェイクスピア学者の坪内逍遥《つぼうちしょうよう》をはじめ、英語・英文学・英語教育においても著名な教授陣を擁し、幾多の人材を輩出した。その坪内は「言文一致」による日本語革命にも貢献する。

第6章

日本語を変えた英語

――言文一致をめざせ

1　日本語を近代化せよ

†言語革命をもたらした明治維新

明治維新は日本の文化を劇的に変える文化革命でもあった。教育、洋装、肉食、音楽など変革は広範囲にわたるが、決定的に重要なのは日本語の革命だった。変革された日本語は日本人の思考方法や思考領域、そして日本文化にも大きな影響を及ぼすことになる。

なぜ日本語が変革されたのだろうか。最大の要因は、オランダ語、次いで英語と出会ったことだった。これらの西洋語はわずか二六文字のみで、表記の仕方（正書法）も統一されている。地位・身分や男女の性差によっても大きな違いはない。話し言葉と書き言葉もほぼ同じ「言文一致」だ。これは日本人には驚きだった。オランダ語の特徴について、大槻玄沢は「常話（＝日常会話）も書籍に著すことも同様にて別に文章の辞というものなし」（『蘭学階梯』一七八八）と感嘆している。

一方、日本語は平仮名・カタカナと数千の漢字で表記する。しかも漢字には三つの音読み（呉音《ごおん》・漢音《かんおん》・唐音《とうおん》）と訓読みがあり、字体も楷書《かいしょ》・草書《そうしょ》・行書《ぎょうしょ》など複雑で、ときに日本人でも読めない。話し言葉と書き言葉が大きく異なり、武士・平民・職人などの身分・地位・職業、男女の性差によって表現が違う。さらに、地域割拠にもとづく幕藩体制下では、地域ごとに多様なお国言葉(方言)が話されていた。幕末の日本語は、なんとも複雑きわまりない言語だったのだ。

来日した西洋人は大いに困惑した。幕末から日本に滞在した英国人のJ・R・ブラックは、日本語の「特有の難しさ」について「文章の言葉と会話の差異が大きい。紳士の言葉と、私が「俗語」と呼んでいる言葉(これは庶民の言葉という意味だが)とは、これはまた相違が著しい。男と女とは、別々の言葉を使う」(『ヤング・ジャパン』)と、日本語習得の困難さを嘆いている。

開港間もない一八五九(安政六)年に長崎にやって来たアメリカ人宣教師J・リギンズは、翌年に日本語の日常表現集を約一千集めた本を刊行している。面白いのは、(A)目下の者に対する日本語の表現(敬体)と、(B)目上・同輩に対する表現(常体)とが異なることを明示していることだ。例えば、"I do not want many." の訳は、(A)は「多くはいらん」と上から目線だが、(B)は「たくさんはいりましぇん」と長崎訛りの庶民の会話体となる。上下関係にうるさい日本語の特徴を巧みに訳し分けている。

逆に、英語では身分にかかわりなく同じ表現を使うことを知った日本人は驚いた。封建的な身分制度の打破をめざす明治維新の胎動は、こうした会話書の中にも息づいていた。

円滑なコミュニケーションを行うには相手の文化を理解し、ふさわしい英語を使う必要があるが、それが難しい。例えば、日本語には「つまらないものですが」などの謙遜表現が多いが、そのまま英訳すると相手がびっくりする。ある横浜の商人が天皇誕生日の祝宴に英米人らを招いた。英語にちょっと自信のあった商人は「何も召し上がるものはございませんが、次の部屋へ席を設けましたから」と言うつもりで、こう言った。"Please eat next room but there is nothing eat."（何も食べるものはなきが、次の部屋を食べたまえ）。この話は外国人居留地でうわさとなり、宴会では「次の部屋を食べよ」が大流行したという（篠田鉱造『明治百話』）。

幕末の開国によって諸外国との交流が進み、相互のコミュニケーションが欠かせなくなると、日本語の複雑さが大きな障害になった。西洋の先進知識の摂取と円滑な意思疎通のためには、日本語の改革が必要になったのである。

政府は中央集権国家を形成するために、統一的な日本語である「国語」を作ろうとした。明治中期には、文字言葉を話し言葉と一致させる「言文一致」の運動が展開されてゆく。

日本語改革の動きは、幕末期にオランダ語や英語などの西洋語を日本語に翻訳することで始まった。洋学系出版物の中に口語日本語が登場するようになったのである。

†近代化で急増する日本語

幕末・明治期に西洋との交流が活発になると、翻訳を通じて日本語の語彙が急速に増えていった。そんな様子をうかがい知ることのできる画期的な和英辞書がある。幕末に来日したアメリカ人宣教師J・C・ヘボンの『和英語林集成』だ。この辞書のおかげで「ち(chi)」や「つ(tsu)」などのローマ字表記が日本に定着した。一八六七(慶応三年)の初版・一八七二(明治五)年の再版・一八八六(明治一九)年の三版を比較することで、日本語の変化が鮮やかに再現できる。

和英の部の見出し語数は、初版が二万七七二語、再版が二万二九四九語、三版が三万五六一八語で、初版に対して再版が一〇%増、三版が七一%増となっている。なお、ヘボンは第三版では専門用語をかなり割愛したから、実際の日本語語彙の増加はさらに著しい(松村明「解説」『和英語林集成』復刻版)。

語彙が増加した理由について、ヘボンは一八七二(明治五)年発行の再版の序文で、「政府における最近の大変革、この国の政治的・社会的事件における大変化、および西洋の科学・文学・制度の導入が原因で、日本語は学問の各分野において、重要な語彙の増加をたえず受けている」と説明している。明治維新の社会変革が新語を著しく増加させた様子がわかる。

再版で修正や追加が特に多かった分野は「政府・法律・陸海軍関係の語」で、「裁判」「訴訟」「議論」「戦争」「同盟」「兵器」などの訳語が増補された。三版でも「告発」「弁明」「弁論」「控訴」「契約」などが加えられた（原文はローマ字）。

日本の急速な近代化を反映した語彙の増加は、一八八六（明治一九）年発行の第三版では一段と顕著になる。英和の部で再版と三版の訳語を比較すると、例えば「飛脚」と訳されていた post に「郵便」が加わり、「両替」だった bank に「銀行」が加わった。このほか、三版で追加された訳語のうち社会の変化を反映した語を挙げれば、「汽車」「汽船」「鉄橋」「電線」「電報」「商法」「民法」「貿易」「科学」「数学」「学歴」「哲学」など、おびただしい数に及ぶ。

西洋政治への認識も深まった。例えば anarchy は、初版「乱れ・乱」→再版「国乱・騒乱・政治無し・乱れ」→三版「無政府」へと変化し、これが現在まで定着している。第三版で増補された訳語の実に八三％が現在でも使われているという（森岡健二編著『改訂 近代語の成立 語彙編』）。

†漢語の氾濫

一連の訳語をご覧になって、何かにお気づきではないだろうか。

そう、漢語の語彙が増えているのだ。しかも大半が「訴訟」「電報」など二文字。表意文字で造語力が高い漢字を最小単位で組み合わせ、概念を的確に表現している。『和英語林集成』の訳語における漢語の比率は、初版の四五％から三版の五一％へと増加した。これに対して、和語は四九％から三四％に減っている。例えばapologyは、再版では和語の「いいわけ・あやまり」だったが、第三版では漢語の「弁解・弁明」が掲載されている。

明治維新期には西洋文明を摂取するために、古風な漢学と儒教文化に代わって英学や洋学を推奨し、漢字の使用を制限すべきだとする主張が強まった（後述）。ところが、皮肉にも辞書や翻訳書を通じて大量の漢語を増殖させてしまった。西洋学術・文化の移入によって生じた訳語は漢語が特に多い。

明治初期における英和辞典の最高傑作といえば、一八七三（明治六）年一月に出た柴田《しばた》昌吉《まさよし》・子安峻《こやすたかし》編『附音挿図《ふおんそうず》 英和字彙《えいわじい》』（図6－1）だ。スコットランドの啓蒙思想家オウグルビーの英語辞書やアメリカのウェブスターの米語辞書を活用し、見出し語は約五万五〇〇〇、発音記号を付け、約五〇〇の図版を収録している。

英単語の訳語には中国の漢語や新造した和製漢語が多用された。こうした漢語は漢文の素養があった士族階級には理解できただろうが、一般庶民には難しかった。そこで、すべ

図6－1　『附音挿図 英和字彙』（筆者蔵）

ての漢語の横にルビで口語訳を付けている。例えばActionの訳語は「行為《オコナヒ》、動作《ハタラキ》、行状《ミモチ》、訴訟《クジ》、事件《コトガラ》、形状《カタチ》、戦争《タタカヒ》」となっている。『英和字彙』は中国で刊行されたロプシャイトの『英華字典』（一八六六〜六九）の漢語訳から拝借したものも多く、ヘボンの『和英語林集成』の影響も受けている。逆に、ヘボン辞書の第三版は柴田・子安編『英和字彙』などの訳語を多数採用している。

『英和字彙』は五千部が発行され、うち二千部は政府が買い上げて各省庁で使われたから、この辞書の漢語が政策文書にも影響を与えた。一八八二（明治一五）年九月には第二版が出たが、それ以外にも多数の海賊版が流布した。人気ぶりがうかがえる。

なお、子安峻は幕末に蘭学や英学を学び、

明治維新後は外務省の翻訳官を務めていたが、一八七四（明治七）年に『読売新聞』を創刊して社長となり、「であります」調の談話体と総ルビ方式で部数を伸ばした。

明治初期の翻訳書では漢文直訳体の仮名交じり文が多かった。例えば中村正直が英語版から訳したベストセラー『西国立志編』では、「圧抑スル《アツヨク・オシツケル》」のように、漢語の右側に読みがな、左側に意味が書かれている。訳文の格調を損なわずに、一般庶民にもわかりやすいよう工夫されているわけだ。

こうした辞書・新聞・翻訳書を通じて、和製を含む漢語は日本人の間に浸透してゆき、明治中期までに多くが定着していった。それにとどまらず「共産」「人民」など和製漢語は中国に逆輸出されている。

✝ナショナリズムと近代日本語辞典

一八九一（明治二四）年六月、現在の東京タワーに近い宴会場「紅葉館」で開催された出版祝賀会に、伊藤博文（枢密院議長）、勝海舟（枢密顧問官）、大木喬任（文部大臣）、榎本武揚（外務大臣）、加藤弘之（帝国大学総長）など、政・官・学の超大物が集まった。大槻文彦（一八四七〜一九二八・図6－2）が編纂した『日本辞書　言海』の完成を祝うためだ。

なぜ国家を代表する人々が辞書の完成を祝ったのか。それには国家的な意味があったからだ。この二年前には大日本帝国憲法が発布され、その翌年に帝国議会が開設されるなど、明治政府がめざした近代国民国家が形を整えつつあった。残るは日本語（国語）の統一だ。その最初を飾る近代的な辞書こそ『言海』だったのである。

図6－2　大槻文彦（『言海』）

　だから伊藤博文らは、まるで国家プロジェクトが成功したかのような高揚感で出版祝賀会に群がった。だが、実際には国家の支援などほとんどなく、大槻個人の自己犠牲によるものだった。英国の辞書編纂者サミュエル・ジョンソンが『英語辞典』（一七五五）に載せたpatron（パトロン）の定義が思い浮かぶ。「たいていは尊大な態度で保護し、お追従《ついしょう》という代償を得る見下げ果てた人間」。

　文部省の事業として日本語辞典の執筆を依頼されてから一一年後の一八八六（明治一九）年、大槻はたった一人で執筆を続けた原稿を文部省に提出した。ところが、原稿は文部省記録課長で和学者の物集高見《もずめたかみ》のもとに二年間も放置されたまま、出版の気配すらなかった。

ようやく文部省から連絡が届いたのが一八八八（明治二一）年。大槻が自費で出版するなら『言海』の原稿を「下賜《かし》」してもよい、という上から目線の官僚的な通知だった。その物集は同年七月、約二万四千語を収録した国語辞典『ことばのはやし』を刊行しているのだが。

近代的な国民国家は言語の統一によって国民の結束を図ろうとする。だから一九世紀にはナショナリズムを原動力に、イギリスの『オックスフォード英語辞典』、アメリカの『ウェブスター米語辞典』、ドイツのグリム兄弟による『ドイツ語辞典』、フランスのリトレによる『フランス語辞典』など、国家の威信を背負った辞典が次々に誕生した。

明治の日本も例外ではない。新政府は、西洋列強と対峙するには統一国家と統一日本語（国語）が必要だと考えた。大槻自身、自らのミッションを「一国の国語は、外に対しては、一民族たることを証《あか》し、内にしては、同胞一体なる公義感覚を固結《こけつ》せしむるものにて、即《すなわ》ち、国語の一統《いっとう》は、独立たる基礎にして、独立たる標識なり」と述べている（『広日本文典別記』序論）。

日本列島には江戸時代までの地域割拠によって多様な「お国言葉」があふれ、軍隊の命令伝達にも支障が出る始末だった。西洋化によって新たな語彙は増え続けるが、それらを束ねて標準化する辞書が存在しない。だから一八七一（明治四）年に発足したばかりの文部省は、和漢学の専門家たちに日本語辞書『語彙《ごい》』の編纂を命じた。だが議論ばかりで編纂作業は進まず、すぐに頓挫した。

最大の原因は、彼らに英学や洋学の知識が欠けていたことだった。近代的な辞書づくりには、和漢学の素養だけでなく、西洋の辞書学・文法学・言語学などの知識が必要だった。そこで文部省報告課（のちに編輯課）課長で洋学者だった西村茂樹《にしむらしげき》は、ある一人の人物に的を絞った。部下で英学者の大槻文彦だ。

†英学者・大槻文彦の『言海』

大槻文彦は一八七二（明治五）年に文部省に入り、最初は『英和大字典』の編纂を命じられた。だが、翌年一一月から宮城師範学校校長に任じられたため英和辞典の編纂は中止。それでも、米国ウェブスターの英語辞典から編纂法を学んだことが、のちの『言海』の作成に大いに役立った。

大槻文彦の父は開国論を唱えた漢学者の大槻磐渓《ばんけい》、祖父は著名な蘭学者の大槻玄沢《げんたく》という学者家系。文彦は一八六二（文久二）年に幕府の洋書調所で英学を学び、横浜のアメリカ人宣教師からも指導を受けた。戊辰戦争に従軍後、一八七〇（明治三）年から大学南校で英学を学び直した。森有礼らが創設した啓蒙研究団体「明六社」にも加入している。

洋書調所では『英吉利文典』で英語の基礎を学んだが、大槻は当時を回想して「今の洋学家の四〇歳以上の人にしてこの英文典の庇陰《ひいん》〔＝おかげ〕に頼らざりし人はあらざるべし。文彦もその一人に漏れずして、この書より英学に入れり。されば言海も広日本文典も遠くその淵源《えんげん》をたづぬればこの書より発せり」と述べている（「和蘭字典文典の訳述起原（其三）」）。近代的な日本語辞書の編纂には、まず日本語文法を体系的に記述する必要があり、そのためには英語の文法書から学ばなければならなかったのだ。

なお『広日本文典』とは、大槻が『言海』巻頭の「語法指南」を改訂増補して一八九七（明治三〇）年に刊行した文法書で、文字編・単語篇・文章編からなり、近代日本語文法の基礎となった。ただし大槻が体系化した日本文典の時制は『英吉利文典』ではなく、箕作秋坪の英学塾で学んだ『ピネヲ英文典』に依拠している。いずれにせよ、近代日本語の文法研究や辞書編纂には、英語の文法書や辞書が大きな影響を与えている。

一八七五（明治八）年に『言海』の執筆を開始してから完成までの一七年間、大槻は骨身を削るようにしての編纂事業に打ち込んだ。それは欧米の文法理論を基礎に、英語辞典などを参考にしながら、日本語の発音・品詞・語源・語釈・出典を明らかにする画期的な仕事だった。米国ウェブスター辞書の簡略版を翻訳することから編纂を始めたが、日米の辞書のレベル差にため息が出る思いを抱きつつ、やがて独自の編纂方法で作業を進めた

（高田宏《たかだひろし》『言葉の海へ』）。

自費出版に向けた大槻の苦労は、筆舌に尽くしがたかった。その詳細は『言海』の後書き「ことばのうみ　の　おくがき」に書かれている。辞書完成の数カ月前には、一歳を目前にした娘と三〇歳の妻を相次いで亡くしている。「重なる嘆きにこの前後数日は筆とる力も出でず、強いて稿本に向かえば、あなにく、「ろ」の部「露命《ろめい》（＝はかなき命）」などいう語に出で合うぞ袖《そで》の露《つゆ》なる（＝袖が涙にぬれる）」などの文章は、読むものの涙を誘わずにはおかない。

『言海』は約三万九〇〇〇語を「いろは」順ではなく、初めて五十音順に配列し、一八八九（明治二二）年から二年をかけ四分冊で刊行された。語釈は漢字カタカナ交じり文で書かれており、仮名表記論者やローマ字論者の極論を退けている。

何よりも語釈が優れている。例えば「文明」の語釈は、それまで「みごとなること」（『新撰字解』明治五年）などが多く、明治二一年刊の高橋五郎著『漢英対照いろは辞典』でも「人文の開けたるを謂《い》う（Civilization: Civilised.）」。だった。これに対して『言海』は「文学、智識、教化、善ク開ケテ、政治甚ダ正シク、風俗最モ善キコト。〔―開化〕」と格段に正確さを増している。

こうした苦心の語釈は、後の辞書に盗用された例が多い。例えば日本初の口語体普通辞書である山田《やまだ》美妙《びみょう》著『日本大辞書』（明治二六年）で「文明」を引くと、「スベテ、智識、教化開ケ、政治正シク、風俗ノ最モ善イコトノ称。野蛮時代ヲ愈《いよいよ》遠ザカルコト」となっており、『言海』からの借用は明らかだ。

『言海』は様々な判型で発行され、驚異的に普及し、日本の国語辞典の模範となった。一九四九（昭和二四）年に紙型《しけい》が焼失するまで、約六〇年間に七〇〇近い刷版を重ねたという。驚いたことに、二一世紀になっても不死鳥のようによみがえった。復刻版が二〇〇四（平成一六）年に「ちくま学芸文庫」に収められたのだ。この辞書は日本文化の古典となったが、そこには英学の血が流れている。

国語学者の山田忠雄は『近代国語辞書の歩み』で「言海の成功は、洋学の教養と外国語を識った上での自国語への内省とが国語辞書編纂上必須の要件であることを吾人《ごじん》（＝我々）に如実に教えて呉《く》れる」「我が国最初の近代的な普通辞書が、小辞典の規模ながら誕生した事は辞書史上　真に一時期を画するもの」と高く評価している。

大槻は「小辞典の規模」に満足することなく、一九一二（大正元）年に『言海』を改訂増補した『大言海』の編纂に着手した。だが、惜しくも一九二八（昭和三）年に満八〇歳で他界。事業は兄の大槻如電《じょでん》らに引き継がれ、一九三七（昭和一二）年に全四巻＋索引で完結した。その後も改訂され、現在も『新編　大言海』（冨山房《ふざんぼう》、一九八二）として版を重ねている。

2　言文一致による日本語革命

†西洋語との接触で変容する日本語

幕末・明治初期における英語や西洋語との接触は、日本語の表記に化学変化を起こさせた。早くもペリー来航以来の西洋諸国との条約交渉の過程で、日本語表記が変化し始めている。幕末日本の外国語専門家たちは、西洋の論理による複雑で入り組んだ構文の外交文書との格闘を通じて、的確に翻訳するために「候文《そうろうぶん》」を捨て、「〜あらば〜すべし」などの新しい日本語表現法を獲得していった（清水康行『黒船来航　日本語が動く』）。異言語・異文化との真剣勝負によって、日本語文体を近代化する必要に迫られたのだ。

さらに幕末の英和対訳の会話書を見ると、あたかも言文一致を先取りしたような自然な日本語会話文が書かれていることに驚かされる。当時の会話書を読みながら、日本語の文体が変容していく様子を見ていこう。

日米修好通商条約の翌年に出された中浜万次郎の『英米対話捷径《しょうけい》』（一八五九）では、英単語の右側にカタカナ発音と直訳が書かれ、訳す順番を示す訓点（返り点「レ」や漢数字）が漢文訓読の要領で書かれている。

いかゝ三　ひよりは二　あらふ四　それ　きょうの一
ハッタ　ワザ　イジ　イータ　ツデイ
What　weather　is　it　to day?

訓点に沿って並べれば「（それ）今日の日和はいかがあらふ」という口語体の訳文ができあがる。天候や時間を表すときの主語itは訳す必要がないのだが、当時の直訳は英単語一つずつに和訳をつける決まりだったので、不必要な「それ」が付いてしまった。

翻訳の技術はめざましく向上する。幕府の開成所は一八六七（慶応三）年に『英吉利《イギリス》会話』を英文で出版、翌年には開成所の英語教官だった渡部温《わたなべおん》らが和訳本『英蘭会話訳語』を刊行した。その訳語がすばらしい。英文と和訳（原本はカタカナ）を並べてみよう。

It is yet too early.
まだ早過ぎます。

These flowers have a charming smell.

この花は浮き立つような匂ひだ。

I live very cheap.

私はたいそう安上がりに暮らします。

もはや時間表現のItを「それ」とは訳していない。特徴的なのは「すべて江戸の方言をもって記し、会話の会話たる大主意を失わず」という方針で口語訳を付けていること。そのため庶民が日常会話で使う言葉になっている。この江戸（東京）方言をもとに「標準語」が制定され「国語」が生まれるが、その先駆けとなる訳語だといえよう。

†翻訳という言語バトル

会話書の場合は自然な会話体の訳になりやすいが、リーダー（読本）の場合は事情がややこしい。語順が「主語＋動詞＋目的語」の英語と「主語＋目的語＋動詞」の日本語とでは文法構造が極端に異なる。また英語には熟語や慣用表現が多いため、英単語一つひとつに日本語訳をあてて「直訳」したのでは不自然な日本語になってしまう。英語を翻訳する行為は知的バトルを伴うのだ。

例えば、一八七二（明治五）年の『ピネヲ氏通俗英文典』ではParts of speechを「話の部分」と直訳しているが、これでは意味が通らない。本来は三つの英単語がまとまって「品詞」という一つの意味をなす。これが熟語だ。単語を個別に訳すだけでなく、熟語の知識が英語の読解には欠かせない。

日本人学習者を悩ませた熟語を集め、苦労の末に訳語を付けたのが、福沢諭吉門下の小《お》幡《ばた》篤次郎《とくじろう》と甚三郎《じんざぶろう》兄弟で、早くも一八六八（慶応四）年三月に『英文熟語集』を刊行している。見出し語は八七三、熟語の総数は二五二〇という立派なもの。幕末の段階で刊行した意義は大きいとともに、日本人による英語研究の急速な進展ぶりを示している。

明治に入って英語学習者が急増すると、教科書傍用の参考書（いわゆる虎の巻）が作られ、当初は多くが「直訳」本だった。面白いことに、政府の直轄校である大学南校は、授業で使う『カッケンボス英文典』に準拠した「虎の巻」である大学南校助教訳『格賢勃斯《カッケンボス》英文典直訳』（図6－3）を一八七〇（明治三）年に刊行している。さらに明治中期まで盛んに使われた『パーレー万国史』についても、文部省が牧山耕平訳『巴来《パーレー》万国史』（明治九年）を出版した。文部省が英語教科書の「訳本」を世に送ったわけだが、おそらく教師用の参考書として活用させたかったのだろう。

こうした英語教科書の直訳本や翻訳書を通じて、日本人は英語の影響を受けた直訳調や

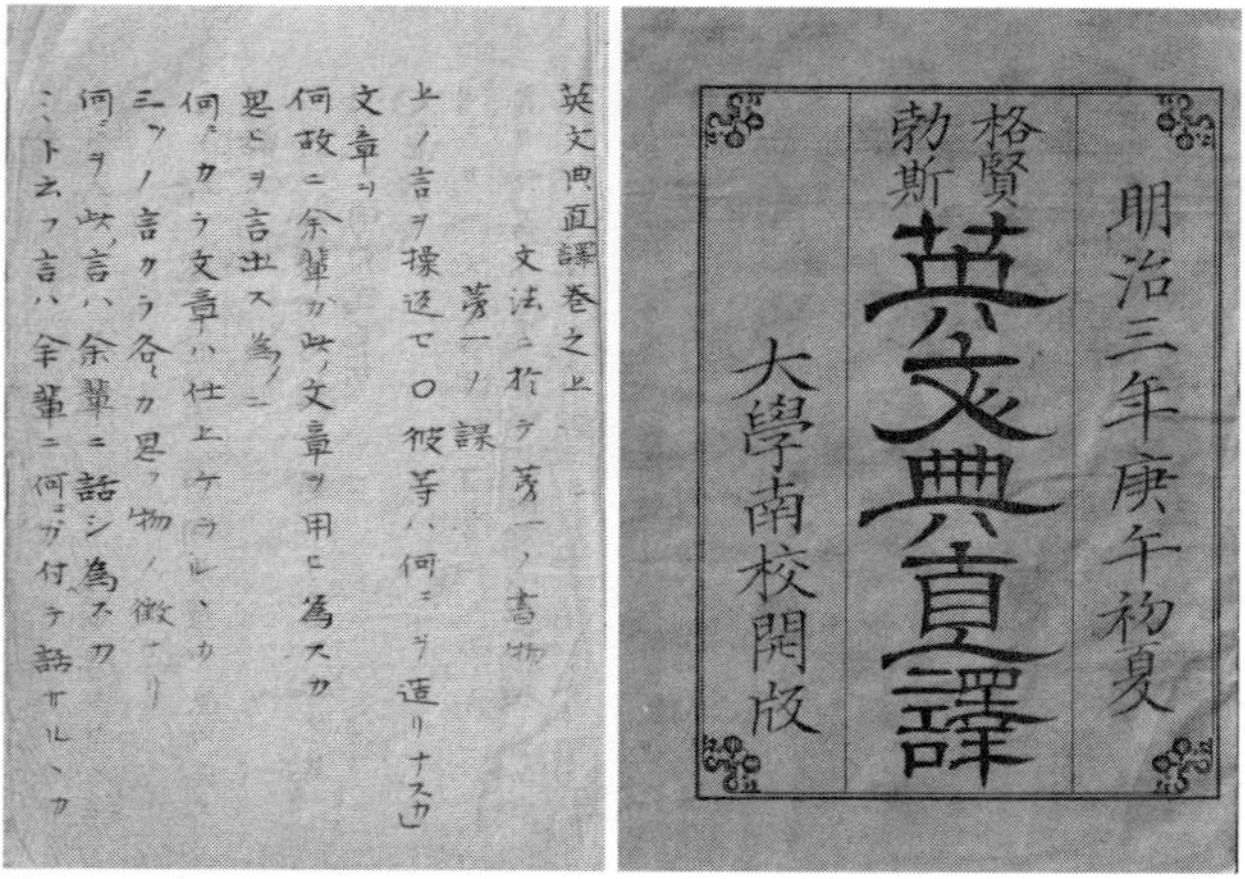

図6-3　『格賢勃斯英文典直訳』　左は写本（筆者蔵）

翻訳調の日本語を作りだしていった。明治八・九年頃には翻訳書の文体は「洋書の訳文体」「洋文直訳」「対訳文体」などと呼ばれ、日本の伝統的な文体とは区別された（森岡健二編著『近代語の成立　文体編』）。

西洋語の翻訳調は、やはり日本語としては不自然だ。そうした葛藤を通じて、欧米人の思考と表現法が日本人とは異なることを認識するようになる。その違いこそが、実は翻訳文体への違和感の原因だった。

英語を訳すときには、不自然な直訳だけでなく、日本語らしい「意訳」が必要になる。日本人学習者なら誰もが経験することだ。一八七二（明治五）年に出た青木《あおき》輔清《すけきよ》の『英会話独学《ひとりまなび》』は、英文の上下に発音と逐語訳を付けたあとに意訳した口語文を添えている。

ハウ　イス　ゼー　マルケット　タデー
How　is　the　market　today.
イカガ　アル　イチ　コンニチ
「今日相場《ソヲバ》は如何《イカガ》ですか」

こうした直訳と意訳の併記は、明治中期になると英語学習参考書、特に「虎の巻」によって広く普及する。一例として一八八七（明治二〇）年刊行の元木《もとき》貞雄《さだお》訳述『意解挿入　ニューナショナル第三読本直訳』を見てみよう（訓点は省略、ルビは原文）。

（原文）"Now, Uncle George," said Milly, "We are ready to hear the story you were to tell us."
（直訳）「今叔父《アンクル》ジョージよ我々は汝《なんじ》が我々に話すべくありし譚《ストーリー》を聞くべく用意《ルエデイ》してある」
（意訳）「さー譲治叔父さん私どもはかねて御約束の譚《ハナシ》を承《うけたまわ》りとうございます」

逐語的な直訳と比べ、意訳は自然な日本語になっている。もっともアメリカ人のジョージを「譲治」としたのは意訳しすぎだが。

英文の意訳が浸透するにつれて、日本語も英語のように日常生活で話すままに表記すべきだという考えが広がるのは当然のなりゆきだった。「幕末明初〔=明治初期〕に外国語を学んだ人々が、このような言文一致的訳文の中に育ったということは、日本の近代文体発生期の重要事実として忘れてはなるまい」（山本正秀『近代文体発生の史的研究』）。

そして、ついに言文一致の運動が始まった。

†漢字は廃止か削減か

西洋語の文字の簡略さや言文一致に最初に気づいたのは、江戸時代の洋学者たちだった。彼らの中から、日本語も漢字をなくし、言文一致にすべきだと主張する人物が現れた。前《まえ》島密《じまひそか》（図6-4）だ。幕府・開成所の翻訳方だった前島は、一八六六（慶応二）年一二月、最後の将軍徳川慶喜に建白書「漢字御廃止之議」を提出した。内容は、西洋列強と対峙するには国力増強と文明開化が必要だが、それには習得が難しい漢字・漢文体を廃止し、平易な仮名文で広範な国民に普通教育を行うべきだというもの。話し言葉と書き言葉を同じにすべきだという主張も含まれており、その後の言文一致論と漢字制限論の先駆けであるといえよう。同時に、文字と教育を万民に開放しようとする民主的な主張を幕末に行っていたことに驚かされる。

そう、まさに民主的な主張なのだ。というのは、前島と同じ主張が第二次世界大戦終了直後の日本で、占領軍（GHQ）の民主化政策の一環として繰り返されたからだ。その主張は、漢字が多すぎることで日本語の習得が困難になり、それが日本の民主化を遅らせるので、漢字を制限し、日本語の主たる表記をローマ字にすべきだというものだった。そのため文部省は中学用の *Watakusitati no Mati*（一九四八）など様々なローマ字教材を刊行したが、日本人の識字率が高かったこともあり、最終的に国語のローマ字化は見送られた。

図6－4　前島密（1円切手）

先駆的な漢字廃止論を建白した前島は、江戸で蘭学を、長崎で英語を学び、長崎や薩摩藩で英語を教えた。彼は英語を学ぶにつれて、日本語の表記があまりに複雑なため、日本の近代化を妨げると考えるようになった。師のウィリアムズからも漢字は廃止すべきとの意見を聞かされていた。前島は明治政府に加わってからも漢字廃止と日本語改良提案を続けた。

しかし政府の実力者・大久保利通は、一気に漢字を廃止するなどという「文学の大革命をなさんとするは、その術あるや否や」と、実現可能性に疑問を投げかけた。

いきなり漢字廃止ではなく、難しい漢字を使わないようにする「漢字制限論」を唱えた人々もいた。その代表格が福沢諭吉だ。彼は一八七三（明治六）年に出した『第一文字之《もじの》教《おしえ》』で「難しき字をさえ用いざれば漢字の数は二千か三千にて沢山《たくさん》なるべし」と主張した。この洞察には驚いてしまう。二〇一〇（平成二二）年改訂の「常用漢字表」では二一三六字が指定されているから、福沢の言ったとおりになっているのである。

福沢は自らの主張を実践している。漢語漢文をなるべく使わずに「分かり易き文章を利用して通俗一般に広く文明の新思想を得せしめんとの趣意」（『福澤全集緒言』）で、多くの啓蒙書を明治初期に送り出したのだ。その典型が一八六九（明治二）年に刊行した『世界《せかい》国尽《くにづくし》』で、世界各地の様子を子どもにもわかるように平易な言葉で、しかも七五調で書いている。書き出しはこんな調子で、思わず声に出して読みたくなる。

世界は広し万国は、おほしといへど大凡《おおおよそ》、五《いつつ》に分けし名目《みようもく》は、亜細亜《アジア》、阿弗利加《アフリカ》、

欧羅巴《ヨーロッパ》、北と南の亜米利加《アメリカ》に、堺《さかい》かぎりて五大洲《ごだいしゅう》、太洋洲《たいようしゅう》は別にまた、南の島の名称《となえ》なり

もう一人、平易な文体で庶民を啓蒙しようとした人物に、土佐が生んだ自由民権運動の闘士・植木枝盛《うえきえもり》がいる。彼は慶應義塾で福沢諭吉に師事しただけに、その影響は文体にも及んでいる。植木は急進的な自由主義者で、彼が一八八一（明治一四）年に起草した私擬《しぎ》憲法「東洋大日本国国憲案」はジョン・ロックの影響を受けているといわれ、人民主権・自由権・不服従権・革命権・連邦制などを盛り込んでいる。

植木は自由民権思想を庶民の間に浸透させるために『民権自由論』（一八七九）を読みやすい談話体で書いた。しかも漢字にはすべて読み仮名を振っている。

一層尊《いっそうたっと》ひ一つの宝《たから》がござる。それが即《すなわ》ち自由《じゆう》の権《けん》と申《もう》すものじや。元来《がんらい》あなた方《がた》の自由《じゆう》権利《けんり》は仲々命《なかなかいのち》よりも重《おも》きものにて、自由《じゆう》が無《な》ければ生《い》きても詮《せん》ないと申《もう》す程《ほど》の者《もの》でござる。

文字通りの談話体で、まるで植木の演説を聴いているよう感覚になる。事実上の言文一

致と言っても過言ではない。

†仮名表記かローマ字表記か

漢字を廃止ないし削減し、日本語の表記を仮名やローマ字にすべきだという国字改良運動も活発化した。それらの根底には、アヘン戦争の敗北によって没落の淵にある中国文明圏から脱し、清新な西洋文明に同化しようという強い衝動があった。運動の流れを時代順に概観してみよう。

土佐出身の南部《なんぶ》義籌《よしかず》は一八六九（明治二）年に「修国語論」を、三年後に「文字を改換《かいかん》するの議」を政府に建白し、漢字を廃止してローマ字を採用すべきだと主張した。南部自身は漢学者だったが、何ごとも西洋流が良いとする文明開化の風潮のなかで、日本語をローマ字で表記すべきだと提言した点が面白い。

一八七四（明治七）年には洋学者の西周が『明六雑誌』創刊号に「洋字を以《もっ》て国語を書するの論」を発表、ローマ字国字論を唱えた。例えば、「utukusiki hana」は文章としては「美しき花」と読むが、口語では「k」をサイレント（黙字）にして「美しい花」になると述べている。ローマ字化すれば西洋語の学習が容易になる上に、口語体をそのまま文章にしやすくなるという言文一致に近い考えを提唱した。

一八八三（明治一六）年七月には仮名文字論者たちが「かなのくわい」を結成し、機関誌『かなのまなび』を創刊した。のちに文部大臣となる外山正一《とやままさかず》も会員となったが、やがてローマ字論者に転向する。

外山は、翌年六月の『東洋学芸雑誌』に「漢字を廃して英語を熾《さかん》に興《おこ》すは今日の急務なり」を発表した。主張の背景には、英語とともに人生を歩んだ外山のユニークな経歴がある。彼は一四歳にして蕃書調所（のちに洋書調所・開成所）に入学して英語を学び、授業終了後には箕作麟祥の塾で英書講読の指導を受けた。こうして一六歳で開成所の教師となり、一八六六（慶応二）年に幕府の派遣でイギリスに留学、幕府崩壊後は徳川家の静岡学問所で英学を教授したが、抜群の英語力を買われて外務省弁務少記に任ぜられた。

退官後、アメリカ留学を経て東京大学教授となり、一八八二（明治一五）年には同僚の矢田部良吉、井上哲次郎とともに『新体詩抄《しんたいししょう》』を発表。西洋から学んだ詩の新たな表現法を実践し、近代文学に大きな影響を与えた。文部省初の英語教科書『正則文部省英語読本』（一八八九）の事実上の編者でもあり、一八九七（明治三〇）年には『英語教授法』を著している。

外山は一八八五（明治一八）年一月に矢田部らとともに「羅馬字会《ローマじ》」を結成、『羅馬字雑誌』を創刊した。同会はヘボン式ローマ字による日本語表記を提案したが、会員の田中館《たなかだて》愛橘《あいきつ》は「ち」を「chi」と表記するヘボン式ではなく、五十音図にもとづいて「ti」を表記する日本式ローマ字を提案した。だが受け入れられず、会を脱退した。この二つの流派はいまだに対立を続けている。

†「言文一致」がついに登場

一八八五（明治一八）年二月、ついに「言文一致」という言葉を掲げた論文が登場した。神田孝平《かんだたかひら》が『東京学士院雑誌』に発表した「文章論を読む」で、「平生《へいぜい》談話の言語をもって文章を作れば、すなわち言文一致なり」と論じたのだ。神田は、日本語改革がめざすべきは平仮名かローマ字かといった国字改良ではなく文章改良であり、「言語と文章を一致せしむる」言文一致こそが重要だと主張した。

神田は幕末に蘭学を学び、開成所教授職並、のちに頭取《とうどり》となった洋学者で、一八六七（慶応三）年に英書のオランダ語訳版を重訳した『経済小学』を出版した。これは西洋の経済学を日本に紹介した最初期の訳書の一つで、「経済」という語を定着させたことでも知られる。明治政府には一等訳官として招かれ、明六社社員、貴族院議員などを歴任した。

彼の養子となった神田乃武《かんだないぶ》は明治を代表する英学者で、東京外国語学校（現・東京外国語大学）初代校長だった。英語教科書の編者としても著名で、英語読本『クラウン』シリーズはロングセラーを続け、一世紀以上を経た現在でも三省堂の看板教科書となっている。

一八八六（明治一九）年三月には、和学者の物集高見《もずめたかみ》が「言文一致」を初めて書名に冠した『言文一致』を刊行した。この中で物集は「文章は話しのように書かねばならぬ」「話し通りに書けば、全国の語が一様になる。国語が美しくなる」と主張し、日本の古典作品を言文一致体に書き直した文例を載せている（ただし、物集はのちに言文一致反対論に転向する）。

翌年五月には、帝国大学で博言学《はくげんがく》（言語学）を講じていたB・H・チェンバレンが「言文一致（GEM-BUN ITCHI）」を発表。「どこでも開化した国では、みな話すとおりに書くのが多うございます」と述べて、文明国をめざすならヨーロッパ諸国のように言文一致を実行すべきだと呼びかけた。

こうして明治二〇～三〇年代は、言文一致という日本語革命が、文芸、新聞、啓蒙書などを通じて展開される。

†国語教科書も言文一致へ

一九〇〇（明治三三）年三月、全国の教育界に絶大な影響を持つ帝国教育会の内部に「言文一致会」が結成された。同会は言文一致の推進を求める請願書を衆議院と貴族院に提出し、可決された。これによって政府は、同年に「国語調査会」を設置し、国語・国字の近代化に向けた調査研究を開始した。同会は二年後に国語調査委員会（委員長・加藤弘之、主事・上田万年、委員・前島密など）に発展し、言文一致体の採用、漢字削減、仮名づかいの統一、方言調査と標準語の選定、国語の音韻調査などを進め、近代国語学の基盤を形成した。

言文一致会は学校教科書を言文一致にするよう提案し、これも可決させた。その結果、国定の国語読本は口語体を採用するようになる。

「標準語」という言葉は、英語・英文学者で国語学者の岡倉由三郎《おかくらよしさぶろう》が『日本語学一斑』（一八九〇）のなかで、standard language の訳語として初めて使用した。岡倉は、標準語は言語（方言）そのものの優劣ではなく「政治上の都合により」定まるものだと的確に述べている（真田信治『標準語の成立事情』）。

帝国大学の上田万年《うえだかずとし》は一八九五（明治二八）年発行の『帝国文学』に発表した「標準語に就きて」で、ヨーロッパにおける標準語の確立過程を概観し、日本においても「教育ある東京人の話すことば」をもとに標準語を形成すべきだと主張した。東京が首都となり、天皇が住む政治的・文化的な中心地になるにつれて、東京語の権威が増していったのだ。

なお近代日本語学を確立した上田万年も岡倉由三郎も、帝国大学でチェンバレンの指導を受け、ドイツやイギリスでの留学を通じて西洋言語学を学び取っていた。

標準語化は上田の主張どおりに展開するが、それは同時に「方言撲滅」をスローガンとする地域語への弾圧を伴った。とりわけ沖縄では方言を話した子どもを仲間同士で摘発させ、罰として首から「方言札」を吊させるなどの集団いじめを制度化した。

明治二〇年代に入ると、それまでの欧化政策の反動で国粋主義が台頭した。その「国粋主義」も nationalism の訳語なのが哀しい。一八八九（明治二二）年には東京の帝国大学に国史科が新設され、翌年には忠君愛国と儒教道徳を盛り込んだ「教育勅語」が出された。

一九〇〇（明治三三）年八月の第三次「小学校令」で、文部省は従来の「読書」「作文」「習字」をまとめて「国語」という教科を新設した。このとき文部省は平仮名やカタカナの表記法も統一し、それまで使われていた「変体仮名」を学校教育から一掃した。また、小学校で教える漢字一二〇〇字を指定し、漢字制限を具体化した。ちなみに二〇二四（令和六）年現在の小学校で教える漢字は一〇二六字だから、明治三三年の漢字制限はほぼ同等だったといえよう。

一九〇四（明治三七）年度から使われた最初の国定教科書である『尋常小学読本』（イエスシ読本）は、言文一致による口語体を採用した。同教科書の編纂趣意書には「文章は口語を多くし、用語は主として東京の中流社会に行はるるものを取り、かくて国語の標準を

	明治20年『尋常小学読本』（文部省編輯局）	明治33年『国語読本』（坪内雄蔵）	明治37年『尋常小学読本』（文部省）
父	ととさま	とと様	オトウサン
母	ははさま	母さま	オカアサン
兄	あにさん	兄サマ	ニイサン
姉	姉さん	あねさま	ネエサン

表6－1　親族名称の変遷

知らしめ、その統一を図る」と書かれている。

『尋常小学読本』はバラバラだった用語を整理統一する役割も果たした。例えば、親族名称は表6－1のように標準化された（飛田良文「近代語彙の概説」）。

3　西洋文学と格闘した文学者たち

†西洋文学のインパクト

明治に入ると西洋文学が一気に流入してきた。そのインパクトは大きい。日本人は「鎖国」時代には無縁だった西洋人の生活・文化・価値観・制度を知ることができるようになった。同時に、西洋文学は翻訳を通じて日本語の変化を促進した。

では、影響力が強かった西洋文学とはどのようなものか。柳田泉《やなぎだいずみ》は『明治初期の翻訳文学』（一九三五）で「明治初期に移入された西洋文学の知識は英国文学か又は英語を介したその他の国々の文学が絶対多数である」と総括している。

英語によって西洋文学を味わい、その影響を受けて表現や文体を革新し、日本文学を近代化していく。英語は日本語を変える重要なメディアだったのだ。そう考えると、確かに英語・英文学や英語教育に関わった文学者は多い。芥川龍之介《あくたがわりゅうのすけ》、有島武郎《ありしまたけお》、石川啄木《いしかわたくぼく》、島崎藤村《しまざきとうそん》、坪内逍遥、夏目漱石などがそうだ。

洋学者や知識人らを中心に一八八四（明治一七）年頃から本格化した言文一致へのうねりは、新進の文学者たちを鼓舞し、小説の世界に言文一致が登場するようになる。明治の作家の多くが英語などの外国語に習熟し、西洋文学の翻訳を行っていた。それは画学生が一流画家の作品を模写するような訓練だった。西洋文学との格闘を通じて知った新奇な表現を自分の作品に応用し、新しい文体を創造していったのだ。

こうして西洋文学との出会いが日本語の変化を加速させ、近代日本語を成熟させていったのである。そこで、英文学などの西洋文学の翻訳や研究に従事し、日本語・日本文学の文体を変革していった代表格として、開拓者である坪内逍遥、二葉亭四迷《ふたばていしめい》、山田美妙、完成者である夏目漱石の足跡を見ていきたい。

†言文一致の開祖・坪内逍遥

言文一致の開祖として最初に登場すべきは、坪内逍遥（雄蔵《ゆうぞう》・図6－5）だろう。彼が一八八五（明治一八）年から翌年に著した『小説神髄』は、日本近代文学の確立に大きく貢献した小説論だ。坪内は、それまでの勧善懲悪的な道徳を排し、客観的な描写と心理的な写実主義を取り入れるべきだと主張し、新しい文体の創造を提案した。

図６－５　坪内逍遥（切手）

坪内は写実主義による新しい文体を実践するために、小説『当世書生気質《とうせいしょせいかたぎ》』（一八八五～八六）を書き上げた。この作品は東京の大学生の風俗と気質を巧みに描写しており、「我輩《わがはい》の時計《ウォッチ》ではまだ十分位《テンミニッツ》」などと随所に英語混じりの会話が登場する。ただし、文体は江戸時代後期の通俗文学（戯作《げさく》）の影響を残している。そうした不徹底さを乗り越えるべく文体改良に挑んだのが、後述の二葉亭四迷や山田美妙たちだった。

坪内の小説理論の背景には、英文学を中心とする西洋文学の豊かな素養があった。彼は名古屋県英語学校と官立愛知外国語学校で英語を学んだのち、東京の開成学校、大学予備門を経て一八八三（明治一六）年に東京大学文学部を卒業。在学中には西洋文学に傾倒し、特にウォルター・スコット、ディケンズ、サッカレーなどの英文学に親しんだ。卒業の翌年には『ジュリアス・シーザー』の翻訳を『自由太刀余波鋭鋒《じゅうのたちなごりのきれあじ》』として出版、一九二八（昭和三）年までにシェイクスピアの全作品を日本人で初めて翻訳・刊行するなど、シェイクスピア研究の第一人者として知られる。早稲田大学英文科教授としても多くの後進を育てた。

劇作家でもあった坪内は、授業を面白おかしく進めることで評判だった。正岡子規《まさおかしき》は一八八四（明治一七）年に大学予備門に合格したものの、英語の力が乏しいため、進文学舎という私塾に英語を習いに行った。教師は坪内だった。「先生の講義は落語家の話のようで面白いから聞く時は夢中で聞いて居る、その代わり余等《よら》のような初学の者には英語修業の助けにはならなんだ」（『墨汁一滴』）と回想している。

逍遥が編んだ小学校用の『国語読本』（一九〇〇）は「シンデレラ」や「裸の王様」などの読み物を盛り込み、口語文を多く採用したことで言文一致の普及に寄与した。

†写実的描写の二葉亭四迷

ロシア文学者でもあった作家・翻訳家の二葉亭四迷（長谷川辰之助・一八六四～一九〇九・図6-6）は、一八八七（明治二〇）年から小説『浮雲』を発表。写実的な描写による日本

図6-6　二葉亭四迷（『うき草』改造社）

近代小説の始まりを告げた作品として評価が高い。彼は言文一致の口語体「〜だ」「〜である」「〜であった」などを用い、文体に変革をもたらした。

特に「〜である」は、英語の be 動詞に対応する言葉として英語学習用の直訳書などに盛んに登場するが、早くは中浜万次郎著『英米対話捷径』（一八五九）の訳文「うらゝかなる日和である」などに見ることができる。

さらに蘭学書にまでさかのぼれば、一八一六（文化一三）年には編纂が始まっていた蘭和辞書『ヅーフ・ハルマ』には「夫《そ》れは彼女の恋ひ人である」「夫《そ》れは余り学者くさい説である」といった「である」体が使われていたのである。

この「である」は、丁寧すぎる「〜でございます」や、ぶっきらぼうな「〜だ」に比べて中立的で、過去形（英語の was/were に相当）の「〜であった」とともに日本語に浸透していったのである。二葉亭はこの「である」体を発展させていったのである。これなしには夏目漱石の『吾輩は猫である』(一九〇五)も生まれなかったのである。

なお『浮雲』には当時の英語ブームの世相を反映して、若い女性「お勢さん」が英語学習に励む様子が描かれている。

「今何を稽古《けいこ》してお出《い》でなさる。」
「ナショナルのフォースに列国史《スイントン》に……。」
「フウ、ナショナルのフォース。ナショナルのフォースと言えば、なかなか難敷《むつかし》い書物だ。男子でも読めない者は幾呈《いくら》も有る、それを芳紀《とし》も若くッて且《か》つ婦人の身でいながら、稽古してお出でなさる。感心な者だ。」

このように、当時の中等学校で盛んに使われていた米国船来の『ニュー・ナショナル・リーダー』の第四巻や『スイントン万国史』などを読んでいた様子が言文一致体で活写されている。

『浮雲』の文体はまた、三遊亭円朝《さんゆうていえんちょう》の落語の語りを速記した『怪談《かいだん》・牡丹灯籠《ぼたんどうろう》』（一八八四）から大きな影響を受けたとも言われる。こうした落語や自由民権運動の演説などは速記録として出版された。それらは話し言葉を写真のように写し取り、そのまま文章にしているため、言文一致運動に多大な影響を与えた。

二葉亭は幼少期よりフランス語、英語、ロシア語、エスペラント語を学んだ。そうした西洋的な言語感覚が、言文一致体の小説を可能にしたといえよう。彼の業績としては、翻訳文学史に輝く「あひびき」に触れないわけにはいかない。これはツルゲーネフ作『猟人日記』の一部を翻訳したもので、ロシア農村の自然を背景に、男女の心の機微をみずみずしい口語体によって描写しており、国木田独歩《くにきだどっぽ》、田山花袋《たやまかたい》、島崎藤村らを文学的に開眼させた。当時のロシア文学は英訳からの重訳が多かったが、二葉亭はロシア語から直接訳している。

彼の翻訳に対する態度は極めて厳格で、「原文にコンマが三つ、ピリオドが一つあれば、訳文にもまたピリオドが一つ、コンマが三つという風にして、原文の調子を移そうとした」（「余が翻訳の標準」）。こうした西洋文学との格闘こそが、斬新な文体の小説を生みだす基礎となった。

†言文一致運動の旗手・山田美妙

山田美妙《やまだびみよう》（一八六八～一九一〇、図6－7）は、俗語とされていた「～です」体を駆使した小説「蝴蝶《こちよう》」を一八八九（明治二二）年に発表、文学界での言文一致運動の旗手として活躍した。

「蝴蝶」は表現の自由をめぐる闘いにおいても記念碑的な作品となった。というのは、この作品は『国民之友』第三七号に掲載されたが、挿絵に女性の裸体が描かれたため発売禁止にされてしまった。美妙は作品中で、平家に仕える美少女の蝴蝶を「美術の神髄とも言うべき曲線でうまく組立てられた裸体の美人」と描写したこともあり、これも不謹慎だとして新聞紙上で「裸蝴蝶論争《らこちょうろんそう》」が巻き起こった。森鷗外は美妙を擁護し、尾崎紅葉《おざきこうよう》や巌谷《いわや》小波《さざなみ》は裸婦を「不体裁《ふていさい》」だとして批判した。日本で最初の裸体画論争で、芸術表現の自由を考える上で見すごせない。

図６－７　山田美妙（『美妙選集』）

なお山田美妙は英語が得意で、大学予備門で同窓だった正岡子規は、美妙が試験の答案を日本語ではなく英語ですらすら書いている様子を見て驚いたと回想している（『墨汁一滴』）。美妙はチョーサー、シェイクスピア、ミルトン、シェリー、バイロン、ディケンズなどの英文学を読み、簡潔明瞭な言文一致の英語表現に慣れ親しんでいた。

それだけに、古風で生硬《せいこう》な当時の日本語文体に我慢がならなかったようだ。秋山勇造《あきやまゆうぞう》が指摘するように、「美妙を言文一致の運動に向かわせた直接の動機が英語との接触にあったことは間違いない」(『翻訳の地平』)。

作家の田山花袋も「言文一致の文書を書こうとした運動は、しかし何と言っても一番新しい進んだものであらねばならなかった」とした上で、「そういう運動は英語から入って行って、向《むこう》の詩や小説などに接して、不知半解《ふちはんかい》の譏《そしり》は免れ得なかったとはいえ、とにかく、それを真似ようとした」(『近代の小説』)と述べている。

以上で見てきたように、言文一致を作品に取り入れた坪内逍遥・二葉亭四迷・山田美妙は、いずれも明治維新後に創設された近代的な学校で英語などの外国語を極め、西洋文学の表現法から強い影響を受けた。それによって日本語表現を改革したのである。

†言文一致への反動と日本語の成熟

言文一致の作品が誕生した時代に注目したい。坪内・二葉亭・山田らが主要な作品を発表したのは明治一八〜二二年頃で、「鹿鳴館《ろくめいかん》時代」と呼ばれる欧化主義の時代と重なっていた。西洋建築の鹿鳴館で政府高官らが西洋人の賓客と夜な夜なダンスに興じたが、それは単なるお遊びではなかった。日本の文明開化を西洋人にアピールすることで、幕末の不平等条約を改正させようとした涙ぐましい、空しい、滑稽《こっけい》な努力だった。

欧化の世相は庶民の間にも英語ブームを巻き起こし、街の英語学校が雨後《うご》のタケノコのように急増した。一八八四（明治一七）年に全国で八一校だった私立英語学校は、欧化政策が本格化した二年後には二四七校、ピークの一八八八（明治二一）年は三五六校と、四年間で四倍以上に膨れあがった。

ところが不平等条約改正交渉が一八八七（明治二〇）年に挫折すると、行きすぎた欧化主義への反動で「日本は偉い」という国粋主義が台頭し、英語バブルが崩壊する。英語学校は閉鎖が相次ぎ、一八九二（明治二五）年には一〇二校にまで激減した（拙著『英語と日本人』）。

空駆ける天馬のようだった言文一致運動は、この反動期の四～五年間は浮力を失い、失速していく。代わって読者の心をとらえたのが、国粋化の風潮に呼応するかのような古風な文体だった。言文一致とは真逆の「～けり」「～らむ」などの雅文体・雅俗折衷体で書かれた樋口一葉《ひぐちいちよう》の『たけくらべ』（一八九五～九六）や尾崎紅葉の『金色夜叉《こんじきやしゃ》』（一八九七～一九〇二）などが歓迎されたのだ。

言文一致を一時的に衰退させた時代の制約がもう一つある。最初の言文一致作品が生まれた明治二〇年前後には、近代的な語彙が成熟しておらず、全国共通の国民語が生まれていなかったのだ。そのため口語で作品を書くといっても、肝心の口語自体が貧弱だったために、いまひとつ作品に深みを出せなかった。文豪・森鷗外が言文一致に取り組んだのち、一八九〇(明治二三)年一月の『舞姫』で突如「雅俗折衷体」に転じてしまったのも、そうした事情が背景にあった。

それでも言文一致の流れは止められない。国民国家としての一体感を演出した日清戦争の勝利が一八九五(明治二八)年。教科としての「国語」の誕生が一九〇〇(明治三三)年。「国語の標準を知らしめ、その統一を図る」ことを意図した国定国語読本の使用開始が一九〇四(明治三七)年だった。これをきっかけに標準語が全国的に普及し、語彙と文体が成熟していった。

この年に日露戦争が勃発し、偉大な文学者が作家活動を開始した。夏目漱石(一八六七〜一九一六)だ。同年に『吾輩は猫である』の執筆を始め、翌年一月から『ホトトギス』誌上を賑わせた。漱石は言文一致体をベースに様々な文体で作品を書き分け、日本近代文学を完成させた。すでに漱石の時代には成熟した「国語」が日本全国に行き渡っていた。小説のなかで駆使できる語彙や表現が日常生活にあふれていたのである。そうした漱石作品への英語の影響について、もう少し見てみよう。

†夏目漱石の多彩な文体

漱石・夏目金之助《なつめきんのすけ》は東京の帝国大学英吉利《イギリス》文学科の第二回卒業生（一八九三年）で、イギリス留学も経験した英文学者であり、中学・高校・大学の英語教師だった。そうした経歴から、漱石の文体には英語の影響が色濃い。

例えば、もともと日本語にはなかった無生物主語を駆使して「容易に打ち壊されない自信が、その叫び声とともにむくむく首をもたげて来る」（「私の個人主義」）といった斬新な表現を用いている。小説『虞美人草《ぐびじんそう》』にも「互《たが》いに顔を見合した時、社会は彼等の傍《かたわら》を遠く立ち退《の》いた」などの英語のような表現が使われている。

関係代名詞の英文直訳表現「〜ところの」も多用している。例えば「現代の文士が述作の上において要求する所のものは、国家を代表する文芸委員諸君の注意や批判や評価だと思うのは、政府のうぬぼれである」（「文芸委員は何をするか」）などだ。

このような「欧文直訳的表現は、日本語でありながらも、その裏に英語の表現が透けて見える形の表現である」（八木下孝雄『近代日本語の形成と欧文直訳的表現』）。そのため、当初は日本語として違和感のある西洋的な「バタ臭さ」が感じられた。しかし、あたかもバターが日本の食卓に浸透していったように、欧文直訳的表現は漱石、藤村、芥川などの作品を通じて芳香を放つようになる。違和感が薄れて日本語に溶け込んでいったのだ。

漱石は英語・英文学の影響を受けつつも、作品のモチーフや登場人物に即した多様な文体に挑戦した。『吾輩は猫である』（一九〇五～〇六）は写生文調、『坊っちゃん』（一九〇六）は江戸っ子の俗語まじりの歯切れのよい文章、『草枕《くさまくら》』（一九〇六）の冒頭では「智・情・意地」の三つを並べて作者の思考形式を示し、『こゝろ』（一九一四）は沈鬱な心理描写の文体だ。

漱石の文体の多様さは、作品の文末表現の違いによく表れている。一九〇五（明治三八）年からわずか二年の間に書かれた『草枕』『坊っちゃん』『三四郎』の文末表現には、表6－2のように大きな差がある（木坂基『近代文章の成立に関する基礎的研究』）。江戸っ子気質《かたぎ》で気っぷの良い「坊っちゃん」には主観的で断定的な「～だ」が似つかわしく、「～である」では重すぎる。逆に、地方から東京の大学に入った悩み多き「三四郎」には客観的で冷静な思考を表す「～である」がふさわしい。

	である	だ	のだ
草　枕	188	76	2
坊っちゃん	61	330	26
三四郎	429	68	0

表6－2　漱石作品の文末表現

作品によって文体を書き分けた漱石の努力たるや尋常ではない。その知的・精神的な負担は精神をむしばみ、胃潰瘍《いかいよう》を悪化させた。まさに血を吐く思いで創作に打ち込み、近代文学を飛躍させたのである。

明治維新後の知識人たちは英語や西洋語との格闘を通じて「言文一致」という日本語革命を牽引し、漱石などの文学者たちは作品を通じて近代日本語を普及させていった。

私たちは明治維新による文化革命の恩恵を受け続けているのである。

おわりに

「日本史の転換点」と聞いて、日本人は何を思い浮かべるだろうか。

雑誌『歴史街道』の読者アンケートによれば、第三位が「第二次世界大戦」、第二位が「黒船来航」、そして堂々の第一位が「明治維新」だ（「WEB歴史街道」二〇二四年一二月一六日更新）。日本人にとって明治維新がいかに大事件だったかがわかる。

その明治維新について「英語」を切り口に書く機会を与えられ、とても嬉しい。というのは、英語教育と英語教員養成に従事する者として、英語などの語学が自己変革と社会変革に果たす役割を再認識してほしいと願ってきたからだ。その実例が明治維新だった。

幕末期、まともな辞書も教材もない状況で、日本の植民地化・従属国化を防ぎ、近代化を進めるために語学を習得する者たちがいた。命がけの密航留学までして西洋学術を学び取る若者たちもいた。その崇高な学習動機と使命感は胸に迫るものがある。そのことはまた、語学にとって目的と動機づけがいかに重要かを教えてくれる。

第4章で述べたように、明治維新で活躍した伊藤博文、井上馨、大隈重信、木戸孝允、寺島宗則、福沢諭吉などの多くの指導者が、幕末に英語を学び、欧米への留学・視察を経験した。こうして得られた語学力、広い視野、新たな世界観によって、彼らは西洋列強と対峙し、旧体制を打破し、近代国家を構想することができたといえよう。

だが、光には影がつきまとう。英語を媒介に取り込んでしまった西洋第一主義とアジア蔑視の「脱亜入欧」思想や、明治初期に起源を持つ「英語一辺倒主義」の問題は、今なお私たちに問い直しを迫っている。「英語と明治維新」の問題は、決して過去の問題ではない。それが執筆後の率直な感想だ。

*

私は経済学部の学生時代に日本資本主義発達史で卒論を書き、大学院では英語教育史を専攻した。その両者を統合したテーマが、本書のタイトル「英語と明治維新」である。「はじめに」にも記した「講座派」マルクス主義は、私が学部生だった一九八〇年前後には影響力を保っていた。神田の古書店街でガラスケースに入った『日本資本主義発達史講座』（全七巻四八冊、一九三二～三三）を発見したときの感激は、今でも鮮明に覚えている。七万円という高値が権威を表していた。喉から手が出るほど欲しかったが、貧乏学生には手が出せるはずもない。

大学院生時代の一九九一年にソビエト連邦が崩壊し、その後のマルクス主義の凋落は目を覆うばかりだった。三〇〇〇円で投げ売りされていた『講座』（復刻版）を古書店で見たときは、まるで初恋の少女の零落した姿を目にしたような辛さを感じ、自宅に連れて帰った。手もとの『講座』は元版と復刻版の二セットになったが、読み直しても以前のような感動は得られなくなっていた。一九三〇年代特有の、マルクス思想をドグマ化した経済決定論と極端な階級闘争史観、そして国家論の不在が痛々しいからだ。

そう感じられるようになったのは、近年のマルクス研究や明治維新研究がドグマから解放され、個別領域を中心に着実な進歩を遂げてきたからだろう。本書の執筆に際しても明治維新の最新の研究成果を多数拝読し、実に多くを学ばせていただいた。心から感謝したい。

ただし、英語教育史を専攻する者としては不満も残った。明治維新が英米などの外国勢力と強く関係しながら遂行されたにもかかわらず、外交を媒介した英語などの外国語の役割、通訳者・翻訳者や外国語教育機関の実態、語学が維新指導者に与えた影響などについての考察が乏しいからだ。こうした「英語の視点」を加えるならば、明治維新を可能にした要因と、それを担った人々の思想形成をより深く理解できるのではないだろうか。本書がその一助となれば幸いである。

なお本書では、幕末に英語を学び、欧米への留学や視察を経験できた伊藤博文や福沢諭吉などの少数のエリートと英語との関係を描くことが中心課題とならざるを得なかった。その後、明治政府が創設した近代学校制度によって、英語は広範な国民の間に徐々に浸透してゆく。そうした「民衆と英語」との関係史については、拙著『英語と日本人――挫折と希望の二〇〇年』（ちくま新書、二〇二三）を参照していただければ幸いである。

その『英語と日本人』に続き、今回も筑摩書房編集部の山本拓さんに企画段階からたいへんお世話になった。また大西里奈さん（大阪大学非常勤講師）には有益なコメントを多数いただいた。記してお礼申し上げたい。

本書を読むことで、次なる「日本の夜明け」のために、気宇壮大な志《こころざし》を抱き、語学と社会変革に挑もうとする人々が増えることを願ってやまない。

二〇二五年一月

江利川 春雄

「英語と明治維新」関連年表

西暦	元号	事項
一七九二	寛政四	ロシアのラクスマン、根室に来航、通商を要求。
一八〇四	文化元	ロシアのレザノフ、長崎に入港、通商を要求。
一八〇八	文化五	英国軍艦フェートン号、長崎港に侵入（フェートン号事件）。この前後、幕府がフランス語、英語、ロシア語、満洲語の修業を命じる。
一八一一	文化八	幕府が蘭書翻訳・講習機関の蛮書和解御用《ばんしょわげごよう》を設置。『諳厄利亜興学小筌《あんげりあこうがくしょうせん》』（稿本）完成。
一八一四	文化一一	日本初の英和辞典『諳厄利亜語林大成《あんげりあごりんたいせい》』（稿本）完成。
一八三三	天保四	本格的な蘭日辞書『ヅーフ・ハルマ』完成（一八五四年刊行）。
一八四〇	天保一一	日本初の英文法書『英文鑑』訳述（翌年まで）。
一八四二	天保一三	アヘン戦争で清が英国に敗北。幕府は異国船打払令を廃止、薪水給与令発布。
一八四八	嘉永元	米人ラナルド・マクドナルドが密航入国、蘭通詞に英語を教授。
一八五一	嘉永四	中浜万次郎（ジョン万次郎）が琉球に上陸（帰国）、のちに旗本に。
一八五三	嘉永六	米国ペリー艦隊が浦賀に来航、開国要求。ロシアのプチャーチン長崎来航。
一八五四	嘉永七	日米和親条約締結、開国へ。
一八五五	安政二	幕府が長崎海軍伝習所を開設、オランダ人教師が指導。
一八五六	安政三	幕府が江戸に蕃書調所《ばんしょしらべしょ》設立（→一八六二年に洋書調所→一八六三年に開成所）。
一八五八	安政五	日米修好通商条約締結、五港を開港へ。以後、英・露・蘭・仏とも締結（安政五カ国条約）。長崎英語伝習所設立。安政の大獄。
一八五九	安政六	中浜万次郎『英米対話捷径』刊行。
一八六〇	安政七 万延元	幕府の第一回遣米使節団が渡米。大老井伊直弼殺害（桜田門外の変）。蕃書調所で英語教育開始、翌年以降『英吉利文典』など英語教材を刊行。

一八六一	文久元	幕府が横浜英学所開設。欧州使節団を派遣。
一八六二	文久二	幕府オランダ留学生派遣。洋書調所が初の刊行英和辞書『英和対訳袖珍《しゅうちん》辞書』出版。
一八六三	文久三	長州藩の伊藤博文ら五人が英国密航留学。薩摩藩が薩英戦争敗北で英国に接近。
一八六四	元治元	第一次幕長戦争。長州藩が下関戦争敗北で英国に接近、尊皇開国に転換。
一八六五	元治二	薩摩藩の一九人が英国密航留学。幕府が横浜仏語伝習所設立。開成所『万国公法』刊行。
一八六六	慶応二	薩長密約（同盟）成立、倒幕運動加速。幕府、海外渡航解禁。幕府が第二次長州戦争に敗北、威信低下。大規模な武州世直し一揆。福沢諭吉『西洋事情 初編』。
一八六七	慶応三	将軍徳川慶喜が政権を天皇に返上（大政奉還）。王政復古クーデターで江戸幕府廃止、新政府成立。ヘボン『和英語林集成』（初の和英辞典）刊行。
一八六八	明治元	鳥羽伏見の戦いで旧幕府軍完敗、戊辰《ぼしん》戦争（〜翌年五月）。五箇条の御誓文。慶応を明治に改元。
一八六九	明治二	新政府の開成学校（→大学南校→東京大学）が英・仏・（のちに独）語で授業開始。版籍奉還で藩の土地・人民を朝廷に返還。『改正増補 和訳英辞書』（薩摩辞書）刊行。
一八七〇	明治三	海外留学生規則制定、欧米留学を本格化。
一八七一	明治四	廃藩置県で中央集権国家へ。文部省設置。岩倉使節団が米欧歴訪を開始。英語ブーム。
一八七二	明治五	学制公布（初の近代学校教育法令）。旧暦を新暦（太陽暦）に転換。
一八七三	明治六	徴兵令。地租改正。切支丹禁制の高札撤廃、キリスト教解禁へ。開成学校で英学本位制。森有礼らが明六社を結成。官立外国語学校七校の創設開始（→のちに英語学校に転換）。征韓論をめぐり政府分裂（明治六年政変）。『附音挿図英和字彙』刊行。
一八七四	明治七	板垣退助ら民撰議院設立建白書を提出→自由民権運動。台湾出兵（初の海外派兵）。
一八七五	明治八	朝鮮で江華島事件→翌年、日朝修好条規（不平等条約）。
一八七六	明治九	廃刀令。秩禄処分、武士階級消滅へ。

一八七七	明治一〇	西南戦争。愛知・広島・長崎・新潟・宮城の英語学校廃止、県立中学校等に改組。東京大学創設（法・理・文・医）。
一八八一	明治一四	大隈重信を政府から追放（明治一四年の政変）。独逸《ドイツ》学協会設立、ドイツ学振興で自由民権運動に対抗。学術用語辞典『哲学字彙』刊行。
一八八三	明治一六	文部省が東京大学の英語での講義廃止・日本語使用・ドイツ学術採用を通達。独逸学協会学校創設。鹿鳴館が開館、欧化主義政策が本格化。
一八八五	明治一八	内閣制度創設、初代総理大臣は伊藤博文。坪内逍遥『小説神髄』発表、近代文学と言文一致に貢献。
一八八六	明治一九	学校令施行（戦前期学校制度の基本法令）。尋常中学校を各道府県一校に限定、民権派などの中等教育機関を一掃。物集高見『言文一致』刊行。
一八八九	明治二二	大日本帝国憲法発布、翌年施行。
一八九〇	明治二三	教育勅語発布。帝国議会開設。
一八九一	明治二四	大槻文彦『日本辞書 言海』刊行（初の近代国語辞典）。
一八九四	明治二七	日清戦争開始、翌年の日本勝利で国民国家意識が高揚。
一九〇〇	明治三三	帝国教育会内に「言文一致会」結成。小学校に「国語」（教科名）新設、言文一致の普及へ。

主要参考文献

＊教材・辞書等は除く

青山忠正『明治維新を読みなおす――同時代の視点から』清文堂、二〇一七
明石康・NHK「英語でしゃべらナイト」取材班『サムライと英語』角川書店、二〇〇四
秋山勇造『翻訳の地平――翻訳者としての明治の作家』翰林書房、一九九五
荒木伊兵衛『日本英語学書志』創元社、一九三一
安藤優一郎『幕末の先覚者 赤松小三郎――議会政治を提唱した兵学者』平凡社新書、二〇二二
飯田晴巳『明治を生きる群像――近代日本語の成立』おうふう、二〇〇二
石井寛治・関口尚志編『世界市場と幕末開港』東京大学出版会、一九八二
石井孝『増訂 明治維新の国際的環境』吉川弘文館、一九六六
石井孝『明治維新と外圧』吉川弘文館、一九九三
石井民司（研堂）『自助的人物典型 中村正直伝』成功雑誌社、一九〇七
石川謙『学校の発達――特に徳川幕府直轄の学校における組織形態の発達』岩崎書店、一九五一
石附実『近代日本の海外留学史』中公文庫、一九九二
石原千里「ヘンリー・ウッドの英語教育――その日本英学史およびプロテスタント史における意義」『英学史研究』第一九号、一九八六
石光真人編著『ある明治人の記録――会津人柴五郎の遺書』中公新書、一九七一
犬塚孝明『薩摩藩英国留学生』中公新書、一九七四

犬塚孝明『明治維新対外関係史研究』吉川弘文館、一九八七
井上篤夫『フルベッキ伝』国書刊行会、二〇二二
井上馨侯伝記編纂会編『世外井上公伝　第一巻』内外書籍、一九三三
井上毅伝記編纂委員会編『井上毅伝　史料篇』國學院大学図書館、一九六六～七七
井上勝生『幕末・維新〈シリーズ日本近現代史①〉』岩波新書、二〇〇六
今西一『近代日本の差別と村落』雄山閣出版、一九九三
ウィリアムズ著・洞富雄訳『ペリー日本遠征随行記』雄松堂書店、一九七〇
植木枝盛『民権自由論』集文堂、一八七九
上山春平『明治維新の分析視点』講談社、一九六八
鵜飼政志『明治維新の国際舞台』有志社、二〇一四
梅渓昇『お雇い外国人の研究』青史出版、二〇一〇
NHKスペシャル取材班『新・幕末史——グローバル・ヒストリーで読み解く列強vs.日本』幻冬舎新書、二〇二四
江利川春雄『英語教科書は〈戦争〉をどう教えてきたか』研究社、二〇一五
江利川春雄『英語と日本軍——知られざる外国語教育史』NHKブックス、二〇一六
江利川春雄『日本の外国語教育政策史』ひつじ書房、二〇一八
江利川春雄『英語教育論争史』講談社選書メチエ、二〇二二
江利川春雄『英語と日本人——挫折と希望の二〇〇年』ちくま新書、二〇二三
円城寺清『大隈伯昔日譚』立憲改進党々報局、一八九五
大久保利謙『幕末維新の洋学』吉川弘文館、一九八六
大隈侯八十五年史編纂会編『大隈侯八十五年史』大隈侯八十五年史編纂会、一九二六

大塚武松編『夷匪入港録』日本史籍協会、一九三〇〜三一
大槻如電原著・佐藤栄七増訂『日本洋學編年史』錦正社、一九六五
大槻文彦「和蘭字典文典の訳述起源（其三）」『史学雑誌』第九編第六号、一八九八
大村益次郎先生伝記刊行会編『大村益次郎』肇書房、一九四四
オールコック著・山口光朔訳『大君の都──幕末日本滞在記』岩波文庫、一九六二
大藪龍介『明治維新の新考察──上からのブルジョア革命をめぐって』社会評論社、二〇〇六
大藪龍介『明治国家論──近代日本政治体制の原構造』社会評論社、二〇一〇
緒方洪庵著・緒方富雄、適塾記念会編『緒方洪庵のてがみ』菜根出版、一九八〇〜九六
尾形裕康『西洋教育移入の方途』野間教育研究所、一九六一
小川亜弥子『幕末期長州藩洋学史の研究』思文閣出版、一九九八
小川誉子美『開国前夜、日欧をつないだのは漢字だった』ひつじ書房、二〇二三
小田村寅二郎「東大法学部に於ける講義と学生思想生活」『小田村寅二郎　遺稿選集　第二巻　戦前篇2──「学問・人生・祖国」』NextPublishing Authors Press, 2002
開国百年記念文化事業会編『明治文化史一一　社会経済』原書房、一九七九
外務省編『日本外交年表竝主要文書』原書房、一九六五〜六六
片桐芳雄『自由民権期教育史研究──近代公教育と民衆』東京大学出版会、一九九〇
カッテンディーケ著・水田信利訳『長崎海軍伝習所の日々』平凡社、一九六四
勝俣銓吉郎『日本英学小史』研究社、一九三六
仮名垣魯文著・小林智賀平校注『安愚楽鍋』岩波文庫、一九六七
上垣外憲一『維新の留学生──西洋文明をどうとりいれたか』主婦の友社、一九七八
川路柳虹『黒船記──開国史話』法政大学出版局、一九五三

河野健二・飯沼二郎編『世界資本主義の歴史構造』岩波書店、一九七〇
木坂基『近代文章の成立に関する基礎的研究』風間書房、一九七六
木村直樹『〈通訳〉たちの幕末維新』吉川弘文館、二〇一二
楠家重敏『幕末の言語革命』晃洋書房、二〇一七
熊澤恵里子『幕末維新期における教育の近代化に関する研究――近代学校教育の生成過程』風間書房、二〇〇七
久米邦武編・田中彰校注『特命全権大使米欧回覧実記』岩波文庫、一九七七〜八二
久米邦武執筆編述・中野禮四郎編纂『鍋島直正公伝』侯爵鍋島家編纂所、一九二〇〜二一
倉沢剛『幕末教育史の研究』吉川弘文館、一九八三〜八六
梧陰文庫研究会編『明治国家形成と井上毅』木鐸社、一九九二
公爵島津家編輯所編『薩藩海軍史』薩藩海軍史刊行会、一九二八〜二九
国民教育奨励会編『教育五十年史』民友社、一九二二
KOJIMA Naoko & YASHIMA Tomoko. Motivation in English Medium Instruction Classrooms from the Perspective of Self-determination Theory and the Ideal Self.『大学英語教育学会紀要』六一、二〇一七
小松緑編『伊藤公直話』千倉書房、一九三六
小山騰『破天荒〈明治留学生〉列伝』講談社、一九九九
桜井俊彰『長州ファイブ――サムライたちの倫敦』集英社新書、二〇二〇
佐々木寛司『明治維新史論へのアプローチ――史学史・歴史理論の視点から』有志舎、二〇一五
Satow, Ernest. *A Diplomat in Japan*. ICG Muse. 2000（Originally published in 1921）（アーネスト・サトウ著、坂田精一訳『一外交官の見た明治維新』岩波文庫、一九六〇）＊訳文改変
真田信治『標準語の成立事情――日本人の共通ことばはいかにして生まれ、育ってきたのか』ＰＨＰ研究

所、一九八七
澤鑑之丞述・一二三利高編『海軍兵学寮』興亜日本社、一九四二
篠田鉱造『明治百話』四條書房、一九三一
渋沢栄一述・長幸男校注『雨夜譚――渋沢栄一自伝』岩波文庫、一九八四
島善高『早稲田大学小史〔第3版〕』早稲田大学出版部、二〇〇八
清水康行『黒船来航　日本語が動く』岩波書店、二〇一三
春畝公追頌会編『伊藤博文伝』春畝公追頌会、一九四〇
末松謙澄編『維新風雲録――伊藤・井上二元老直話』哲学書院、一九〇〇
末松謙澄『修訂 防長回天史』柏書房、一九六七
杉本勲編『近代西洋文明との出会い――黎明期の西南雄藩』思文閣出版、一九八九
関良基『江戸の憲法構想――日本近代史の〝イフ〟』作品社、二〇二四
惣郷正明『洋学の系譜――江戸から明治へ』研究社出版、一九八四
田岡嶺雲『明治叛臣伝』日高有倫堂、一九〇九
高田宏『言葉の海へ』新潮社、一九七八
高谷道男『ドクトル・ヘボン』牧野書店、一九五四
高谷道男編訳『ヘボン書簡集』岩波書店、一九五九
高谷道男編訳『フルベッキ書簡集』新教出版社、一九七八
田中貞夫『幕末明治初期フランス学の研究〔改訂版〕』国書刊行会、二〇一四
田村茂『幕末・維新期の洋学教育』私家版、二〇〇二
田山花袋『近代の小説』近代文明社、一九二三
堤未果『日本が売られる』幻冬舎新書、二〇一八

寺島宗則「寺島宗則自叙伝」伝記学会『伝記』第三巻第四号、一九三六
寺田芳徳『日本英学発達史の基礎研究――庄原英学校、萩藩の英学および慶應義塾を中心に』溪水社、一九九九
東京大学史料編纂所編『幕末外国関係文書之五（覆刻版）』東京大学出版会、一九七二
東京都『東京の中等教育　三』東京都、一九七五
東京都都政史料館『東京の英学（東京都史紀要　第一六集）』東京都都政史料館、一九五九（復刻版　江利川春雄監修・解題『英語教育史重要文献集成 第一〇巻　英学史研究』ゆまに書房、二〇一八）
同好史談会編〔市島謙吉談〕『漫談明治初年』春陽堂、一九二七
長崎市史編さん委員会編『新長崎市史』長崎市、二〇一二～一四
中村孝也『中牟田倉之助伝』中牟田武信、一九一九
中山茂編『幕末の洋学』ミネルヴァ書房、一九八四
夏目漱石「現代日本の開化」三好行雄編『漱石文明論集』岩波文庫、一九八六
Nitobe Inazo（新渡戸稲造）*The Imperial Agricultural College of Sapporo, Japan.* 札幌農学校、一八九三
新渡戸稲造『帰雁の蘆』弘道館、一九〇七
野呂栄太郎『日本資本主義発達史』鉄塔書院、一九三〇
萩原延壽『遠い崖――アーネスト・サトウ日記抄』朝日新聞社、一九九八～二〇〇一
「幕末佐賀藩の科学技術」編集委員会編『幕末佐賀藩の科学技術』岩田書院、二〇一六
幕末・明治初期における西洋文明の導入に関する研究会編『洋学事始――幕末・維新期西洋文明の導入』文化書房博文社、一九九三
服部之総『明治維新史――附絶対主義論』上野書店、一九二九
原剛『幕末海防史の研究――全国的にみた日本の海防態勢』名著出版、一九八八

原平三『幕末洋学史の研究』新人物往来社、一九九二
ハリス著・坂田精一訳『ハリス 日本滞在記』岩波文庫、一九五三〜五四
ビアス著・西川正身編訳『新編 悪魔の辞典』岩波文庫、一九九七
飛田良文「近代語彙の概説」佐藤喜代治編『近代の語彙（講座日本語の語彙六）』明治書院、一九八二
福沢諭吉『第一文字之教』福沢諭吉、一八七三
福沢諭吉著・時事新報社編『福沢全集緒言』時事新報社、一八九七
福沢諭吉『学問のすゝめ』岩波文庫、一九七八
福沢諭吉著・富田正文校訂『新訂 福翁自伝』岩波文庫、一九七八
福沢諭吉『西洋事情』（富田正文編『福沢諭吉選集 第一巻』）岩波書店、一九八〇
福沢諭吉『世界国尽』（富田正文編『福沢諭吉選集 第二巻』）岩波書店、一九八一
福沢諭吉著・松沢弘陽校注『文明論之概略』岩波文庫、一九九五
藤井哲博『長崎海軍伝習所――十九世紀東西文化の接点』中公新書、一九九一
二葉亭四迷「余が翻訳の標準」『成功』一九〇五年一月号（『二葉亭四迷全集』第五巻、岩波書店、一九八一）
ブラック、J・R著、ねず・まさし・小池晴子訳『ヤング・ジャパン――横浜と江戸』東洋文庫、一九七〇
保谷徹「戊辰戦争の軍事史」明治維新史学会編『講座明治維新 三 維新政権の創設』有志舎、二〇一一
保谷徹『幕末日本と対外戦争の危機――下関戦争の舞台裏』吉川弘文館、二〇一〇
前島密『前島密自叙伝――鴻爪痕』前島密伝記刊行会、一九五六
町田俊昭『開国蟹文字文書論考』小川図書、二〇〇一
町田明広『新説 坂本龍馬』インターナショナル新書、二〇一九
町田明広『グローバル幕末史――幕末日本人は世界をどう見ていたか』草思社文庫、二〇二三
町田明広編『幕末維新史への招待』山川出版社、二〇二三

松沢弘陽『近代日本の形成と西洋経験』岩波書店、一九九三
松村明「解説」美国平文先生編訳『和英語林集成』（復刻版）北辰、一九六六
マルクス著・長洲一二訳「自由貿易問題についての演説」『マルクス＝エンゲルス全集』第四巻、大月書店、一九六〇（原著一八四八）
マルクス＝エンゲルス著・村田陽一訳「共産党宣言」『マルクス＝エンゲルス全集』第四巻、大月書店、一九六〇（原著一八四八）＊訳文改変
三谷博『維新史再考――公議・王政から集権・脱身分化へ』ＮＨＫブックス、二〇一七
宮地正人『幕末維新変革史』岩波書店、二〇一二
宮永孝『幕府オランダ留学生』東京書籍、一九八二
宮永孝『日本とイギリス――日英交流の400年』山川出版社、二〇〇〇
宮永孝『日本洋学史――葡・羅・蘭・英・独・仏・露語の受容』三修社、二〇〇四
三好信浩『日本工業教育成立史の研究――近代日本の工業化と教育』風間書房、一九七九
三好信浩『日本の産業教育――歴史からの展望』名古屋大学出版会、二〇一六
明治維新史学会編『講座 明治維新』有志舎、二〇一〇～一八
毛利健三『自由貿易帝国主義――イギリス産業資本の世界展開』東京大学出版会、一九七八
毛利敏彦『幕末維新と佐賀藩――日本西洋化の原点』中公新書、二〇〇八
毛利敏彦『明治維新政治外交史研究』吉川弘文館、二〇〇二
茂住實男『洋語教授法史研究――文法＝訳読法の成立と展開を通して』学文社、一九八九
物集高見『言文一致』十一堂、一八八六
本野亨編『苦学時代の本野盛亨翁』私家版、一九三五
森岡健二編著『改訂 近代語の成立 語彙編』明治書院、一九九一

森岡健二編著『近代語の成立 文体編』明治書院、一九九一
文部省編『学制百年史』帝国地方行政学会、一九七二
文部省編『文部省年報』文部省、一八七三以降の各年版
文部省総務局編『日本教育史資料』文部省総務局、一八九〇～九二
柳田泉『明治初期の翻訳文学』春秋社、一九三五
山内進「明治国家における「文明」と国際法」、一橋大学一橋学会一橋論叢編集所編『一橋論叢』第一一五巻第一号、一九九六
山口和雄『幕末貿易史』中央公論社、一九四三
山下太郎『明治の文明開化のさきがけ——静岡学問所と沼津兵学校の教授たち』北樹出版、一九九五
山下政三『鷗外森林太郎と脚気紛争』日本評論社、二〇〇八
山田忠雄『近代国語辞書の歩み——その摸倣と創意と』三省堂、一九八一
山本正秀『近代文体発生の史的研究』岩波書店、一九六五
ユネスコ東アジア文化研究センター編『資料御雇外国人』小学館、一九七五
渡辺實『近代日本海外留学生史・上巻』講談社、一九七七